J.B. METZLER

Monika Tworuschka / Udo Tworuschka

Die großen Religionsstifter

Buddha, Jesus und Muḥammad – ein Vergleich

Mit 6 Abbildungen

J.B. Metzler Verlag

Die Autoren
Monika Tworuschka ist Islam-, Religions- und Politikwissen-
schaftlerin und freie Autorin.
Udo Tworuschka ist Professor em. für Religionswissenschaft
an der Universität Jena.

Bibliografische Information der Deutschen Nationalbibliothek
Die Deutsche Nationalbibliothek verzeichnet diese Publikation
in der Deutschen Nationalbibliografie; detaillierte bibliografische Daten sind im Internet über http://dnb.d-nb.de abrufbar.

ISBN 978-3-476-04776-2
ISBN 978-3-476-04777-9 (eBook)

J.B. Metzler ist ein Imprint der eingetragenen Gesellschaft
Springer-Verlag GmbH, DE und ist ein Teil von Springer Nature
www.metzlerverlag.de
info@metzlerverlag.de

Einbandgestaltung: Finken & Bumiller, Stuttgart
(Foto: onajourney/Shutterstock; Go Bananas Design Studio/
Shutterstock; mauritius images/Chris Hellier/Alamy)
Typografie und Satz: Tobias Wantzen, Bremen

J.B. Metzler, Stuttgart
© Springer-Verlag GmbH Deutschland,
ein Teil von Springer Nature, 2018

Karin und Reinhard Kirste für ihre Verdienste um den interreligiösen Dialog gewidmet.

Inhalt

Einleitung

Zur Einstimmung

I n unserem Buch stellen wir drei sogenannte Religionsstifter vor: Buddha, Jesus und Muḥammad. Keiner der drei wollte eine ›neue‹ Religion stiften, so wie man einen eingetragenen Verein oder eine Firma gründet. Doch muss man sie alle vom Ergebnis ihres Wirkens her als Religionsstifter verstehen. Ihnen gemeinsam ist die Tatsache, dass sie seit ihrem Auftreten nicht nur für die von ihnen gestiftete Religion von singulärer Bedeutung sind, sondern auch außerhalb dieser bis heute anerkennend wahrgenommen werden.

Die drei Religionsstifter besitzen in ihren jeweiligen Traditionen nicht den gleichen Stellenwert. Wie wichtig für das Christentum die Person Jesu ist, verdeutlicht ein Vergleich der drei großen »Heiligen Nächte«: Christen feiern zu Weihnachten die »Menschwerdung Gottes« in Jesus Christus. In der »Nacht der Erwachung« gewinnt Buddha eine »Erkenntnis«, die aus der Unheilssituation des Leidens herausführt. Dem Propheten Muḥammad wird in der »Nacht der Macht« der Koran offenbart. Der schwedische Erzbischof Nathan Söderblom (1866–1931), zugleich ein bedeutender Religionshistoriker, formulierte diese Erkenntnis so: »Was die Lehre für den Buddhismus und der Koran für den Islam sind, das ist Christi Person für das Christentum«.[1]

Buddha war ein Mensch, wenngleich ein außergewöhnlicher.

Kultisch verehrt werden wollte er jedoch nicht. Trotzdem wurden nach seinem Tod sowohl seine Person als auch die Orte seines Wirkens hochverehrt. Bis heute steht im Mittelpunkt der buddhistischen Religionspraxis die Puja, die kultische Verehrung Buddhas. Stūpas bzw. Pagoden wurden errichtet, um ihm und seiner Lehre Respekt zu erweisen. Reliquien in Gestalt von Asche, Knochen, Zähnen und Haaren des Meisters sind Ziel beliebter Pilgerreisen.

Schon lange ist Buddha vom Westen rezipiert worden. Viele Zeitgenossen, die nicht unbedingt viel über ihn wissen, stellen sich Buddha-Figuren in Haus und Garten als Wohnaccessoire und zur Dekoration, weil Buddha ›hip‹ ist oder um gute Schwingungen zu erzeugen. Dickbäuchig-glatzköpfige Buddhas, gut gelaunt, unbeschwert und lachend, schmücken asiatische Restaurants. Dickbäuchige Buddha-Figuren versinnbildlichen Reichtum, ihre Körperhaltung steht für Selbstgenügsamkeit. Solche Vorstellungen können sich auf buddhistische Traditionen berufen, doch mit dem historischen Siddhārta Gautama Buddha, der in einer bedeutsamen Phase seines Lebens bis zum Skelett abmagerte, haben sie nur wenig zu tun.

Für den deutschen Philosophen Karl Jaspers (1883–1969) war Buddha einer der »maßgebenden Menschen« – unersetzlich, allgemeingültig und einzigartig. Romano Guardini (1885–1968), der wohl eindrucksvollste katholische Theologe in der ersten Hälfte des 20. Jahrhunderts, schrieb in seinem Jesusbuch *Der Herr* (1938) geradezu prophetisch:

> Einen einzigen gibt es, der den Gedanken eingeben könnte, ihn in die Nähe Jesu zu rücken: Buddha. Dieser Mann bildet ein großes Geheimnis. Er steht in einer erschreckenden, fast übermenschlichen Freiheit; zugleich hat er dabei eine Güte, mächtig wie eine Weltkraft. Vielleicht wird Buddha der letzte sein, mit dem das Christentum sich auseinanderzusetzen hat. Was er christlich bedeutet, hat noch keiner gesagt. Vielleicht hat Christus nicht nur einen Vorläufer aus dem Alten Testament gehabt, Johannes, den letzten Propheten, sondern auch einen aus dem Herzen der antiken Kultur, Sokrates, und einen dritten, der das letzte Wort östlich-religiöser Erkenntnis und Überwindung gesprochen hat: Buddha.[2]

Der Vergleichende Religionswissenschaftler Gustav Mensching (1901–1978) interpretierte Buddha als »Meister« und Stifter einer mystischen Universalreligion.[3]

Christen verehren bis heute Jesus in unterschiedlicher Form als Gottessohn, Heiland und Messias. Nicht nur Theologie, auch Philosophie und Literatur beschäftigten sich intensiv mit seiner Person. Schon in der frühen Kirche gab es die Vorstellung einer aus dem Herzen Jesu hervorgehenden Kirche. Im Übergang des christlichen Altertums zum Mittelalter bildete sich eine Herz-Jesu-Frömmigkeit, die in der Mystik weiterwirkte. Im traditionellen katholischen Milieu spielen Bilder von Jesus eine Rolle. Jesus war auch Opfer des jeweiligen Zeitgeistes. In den 1960er Jahren deutete man ihn als Sozialreformer, in der Popkultur entstand das Musical »Jesus Christ Superstar«. Jesus wurde basisdemokratisch, herrschaftskritisch, emanzipatorisch, antipatriarchalisch, ökonomie- und familienkritisch, gewaltlos usw. gedeutet. Unter Anwendung kulturanthropologischer Kategorien sehen manche ihn neuerdings als »galiläischen Schamanen«.

Seit 1400 Jahren ist Muḥammad im Westen eine umstrittene Gestalt. Von Anfang an bezweifelten Christen seine Offenbarungen, verunglimpften ihn, betrachteten ihn als unwissend und gewalttätig, ja sahen in ihm einen Sklaven ungezügelter Sinnlichkeit. Die Kreuzzüge belebten die alten Vorurteile: Das Abendland wurde mit dem Christentum identifiziert; die eigene Religion stand der teuflischen Häresie des Islam gegenüber. Luthers Dämonisierung des Islam zieht sich wie ein roter Faden über weite Strecken durch die protestantische Theologiegeschichte. Bis heute gilt Muḥammad als Prophet der Gewalt und Frauenverachtung. Dieser Eindruck wird durch im Namen des Islam verübte Terrorakte verstärkt.

Für Muslime ist ihre Religion zentral mit der Gestalt ihres Stifters verbunden. Bis heute orientieren sich die Gläubigen an seinen Worten und Taten. Diese seit vielen Jahrhunderten zusammengetragene ›Sunna‹ wird bis in die Gegenwart kommentiert und interpretiert. Muḥammad gilt als »Siegel der Propheten« (Sure 33,40), da nach ihm keine weiteren Propheten die Muslime auf den rechten Weg führen werden. Vor allem im sunnitischen Islam hat sich eine reiche Tradition der Prophetenverehrung entwickelt, wobei im schiitischen Islam die Wertschätzung Muḥammads oft von der Verehrung der Imāme überlagert wird. Viele Muslime verurteilen jegliche Herabsetzung und Beleidigung des Propheten auf das Schärfste. Die Berichte über sein Leben enthalten viele unterschiedliche Facetten und zeigen ihn als ehrlichen Kaufmann, aufrichtigen Freund und Ratgeber, liebenden Ehemann und Vater, Gesprächspartner und Richter, auch als Feldherrn und Staatsmann. Stärker als andere Religionsstifter nahm Muḥammad am alltäglichen Leben teil. Bis heute nehmen unterschiedlichste Strömungen von der Mystik bis zum militanten Dschihādismus auf Aspekte seiner Persönlichkeit Bezug.

Ein vergleichendes Buch

Im Unterschied zu anderen Veröffentlichungen[4] betrachten wir nicht eine nach der anderen Persönlichkeit getrennt, sondern nähern uns ihnen auf vergleichende Weise.[5] Wir orientieren uns an bewährten Prinzipien der Vergleichenden Religionswissenschaft. Bereits einer ihrer Väter, der Deutsch-Engländer Friedrich Max Müller (1823–1900), musste sich mit dem Vorwurf des Relativismus auseinandersetzen. Biblizistische Kreise positionierten sich gegen die entstehende (vergleichende) Religionswissenschaft, sahen in jedem Vergleich des Christentums mit anderen Religionen eine Herabwürdigung ihres eigenen Glaubens. Diese immer wieder erfolgreich gewesene Relativismuskritik wird bis in die Gegenwart von denen geübt, die Vergleich als Gleichmacherei missverstehen.

Die Tradition der Religionsvergleichung spielt in der Geschichte der Religionswissenschaft seit dem ausgehenden 19. Jahrhundert eine wichtige Rolle, und zahlreiche Wissenschaftler haben sich um die Theorie und Praxis des Religionsvergleichs verdient gemacht. Dass sie in der gegenwärtigen Phase der Disziplin in den Hintergrund getreten sind, schmälert ihre Bedeutung nicht. Unter den deutschen Gelehrten sollen nur der geniale Rudolf Otto (1869–1937), der theorie- und methodenbewusste Joachim Wach (1898–1955), der an einer Einheit der Religionen interessierte Friedrich Heiler (1892–1967) und einer der Väter der Praktischen Religionswissenschaft, Gustav Mensching (1901–1978), hervorgehoben werden.

Wir hoffen, unseren Leserinnen und Lesern durch den vergleichenden Zugang einen Erkenntnisgewinn zu verschaffen, der sich bei einer anderen Vorgehensweise so vermutlich nicht einstellen würde. Warum vergleicht man eigentlich? Als Ziel eines religionsgeschichtlichen Vergleiches anzugeben, die Höherwertigkeit der eigenen Religion gegenüber einer bzw. jeder anderen zu erweisen, gehört in die Abteilung theologischer Apologetik, wo sie völlig legitim ist. Uns leitet eine solche Absicht nicht.

Der religionsgeschichtliche Vergleich führt einerseits dazu, Gemeinsamkeiten zwischen Eigenem und Fremdem herauszuarbeiten, andersseits Eigenes *und* Fremdes zu profilieren. Der Religionsvergleich kann dazu beitragen, etwaige genetische Abhängigkeiten in verschiedenen Religionen zu erkennen. So kann die Übereinstimmung von Erzählmotiven durchaus auf einer Verwandtschaft historisch-genetischer Art beruhen, wie dies bei sogenannten Wandersagen der Fall ist, die man an vielen Orten findet und die denselben ›plot‹ haben, mögen auch Namen bzw. topographische Details variieren. Joachim Wach hat jedoch vor allzu großem »Ableitungszauber« gewarnt, der oft nur wegen äußerer Ähnlichkeiten auf genetische Abhängigkeiten schloss. Daher muss der Begriff ›Entlehnung‹ behutsam gebraucht werden.

Die vergleichende Methode kann historisch-typologische Übereinstimmungen feststellen. Aus der Übereinstimmung zahlreicher Erzählmotive, deren Herleitung aus einer gemeinsamen Wurzel jedoch unwahrscheinlich ist, »die aber aufgrund der psychischen, sozialen, religiösen und kulturellen Bedingtheit und Begrenztheit menschlicher Ausdrucksmöglichkeiten, gleiche und ähnliche ›epische Schablonen‹ aufweisen«, lässt sich auf einen gleichen Typus schließen.[6]

Der Religionsvergleich trägt zur Relativierung bei; denn zahlreiche religionsgeschichtliche Erscheinungen verlieren dadurch ihre Singularität.

In unserer religionswissenschaftlichen Methodik aus dem Jahre 1982, der ersten übrigens ihrer Art im deutschsprachigen Raum, haben wir zehn Vergleichsregeln aufgestellt, die hier kurz wiedergegeben seien.[7]

Erstens: Religionen sollten grundsätzlich nicht als Ganze miteinander verglichen werden; denn Vergleiche zwischen *dem* Buddhismus, *dem* Islam und *dem* Christentum haben keinen großen Erkenntnisgewinn, fördern allenfalls Klischees und Vorurteile. Ohne genauere Differenzierungen sind solche Vergleiche von Anfang an ein aussichtsloses Unterfangen. Daraus folgt *zweitens:* Vergleiche sollten innerhalb derselben Dimensionen vorgenommen werden. Das Konzept der Dimensionierung von Religion(en) wurde vor allem durch den englischen Religionswissenschaftler Ninian Smart (1927–2001) popularisiert.[8] Smart teilte die Gesamtheit der Religion(en) in sechs (später sieben) unterschiedliche Dimensionen ein. Obwohl diese aufeinander bezogen sind, bieten sie unterschiedliche Ansätze zur Beschäftigung mit Religion(en). Smart unterscheidet die rituelle, mythologische, lehrmäßige, ethische, soziale und erfahrungsmäßige Dimension.

Drittens: Innerhalb der Dimensionen sollten einzelne Segmente miteinander verglichen werden. So bieten sich Vergleiche zwischen islamischen, buddhistischen und christlichen Gottesbildern bzw. Erlösungsvorstellungen ebenso an wie Vergleiche heiliger Orte, ritueller Reinheit, Meditations- und Gebetspraktiken. *Viertens* sollten Vergleiche die Korrelation von Segmenten berücksichtigen. In der religionsgeschichtlichen Wirklichkeit stehen die Dimensionen nicht isoliert nebeneinander, sondern sie sind auf vielfältige Weise miteinander verbunden. *Fünftens* müssen Vergleiche den innerreligiösen Pluralismus berücksichtigen, da Religionen keine einheitlichen Größen sind und in Konfessionen, Denominationen, Schulen, Sondergemeinschaften usw. in Erscheinung treten. *Sechstens* ist auf den Unterschied zwischen theoretischer und gelebter Religion zu achten. Jede gelebte Form von Religion weist andere Züge und Wesensmerkmale auf, als die konstruierte, vielleicht niemals existent gewesene Idealform. Empirisch gesehen lässt sich die tatsächlich gelebte Religion von der gültigen, d. h. der von einer bestimmten Gruppe für normativ gehaltenen Religion unterscheiden.[9] Zum Vergleich kann die eine oder andere gewählt werden, nur vermischt werden sollten die Ebenen nicht. *Siebtens* sollten Vergleiche innerhalb derselben Ebene bleiben. Dieser generelle Satz führt zu weiteren Unterscheidungen: Wer vergleicht, sollte nicht das eigene Ideal mit fremdreligiöser Praxis vergleichen, sondern Praxis mit Praxis und Lehre mit Lehre vergleichen. *Achtens:* Wer vergleicht, sollte nicht wissenschaftlich-theologische Aussagen mit dem Volksglauben anderer Religionen vergleichen – um keine Scheinsiege zu erringen. *Neuntens* muss beim Vergleich zwischen ›Bedeutung‹ und ›Meinung‹ differenziert werden. Wer Phänomene, Konzepte usw. miteinander vergleichen will, fragt nach ihren Bedeutungen. Einzelne Wörter, Konzeptionen usw. haben, für sich genommen, eine weitgespannte, vage, soziale und abstrakte Bedeutung.[10] Der Bedeutungsbegriff ist von der modernen Semantik und Sprachphilosophie teilweise aufgegeben worden. Ludwig Wittgenstein (1889–1951) brachte diesen Skeptizismus auf die Formel: »Die Bedeutung eines Wortes ist sein Gebrauch in der Sprache«.[11] Demnach gäbe es die Bedeutung von Sünde, Reich Gottes, Tao, Brahman usw. an sich nicht. Der Romanist, Germanist, Linguist und Literaturwissenschaftler Harald Weinrich (geb. 1927) schlägt die Unterscheidung von zwei Grundbegriffen der Semantik vor: »Bedeutung« und »Meinung«. »Das Insgesamt der von einer Sprachgemeinschaft als relevant gesetzten Merkmale eines Gegenstandes nennen wir Bedeutung«.[12] Bedient sich ein Sprecher eines Wortes, zum Beispiel Dschihād oder Nirvāna, so hat er, »während er sich der Bedeutung bedient, eine Meinung«,[13] die aus dem jeweiligen Kontext zu erschließen ist. Aus dem Gesagten lässt sich die *zehnte* Vergleichsregel ableiten: Der Vergleich muss das einzelne Phänomen im Zusammenhang mit der Ganzheit der betreffenden Religion, d.h. in seiner Beziehung zum »Zentrum« (Joachim Wach), sehen. Jedes Phänomen ist nur vom Gesamt der betreffenden Religion her verstehbar. Rudolf Otto hat hierzu wichtige methodische Überlegungen angestellt und in einigen Untersuchungen praktisch angewandt:

Mit dem Aufweis solcher Ähnlichkeiten erschöpft sich die Aufgabe der Religionsvergleichung nicht, sondern nun beginnt erst ihr feineres Geschäft: nämlich im Rahmen der formalen Übereinstimmungen den besonderen Geist, den numen loci, aufzuweisen, der, bei Strukturgleichheiten, doch das Innere der Sache hüben und drüben sehr anders bestimmt. Dieser Gesichtspunkt ist wichtig für das Vergleichen nicht nur hinsichtlich der Mystik, sondern hinsichtlich der hohen Formen der Religion überhaupt.[14]

Buddha und Muḥammad im Westen
Kurzer Abriss einer langen Vorurteilsgeschichte

Buddha

Der Buddhismus gilt als Religion der Friedfertigkeit, und Buddha fasziniert durch seine Ethik des Gewaltverzichts, der Toleranz und seine meditative Praxis. In den letzten Jahrzehnten kann man einen großen Einfluss des Buddhismus auf das Christentum und Judentum in Europa und den USA beobachten. Christen praktizieren ›zazen‹, die meditative Methode des ›Sitzens‹ im japanischen Zen-Buddhismus, und glauben an die Reinkarnation. Auf das Ganze gesehen ist die Geschichte der Begegnung des Westens mit dem Buddhismus weit weniger vorurteilshaft geprägt als die Begegnung mit dem Islam.

Die ersten Kontakte zwischen Indien und dem Abendland gehen auf das 6./5. vorchristliche Jahrhundert zurück, als sich das persische Großreich von Griechenland bis Nordwestindien erstreckte. In hellenistischer Zeit fand ein reger Kulturaustausch zwischen Indien und dem Westen statt. Die *Fragen des Milinda,* in denen der buddhistische Mönch Nagasena den baktrischen König Menander

(Milinda) von der Wahrheit des Buddhismus überzeugt, bieten – unabhängig von ihrer historischen Echtheit – ein lebendiges Beispiel für den buddhistisch-griechischen Dialog. Der griechisch-indische Gandhārastil ist ein großartiges Zeugnis dieser Kultursymbiose.

Unter den altkirchlichen Schriftstellern war Clemens Alexandrinus (gestorben vor 215) wohl der erste, der in seinen *Teppichen* Buddha (Boutta) erwähnt, den seine Anhänger »um seiner übermäßigen Heiligkeit willen der Ehre eines Gottes gewürdigt haben«. Die Ansicht der Buddhisten von der Jungfrauengeburt ihres Stifters überliefert Hieronymus (um 347–419/20). Durch die wohl auf den arabischen Christen Johannes von Damaskus (um 650 – vor 754) zurückgehende, mündliche Berichte christlicher Indienpilger verarbeitende *Vita Barlaam und Joasaph* wurde Buddha zu einem im Mittelalter hochverehrten *christlichen* Heiligen. Der volkstümliche Erbauungsroman erzählt davon, wie der christliche Einsiedler Barlaam den indischen Königssohn Joasaph, den sein Vater von allem Leid fernhalten will, zu einem Leben der Weltverachtung bekehrt. Joasaph verzichtet auf weltlichen Ruhm, und nachdem er den eigenen Vater von seinen Idealen überzeugt hat, stirbt er als christlicher Eremit und Wundertäter. Hinter seinem Namen verbirgt sich der buddhistische Titel Bodhisattva. Der katholische Heilige St. Joasaph, also Buddha, wurde vor wenigen Jahren stillschweigend aus dem revidierten Heiligenkalender herausgenommen.

Christentum und Buddhismus trafen im zentralasiatischen Raum, im nördlich der Hochebene Tibets gelegenen Land der Seidenstraßen entweder direkt oder durch den Manichäismus vermittelt aufeinander. Dies führte auf beiden Seiten zu einer Neuinterpretation von Glaubensvorstellungen und künstlerischen Symbolen.

Der italienische Franziskaner Johannes de Plano Carpini (ca. 1182–1248/52) erwähnte in seiner *Geschichte der Mongolen* (1245–1247) auch den Buddhismus. Sie war der erste christliche Augenzeugenbericht über die Welt Ostasiens: Kiew, Reich der Goldenen Horde, Karakorum. Carpini thematisierte neben ethnographischen Themen die »Art und Weise ihres Glaubens« und ihre »religiösen

Gebräuche«. Der flandrische Franziskaner Wilhelm von Rubruk/ Ruysbroek (zwischen 1215/1220 – um 1270) befasste sich in seinem *Itinerarium Wilhelmi de Rubruc* (zwischen 1252 und 1255) mit dem mongolischen Vielvölkerreich. In der traditionellen Darstellungsform des Religionsgesprächs überlieferte er ein detailliertes, ›objektives‹, friedliches Bild dieses Volkes. Auch wenn er die religionspluralistische Situation im Mongolenreich nicht schätzte und der christlichen Mission Bahn brechen wollte, schrieb er immerhin zwei differenzierte Kapitel über den Buddhismus. Wilhelm beobachtete Kultstatuen, einen Buddha Maitreya, auch könnte er einen Buddha gesehen haben, der das Rad der Lehre dreht sowie eine Buddhastatue, die dem Hl. Christopherus ähnelt, und einen elfköpfigen Buddha.

Großen Publikationserfolg hatte der Bericht Marco Polos (1254–1324) über seine Chinareise. Diese immer wieder als Erfindung abgetane Unternehmung fand wohl wirklich statt. Marco Polo erzählt in Kapitel 95 ausführlich die Buddha-Legende, die er mit der Insel Ceylon verknüpft. Er nennt Buddha ›Sergamo‹ und ›Sakyamuni‹, sieht in ihm den ersten Menschen, dem man ein Standbild (Idol) errichtet habe. Marco Polo charakterisiert Buddha als hervorragenden Menschen, dessen Anhänger ihn als »Heiligen« verehren. Als Buddha starb, trauerte sein Vater sehr, ließ eine goldene Statue errichten und ihn als Gott verehren. Buddha sei vierundachtzig Mal gestorben, habe sich als Ochse, Hund, Pferd, Vogel und in einem anderen Tier reinkarniert. Schließlich wurde er zu einem Gott.[1]

Informationen über den Buddhismus wurden zu Beginn der Neuzeit von römisch-katholischen Missionaren (u. a. Franz Xavier, 1506–1552) verbreitet, die im 16. und 17. Jahrhundert nach Fernost vordrangen.

Der englische Franziskaner und ›Doktor Mirabilis‹, Roger Bacon (ca. 1214 – ca. 1292), erwähnt den Buddhismus in seiner für Papst Clemens IV. gedachten Enzyklopädie *Opus maius,* in die er große Teile des Reiseberichts seines Mitbruders Wilhelm von Rubruck einfügte.[2]

Zur Zeit der Aufklärung erlebten Enzyklopädien eine Blüte. In der von Diderot und d'Alembert herausgegebenen religionskritisch, anti-katholisch und anti-christlich ausgerichteten *Encyclopédie, ou dictionnaire raisonné des sciences, des arts et des métiers* (1751–1772) findet sich nur wenig und Vages über Buddha und den Buddhismus.

Deutschland wurde mit den großen asiatischen Traditionen im 18. Jahrhundert bekannt. Bhagavadgita, Veden, Mahabharata, Shakuntala sowie Schriften des Buddhismus fanden großes Interesse bei Künstlern, Philosophen und Wissenschaftlern. Das Bildungsbürgertum begeisterte sich für die Weisheiten des Ostens. Dichter und Denker wie Friedrich Schlegel, Wilhelm von Humboldt, Johann Wolfgang von Goethe und Friedrich Nietzsche betrachteten östliche Weisheitslehren als Alternative zum dogmatisch verkrusteten, anti-rationalen und einengenden Christentum ihrer Zeit. Buddhismus und Brahmanismus wurden häufig in einem Atemzug genannt und nicht unterschieden. Immanuel Kant (1724–1804) beschäftigte sich als Geograph mit Indien, schreibt hauptsächlich über den Hinduismus, gelegentlich über Buddhismus. In seiner Physischen Geographie thematisiert er in Section VII »Religion des Siamois«, in Section VIII »De Talapoins ou Prêtres«, in Section IX dann »De Sommona-Codom, le Fondateur ou le Restaurateur de la Religion des Siamois« (S. 363–372). »Man verehrt bei ihnen nicht eigentlich ein höchstes Wesen, sondern den Sommona Cadam (Shramana Gautama), einen ehedeß gewesenen Talapoin (Mönch), der sich nun in dem Zustand der größten Glückseligkeit befinden soll, zu welchem auch, wie sie glauben, die Menschen nach vielen Wanderungen gewöhnlich in andere Körper gelangen«.[3]

In seiner *Philosophie der Geschichte* ging Georg Wilhelm Friedrich Hegel (1770–1831) vom Vernunftprinzip aus. Die Menschheitsgeschichte als »Produkt der ewigen Vernunft«, schreitet auf vernünftige Weise in Richtung der vollkommenen menschlichen Freiheit fort. Die gesamte »Totalität« stellt sich als Prozess des Weltgeistes dar, und die Epochen der Geschichte sind für Hegel Stufen auf dem Weg zur Vervollkommnung der Freiheit. Werkzeuge des Weltgeistes sind »welthistorische Individuen«, »Heroen«, in deren individuellen Interesse das Allgemeine aufleuchtet. Die Religionsgeschichte verläuft aufsteigend und der Buddhismus gilt als

»Religion des Insichseins«. Wie viele Zeitgenossen hielt Hegel den Buddhismus für Atheismus, in dessen Mittelpunkt das Versinken in einem angeblichen Nichts steht. Buddha beurteilte er negativ, verwechselte den an seiner Zehe saugenden kleinen Krishna-Knaben mit dem meditierenden Buddha: »in denkender Stellung, Füße und Arme übereinandergelegt, so dass eine Zehe in den Mund geht – dieses Zurückgehen in sich, dies an sich selbst Saugen«.

Johann Gottfried Herder (1744–1803) berichtete aufgeschlossen über Indien, die Wiege der Menschheit. Vom Buddhismus und insbesondere von Buddha weiß er allerdings wenig zu sagen. Es finden sich bei ihm Aussagen über Tibet, insbesondere über die Auswirkungen des Klimas auf das Wesen des Lamaismus, und die Sittenlehre der Mönche. In seinen Ausführungen über Tibet hat Herder offensichtlich die Institution des Dalai Lama vor Augen, wenn er über den »Schaka«, Buddha, schreibt:

> Der große Lama wird nach der Lehre der Seelenwanderung vom Gott Schaka oder Fo belebt, der bei seinem Tode in den neuen Lama fährt und ihn zum Ebenbilde der Gottheit weiht. [...] Und wenn sich in neueren Zeiten einige von der Anbetung seiner Person losrissen, so ist doch ein Stückwerk von der Religion des Schaka das einzige, was diese Völker von Glauben und Gottesdienst haben. Aber auch südlich zieht sich diese Religion weit hin; die Namen Sommona-Kodom, Schak-tscha-Tuba, Sangol-Muni, Schige-Muni, Buddha, Fo, Schekia sind alle eins mit Schaka.

Herder sieht in dieser »Religion des Schaka eine Art Gelehrsamkeit [...] dazu ist alles mit so unendlichen Märchen umhüllt, dass, wenn je ein Schaka gelebt hat, er sich schwerlich in *einem* der Züge erkennen würde, die man dankend und lobend auf ihn häufte.«[4]

Arthur Schopenhauer (1788–1860) besaß keine christlichen Symbole, keine Heiligen und Kruzifixe, sondern auf seinem Schreibtisch stand ein ursprünglich schwarzer Buddha aus Tibet, den er vergolden ließ. Der »Buddhaist« verhalf dem Buddhismus in Deutschland zum Durchbruch. Seine Indienkenntnisse konnte er aus dem zunehmenden wissenschaftlichen Schrifttum beziehen. Erst spät entdeckte er einige Affinitäten zwischen seiner Philosophie und der Religion Buddhas. Sein »Wille« korrespondierte mit *taṇhā*, dem »Daseinsdurst«, und das »Erkennen« als einziges Lebensglück setzte er in Parallele mit dem »achtfachen Pfad«. Die durch Schopenhauer hervorgehobene pessimistische Linie wurde durch Richard Wagner (1831–1883) aufgenommen. Werke wie »Tannhäuser« und »Tristan und Isolde«, deren Protagonisten sich danach sehnen, im »Nichts« aufzugehen (»In des Weltatems wehendem All / ertrinken, versinken, unbewusst, höchste Lust!«[5]), sowie »Parzifal« lassen Spuren buddhistischer Philosophie erkennen. In der Buddha-Oper »Die Sieger« (1856) widersteht der Bhikkhu Ānanda der leidenschaftlichen Liebe des Mädchens Prakriti, die als Nonne in den buddhistischen Orden aufgenommen wird.

Friedrich Nietzsche (1844–1900) vergleicht in seiner Spätschrift *Der Antichrist. Fluch auf das Christentum* (1894) Christentum und Buddhismus. Beide Religionen sind »nihilistische Religionen«, der Buddhismus ist »hundertmal realistischer als das Christentum«, »die einzige eigentlich *positivistische* Religion«[6], »eine Religion für späte Menschen, für gütige, sanfte, übergeistig gewordene Rassen«, »Europa ist noch lange nicht reif für ihn«.[7]

Um 1900 waren Religion(en), Konfession(en) und ihr Verhältnis zur Moderne beliebte Topoi in der öffentlichen Diskussion und im akademischen Bereich. »Die vagierende Religiosität war eine Antwort auf Krisengefühle der Zeit, auf die Verunsicherung durch Modernisierungsverluste, auf die Zweifel an den etablierten Sicherheiten, auf die Gefährdung der Personalität und der Kultur der Autonomie durch die ›ehernen Gehäuse‹ der modernen Zivilisation«.[8] Zum Spektrum der Reformbewegungen zwischen 1880 und 1930 zählen lebensreformerische Bewegungen und religiös-spirituelle Gemeinschaften wie Freireligiöse, Freidenker, Theosophie, Anthroposophie, Waldorfpädagogik, östliche Weisheiten. Eine Art früher ›Hippie-Kultur‹ etablierte sich im schweizerischen Ascona auf dem Monte Verita.

»Die geistige Welle aus Indien, die in Europa, speziell in Deutschland, seit hundert Jahren wirksam war, ist nun allgemein fühlbar und sichtbar [...] die Sehnsucht Europas nach der seelischen Kultur des alten Ostens [...] eklatant geworden«, schrieb Hermann Hesse 1921 anlässlich der Neuauflage der *Reden des Buddha* von Karl Eugen Neumann. Für Hesse war Buddha »gerade für unsere Zeit von weit mehr als intellektueller Bedeutung«. »Sobald wir aufhören, die Lehre Buddhas rein intellektuell zu betrachten und uns mit einer gewissen Sympathie für den uralten Einheitsgedanken des Ostens zu begnügen, sobald wir Buddha als Erscheinung, als Bild, als den Erwachten, den Vollendeten zu uns sprechen lassen, finden wir, fast unabhängig vom philosophischen Gehalt und dogmatischen Kern seiner Lehre, eines der großen Menschheitsvorbilder in ihm.«[9]

Buddha und der Buddhismus spielten in der Dichtung der frühen Moderne eine Rolle, zum Beispiel bei Thomas Mann, Bertolt Brecht und Gottfried Benn. Rainer Maria Rilke schrieb drei Buddha-Gedichte, obwohl er sich weder theoretisch noch praktisch mit dem Buddhismus beschäftigt hatte. Seine Gedichte resultierten aus der Betrachtung der Statuen, die sich in der parkähnlichen Gartenanlage Auguste Rodins in Meudon befanden, dessen Sekretär Rilke eine Zeit lang war. Rilke reizte Buddhas »Schweigsamkeit«, die »Geschlossenheit der Gebärde«, die »stille Zurückhaltung«.[10] Für ihn steht nicht die Lehre im Zentrum, sondern ein Moment der »Anverwandlung«, des »Ganz-in-sich-selber-Ruhens«.[11]

Der marxistische Philosoph Ernst Bloch (1885–1977) erwähnt in *Das Prinzip Hoffnung* (1954–1959) Buddha und den Buddhismus an mehreren Stellen, doch ist sein Bild nicht frei von Entstellungen. Buddhas »erlösender Selbsteinsatz« ist auf die Vernichtung des Leidens ausgerichtet. Bloch kritisiert dabei, dass die gesellschaftlichen Gründe oder Verstärkungen des Leidens unbeachtet bleiben: »Dadurch wurde jede sozial unternommene Umwälzung bagatellisiert.« Das »Wunschbild Nirwana« ist das »absolute Nichts«. Es überwindet das Leben (= »wertloses Nichts«) wie den Tod (= »betrügerisches Nichts«). Solche Vorstellungen sind missverständlich, wie auch die Kennzeichnung des Nirvāna als »die Kühle selbst«.

Der Psychoanalytiker Erich Fromm (1900–1980) arbeitet in seinem einflussreichen Werk *Haben und Sein* (1976) den Unterschied dieser beiden Existenzweisen heraus. Er bescheinigt insbesondere

Buddhismus und Marxismus als humanistischen, nicht autoritären, nicht-theistischen Bewegungen die Möglichkeit der Wandlung des menschlichen Charakters von der Haben- zur Seinsorientierung.

Muḥammad

Völlig anders verlief die Begegnungsgeschichte des Westens mit dem Islam und Muḥammad. Wenn in unseren Tagen das christliche oder jüdisch-christliche Abendland beschworen wird, so benutzt man diesen Begriff nicht als historischen oder geographischen, sondern als ideologischen Gegen- und Kampfbegriff angesichts des Islam, so wie er sich in der Adenauer-Ära gegen den Bolschewismus richtete.

Von Beginn an war die Person des Propheten Gegenstand hasserfüllter christlicher Polemik. In Spanien werden seit Jahrhunderten »Muḥammad-Puppen« bei Volksfesten in die Luft gesprengt. Muḥammad galt als falscher Prophet, Häretiker, Betrüger, Epileptiker, ja sogar als der Antichrist. Hinzukommen Vorwürfe wie Mörder und Pädophiler, weil er ʿĀʾischa, die Tochter Abū Bakrs, wohl aus politischen Gründen und um Nachkommen zu zeugen, mit sechs Jahren geheiratet, mit acht die Ehe vollzogen hatte. Man bezweifelte die Echtheit seiner Offenbarungen, unterstellte ihm, unwissend und gewalttätig, ja ein Sklave ungezügelter Sinnlichkeit zu sein. Für Johannes Damascenus war Muḥammad ein falscher Prophet, der seine Frömmigkeit nur heuchelte, zu Unrecht behauptete, ihm sei der Koran vom Himmel herabgesandt worden. Dass Muḥammad nach dem Tode Chadīdschas mit mehreren Frauen verheiratet war, nahm man zum Anlass, ihm sexuelle Ausschweifungen vorzuwerfen.

Die mittelalterliche Islamauffassung war durchweg negativ. Petrus Venerabilis (1092/94–1156), Abt von Cluny, war einer der ersten Theologen, die sich ernsthaft mit dem Islam auseinandersetzten. Wegen der Ablehnung der Trinität und Gottessohnschaft Christi hält er den Islam für eine Irrlehre. Er veranlasste die Übersetzung des Korans durch Robert of Ketton (1143), die bis in das 17. Jahrhundert die bedeutendste europäische Koranübersetzung darstellte. Thomas von Aquin hielt den Islam für einen »Irrtum«, kritisiert Muḥammad, der »die Völker verlockt hat durch Versprechung fleischlicher Genüsse, zu deren Verlangen die fleischliche Begierde anstachelt.« Seine Gebote können von fleischlichen Menschen leicht befolgt werden. Wahrheitsbeweise habe er keine gebracht.

Er hat vielmehr gesagt, er sei in der Macht der Waffen gesandt: Zeichen, die auch Räubern und Tyrannen nicht fehlen. Auch haben ihm am Anfang nicht irgendwelche in göttlichen und menschlichen Dingen geübte Weise geglaubt, sondern tierische Menschen, die in Wüsten lebten, jeder göttlichen Lehre durchaus unkundig, durch deren Menge er andere mit Waffengewalt unter sein Gesetz gezwungen hat.[12]

Auch während der Kreuzzüge wurden die alten Vorurteile wiederbelebt: Das Abendland setzte man mit dem Christentum gleich; die eigene Religion stand der teuflischen islamischen Häresie gegenüber. Während sich das Christentum an die menschliche Vernunft wandte, verdrehte der Islam die Wahrheit. Das Christentum als Religion des Friedens stand der islamischen Religion des Schwertes gegenüber. Christentum war Leiden und Entbehrung, Islam dagegen Genusssucht. Zu den wichtigsten Autoren des lateinischen Mittelalters zählte Hildebert von Lavardin (1056–1133), dessen *Historia Mahumetis* eine Grundlage für den *Roman de Mahomet* des Alexandre du Pont darstellt, ein altfranzösisches Gedicht aus dem 13. Jahrhundert. Dante Alighieri (1265–1321) versetzte Muḥammad mit Judas und Beelzebub in die neunte, die unterste Stufe des Infernos und schwelgt in fürchterlichen Strafen. Der Ertrag der Reformation für ein sachbezogenes Islambild ist gering. Luthers Muḥammad-Bild enthielt die üblichen Ressentiments, er bezeichnet ihn als »wild«, »grob« und »roh«, hält ihn für einen »Narr«, einen Apostel des Teufels.[13] Wenn er den Islam thematisierte, sprach er immer von den Türken. Die Wortgruppe »Türkei, Türke, türkisch« gehörte zu den großen thematischen Komplexen.

Luthers [...] Tischreden lassen erkennen, wie häufig und wie vielfältig das Thema aufgebracht wurde. [...] Luther ist also auf jeden Fall eine Fundgrube für die Wahrnehmung und Einschätzung der Türkei im mitteleuropäischen Horizont seiner Zeit. [...] Manche seiner Veröffentlichungen brachten es zu zehn und mehr Auflagen, was Luther bereits als einen der bedeutenderen Türkenkriegsautoren ausweist.[14]

Luther teilte die in sogenannten »Türckenbüchlein« des 16./17. Jahrhunderts enthaltene Türkenangst vieler Zeitgenossen. Das Wissen um die türkische Religion wurde zur »Turkisierung« des innerchristlichen Gegners instrumentalisiert.[15] Gegen den Islam als Häresie sollte man mit Schwert, Argumenten und Gebet vorgehen. Luthers Kenntnisse des Korans (»ein kisten aller kätzerien«[16]) beruhte auf übersetzten Zitaten. Sein Freund, der reformierte Theologe und Orientalist Theodor Bibliander (1509–1564) in Basel, ließ 1543 die leicht überarbeitete lateinische Koranübersetzung des Robert of Ketton drucken, ergänzte sie aber um polemische antiislamische Texte. Mit seinem Vorwort versuchte Luther, den Islam zu widerlegen.

Melanchthons Bild von Muḥammad ist nicht besser als das Luthers. Muḥammad ist für ihn ein listiges und gewandtes »Füchslein«, ein »gerissener Spekulant und religiöser Demagoge«, ein »Organ« des Teufels, ein Dieb, Straßenräuber und »Bluthund«. Seine Lehre vermag Melanchthon eingeschränkt anzuerkennen.[17]

Das Verhältnis der protestantischen Orthodoxie zum Islam im ausgehenden 16./17. Jahrhundert war durch keine grundsätzlich neuen Einsichten geprägt. »Türkenpredigten«, wozu Flugschriften, Volksschauspiele, Türkenlieder, Türkenpredigten, Hof- und Reichstagsreden gehörten, verfestigten alte Klischeevorstellungen. Reisende Protestanten, oft im Gefolge diplomatischer Missionen, betteten in ihren Reiseberichten das Fremde in ihr konfessionelles Weltbild ein.

Die Entdeckungsfahrten und die im 17. Jahrhundert in ferne Erdteile vordringenden Missionare brachten die Welt fremder Religionen in das Blickfeld des Abendlandes. Dieses neu gewonnene Wissen motivierte zum Vergleichen der verschiedenen Religionen. Das Christentum wurde ein Teil der allgemeinen Religionsgeschichte, und die Toleranzidee erfuhr eine entscheidende Förderung. Gotthold Ephraim Lessing (1729–1781) verdeutlichte die Toleranzforderung in der Ringparabel in *Nathan der Weise* (1779). In der anregenden Atmosphäre der Aufklärung insbesondere Frankreichs, wurde der islamische Orient neu entdeckt. Der vorherrschende Rationalismus begünstigte Versuche, Muḥammad und den Islam objektiver zu beurteilen. Man erkannte in ihm den klugen Gesetzgeber, kühnen Reformer, den Verkünder eines Glaubens, der zu seiner Zeit als möglicher Weg neben den beiden anderen monotheistischen Religionen angesehen werden konnte.

Neue Muḥammadbiographien und Koranübersetzungen entstanden, zum Beispiel *La vie de Mahomet* (1730) von Henri de Boulainvilliers (1658–1722), der Muḥammad als Freidenker beschrieb, und die englische und französische Koranübersetzung von George Sale (1734) und Nicolas Savary (1783). Obgleich viele aufgeklärte Intellektuelle Muḥammad meist positiv betrachteten, gab es andere, wie Voltaire, dessen Verstragödie *Le fanatisme ou Mahomet le Prophète* (1736/1741) viele alte Irrtümer und Klischees enthält und von verächtlichem Spott getragen ist.

Die Romantiker fühlten sich vom Islam angezogen, hofften im Orient neue Werte und eine unberührte reine Gedankenwelt zu finden. Rousseau und Goethe propagierten das Konzept des idealen Menschen. In *Mahomet* und im *West-östlichen Divan* wandte sich Goethe der für viele bis dahin verschlossenen orientalischen Welt zu. Eine positive Würdigung Muḥammads nahm der englische Schriftsteller Thomas Carlyle (1796–1881) in seinen Vorlesungen *On Heroes and Hero-Worship and the Heroic in History* (1841) vor. Einfühlsam schilderte er den islamischen Propheten als Verkünder eines Glaubens, der ganze Völker in Bewegung setzte.

In dem zu seiner Zeit beispiellosen Aufsatz des katholischen Kirchenhistorikers Johann Adam Möhler (1796–1838), »Über das Verhältnis des Islams zum Evangelium« (1830), findet sich eine zugleich kritische und aufgeschlossene Darstellung des Islam. Möhler würdigte Muḥammad und den Koran, »in welchem uns häufig eine originelle Pietät, eine rührende Andacht und eine ganz eigenthümliche religiöse Poesie entgegentritt. Dieß kann unmöglich etwas Erkünsteltes und Erzwungenes seyn, was doch müßte angenommen werden, wenn wir in Mahommed einen bloßen Betrüger finden wollten«.[18] Fast ein ganzes Jahrhundert blieben Möhlers Gedanken unbeachtet, bis 1962 bis 1965 das II. Vatikanische Konzil den Weg zu einem besseren Verständnis der Muslime freimachte.

In der zweiten Hälfte des 19. Jahrhunderts entwickelte sich die Islamwissenschaft zunehmend zu einem eigenen wissenschaftlichen Fach. Herausragende Namen jener Zeit sind Theodor Nöldeke, Ferdinand Wüstenfeld, Gustav Weil, Aloys Sprenger, Ignaz Goldziher, Hartwig Hirschfeld, Henri Lammens, Hubert Grimme u. a. Ein wichtiger Beitrag zur Muḥammad-Forschung war der Aufsatz »Die Originalität des arabischen Propheten« (1936) von Johann Fück (1894–1974), in dem trotz der im Koran selbst anerkannten Berührungspunkte zwischen den drei Religionen diese dennoch nicht als Beweis für eine unmittelbare Abhängigkeit gesehen werden. Stattdessen hob Fück das Schöpferische und Eigenständige in Muḥammads Botschaft hervor. Montgomery Watt schilderte in *Muhammad, Prophet and Statesman* (1961) den islamischen Propheten als Begründer eines Glaubens und Organisator eines Staates. In einer Gesellschaft, die vorher keine Staatsvorstellung besaß, schuf er eine Religion und einen Staat in unlöslicher Verbindung miteinander. Watt unterstrich die sozialen Unruhen, die als Folge des Übergangs vom Nomadentum zur Sesshaftigkeit entstanden und zu Konflikten zwischen der alten Stammessolidarität und der neuen Kaufmannsmentalität führten. Muḥammad sei es gelungen, beide Strömungen zu vereinigen.[19]

Seit der Veröffentlichung von Salman Rushdies Roman *Die Satanischen Verse* (1989) wurde Muḥammad erneut zur Zielscheibe westlicher Kritik. Dieser Roman stellte grundsätzlich die Glaubwürdigkeit des Propheten in Frage, der als Betrüger und Bastard erscheint und in obszöner Sprache verunglimpft wird. Außerdem dichtet der Autor ihm ein homosexuelles Verhältnis zum Erzengel Gabriel an, und seine Ehefrauen werden zu den Huren im ersten Bordell der Stadt in Beziehung gesetzt. Aufgrund eines gegen ihn gefällten Todesurteils durch den iranischen Ayatollah Ruhollah Khomeini musste Rushdie in den Folgejahren um sein Leben fürchten. Einen weiteren Eklat stellte der »Karikaturenstreit« 2005 dar, nachdem eine dänische Tageszeitung zwölf Muḥammadkarikaturen veröffentlicht hatte. Diese lösten eine Diskussion über die Religions-, Presse-, Kunst- und Meinungsfreiheit aus. Die Rede von Papst Benedikt XVI. in Regensburg (2006) mit seinen äußerst missverständlichen Formulierungen über Muḥammad, die der Papst später selber korrigierte, stieß nicht nur auf die Kritik muslimischer Religionsführer. Die Anschläge auf das französische Satiremagazin *Charlie Hebdo* bewirkten eine starke Solidarität mit den Verfechtern der Meinungs- und Satirefreiheit.

Das westliche Muḥammadbild der letzten Jahrzehnte ist geprägt auch von den gesellschaftlichen Zerwürfnissen, die mit Begriffen wie Islamfeindlichkeit/Islamophobie, Antisemitismus, islambezogener Ethnizismus, ›Gruppenbezogene Menschenfeindlichkeit‹ und die sogenannte Flüchtlingskrise beschrieben werden können. Auch die revisionistische Islamforschung (s. S. 48 ff.) hat außerhalb des Wissenschaftsbetriebs, zum Beispiel in sozialen Netzwerken, dazu geführt, Muḥammad polemisch und sarkastisch zu bewerten.[20] Ein Blick in Facebook-Postings im Umfeld sogenannter islamkritischer Influencer demonstriert hassgeprägte Unkenntnis und Antipathien. Muḥammad und die islamische Religion werden bei den Beschwörern einer Bedrohung, die angeblich von den in Deutschland lebenden Muslimen ausgeht, als totale Gegenbilder zur christlich-abendländischen Kultur begriffen. Oft verbinden sich mit solchen Feindbildern verschwörungstheoretische Muster: Man stellt sich Muḥammad und die Muslime als besonders fremd und bedrohlich vor, um rigide Abwehrmaßnahmen zu rechtfertigen. Bei dem antiislamischen Ethnizismus handelt es sich nicht etwa um eine Form von prinzipiell begrüßenswerter Religionskritik; denn eine fundierte Auseinandersetzung mit islamischen Quellen, mit der Biographie Muḥammads, der islamischen Geistesgeschichte und dem kulturellen Erbe des Islam wird nicht angestrebt. Im Vordergrund stehen Ressentiments, Vorurteile, Simplifizierung und Diskriminierung.

Die Quellen

Einleitung

Die historisch-kritische Forschung hat dazu geführt, die Grundlagen von Buddhismus, Christentum und Islam nicht mehr so zu betrachten, wie dies früher üblich war. Die Religionen und ihre heiligen Texte wurden zum Gegenstand differenzierter wissenschaftlicher Theorien. Im Allgemeinen erkennt die Forschung einen – umfangmäßig verschieden großen – historischen Kern in den entsprechenden religiösen Überlieferungen an. Man geht davon aus, dass die religiösen Überlieferungen mehr oder weniger auf historische Ereignisse zurückgehen, sich jedoch während eines langen Überlieferungsprozesses mit Mythen, Legenden usw. vermischt haben. Einige Forscherinnen und Forscher bewegen sich außerhalb dieser Mainstream-Ansicht. Sie stehen den religiösen Überlieferungen radikal skeptisch gegenüber, bezweifeln oder verneinen sogar einen historischen Kern. Für diese Form der Kritik hat sich beim Neuen Testament und der Entstehung des Christentums die Bezeichnung »Radikalkritik« eingebürgert. Kritiker der Entstehungsgeschichte des Islam heißen »Revisionisten«, ihre Schulrichtung gilt als Revisionismus.

Weder Buddha, Jesus noch Muḥammad hinterließen selber Quellen über ihr Leben oder traten in irgendeiner Form als Autoren auf. Bei allen drei Stiftern verstrich eine beträchtliche Zeitspanne zwischen ihrem Auftreten und der schriftlichen Fixierung ihres

Lebens. Vor der schriftlichen Aufzeichnung kursierten mündliche Überlieferungen. Bei Buddha beträgt die Spanne zwischen seinem Leben und den ersten Aufzeichnungen dreihundert Jahre, bei Muḥammad ungefähr 120 Jahre. Bei Jesus ist die Zeitspanne am kürzesten: Bis zu dem historisch frühesten Evangelium des Markus vergingen 40 Jahre, bis zu Paulus, der allerdings nur wenig historisch Konkretes von Jesus überliefert, 30 Jahre.

Der relativ kurze Zeitabstand im Christentum bietet eine Erklärung dafür, dass die Evangelien sich stärker auf das Leben Jesu konzentrieren, während die buddhistischen Quellen eher die Lehre in den Vordergrund stellen. Zu Lebzeiten der Stifter oder kurze Zeit danach haben die Historiker die neu entstandenen Religionen nicht als erwähnenswert empfunden bzw. waren sich ihrer Existenz nicht hinreichend bewusst. Erst als ihre Anhänger die Botschaft weiter verkündeten, theologische Lehren entwickelten und sich mit den sie umgebenden gesellschaftlichen Verhältnissen auseinandersetzten, begann das Interesse der Geschichtsschreibung. Aufgrund der Zeitspanne bis zur schriftlichen Fixierung erfuhren die Lebensbeschreibungen bereits theologische Deutungen, weckten Zweifel an der Zuverlässigkeit des Geschilderten, auch wenn sich die jeweiligen Überlieferer um Authentizität bemühten. Buddhisten verweisen auf eine Traditionslinie, die auf die Bhikkhus (»Mönche«) Ānanda und Upāli zurückgeht. Das Johannesevangelium beruft sich auf das Zeugnis der Jünger, Lukas auf Augenzeugen, islamische Prophetenüberlieferungen auf Überliefererketten von Gewährsmännern, die bis Muḥammad zurückreichen.[1]

Für die Biographien der drei Stifter liegen fast ausschließlich schriftliche Quellen aus der jeweils eigenen religiösen Tradition vor. Diese Darstellungen erfolgten durch Anhänger, die den Stifter aus einer gläubigen Perspektive betrachteten. Sie waren von dem Interesse geleitet, bestimmte Abschnitte der Vita des Stifters hervorzukehren, andere in den Hintergrund treten zu lassen, neu zu deuten, anders zu gewichten. Ein ›objektives‹ Bild zu zeichnen, war nicht das Ziel der Autoren.

In den Darstellungen werden die einzelnen Lebensabschnitte unterschiedlich ausführlich dargestellt. Frühe buddhistische Texte berichten fast nichts über Kindheit und Jugend Siddhārta Gautamas. Auch schildern die meisten buddhistischen Quellen Buddhas Werdegang von der Geburt bis zur Erwachung wesentlich detaillierter als seine anschließende Lehrtätigkeit. Über die Kindheit, Jugend und das junge Erwachsenenleben Jesu erfährt man aus dem Neuen Testament wenig, die Zeit seines öffentlichen Auftretens sowie die Leidensgeschichte nehmen den größten Raum ein. Die Prophetenbiographie teilt viel über Muḥammads Jahre als religiöses und politisches Oberhaupt in Medina mit, informiert weniger über die Verfolgungsjahre in Mekka, kaum über Kindheit und Jugend.

Ein weiteres Problem der Quellen ist ihre vorwissenschaftliche Weltsicht. Übersinnliche, wundersame Begebenheiten galten mehr oder weniger als normal, wurden nicht mit der Skepsis moderner Wissenschaft wahrgenommen.[2] Aufgrund der erwähnten Tatsachen – großer zeitlicher Abstand zwischen dem mutmaßlichen Leben des Stifters und der schriftlichen Schilderung seines Lebens, glaubensgefärbte Sicht der jeweiligen Viten, Widersprüche innerhalb der einzelnen Quellen sowie im Vergleich mit anderen Quellen, natürliche und übernatürliche Erzählelemente usw. – äußerten Wissenschaftler Zweifel an der historischen Wahrheit, leugneten sogar die Existenz der Stifter. Mit großem Aufwand und Scharfsinn versucht die Forschung, die oft defizitäre Quellensituation mit Hilfe anderer Wissenschaften zu kompensieren, um das Leben der Religionsstifter mit Hilfe der Erkenntnisse über das sie umgebende politische, geographische, wirtschaftliche, religiöse und kulturellen Umfeld zu erschließen. Sie bedient sich in zunehmendem Maße der Erkenntnisse von Archäologie, Sozialgeschichte, Kulturanthropologie, Sprachwissenschaft, Ethnologie, Mündlichkeits- und Gedächtnisforschung etc.

Die Quellen für das Leben Buddhas

Der »historische« Buddha

Gegen Ende des 19. Jahrhunderts bestritten Forscher gelegentlich die historische Existenz Buddhas. Der französische Indologe Émile Senart (1847–1928)[3] glaubte, in den Legenden Spuren eines mythischen Sonnenheros zu erkennen, sprach Buddha jedoch seine Historizität nicht völlig ab. Der Indologe Rudolf Otto Franke (1862–1928), der aufgrund seiner eigenwilligen Ansichten über die Entstehungsgeschichte des Buddhismus in der Fachwelt nicht ungeteilte Zustimmung fand, war der Ansicht, dass man über den historischen Buddha nur wenig Gesichertes sagen könne. Die buddhistische Lehre hielt er für das Werk mehrerer Autoren. Der Indologe und Pionier der Buddhismusforschung, Hermann Oldenberg (1854–1920)[4], attestierte dagegen den auf Pali geschriebenen Berichten über Lehre und Leben Buddhas hohe Authentizität. Ebenfalls trat der belgische Gräzist und einer der besten Buddhismuskenner seiner Zeit, Étienne Lamotte[5] (1903–1983), für die Historizität Buddhas ein.

Die Quellen haben in erster Linie ein Interesse daran, Buddhas religiöse Erfahrung anhand seiner Lebensgeschichte darzustellen, nicht aber an der genauen Schilderung seiner Biographie. Wenn ein Handbuch formuliert, dass Buddha »eine der ersten bekannten Personen [ist], von denen wir guten Gewissens behaupten können, dass sie tatsächlich gelebt haben«[6], so herrschen nichtsdestotrotz erhebliche Deutungsunterschiede hinsichtlich seiner Person und der durch ihn hervorgerufenen Bewegung.

Die Beantwortung der Frage, wer Buddha war, wird dadurch erschwert, dass sich nach seinem Tode eine ›Buddhologie‹, eine Lehre von Buddha, entwickelte, die aus dem Menschen Siddhartha Gautama ein übermenschlich-himmlisches Wesen machte, um das sich allmählich ein Kult bildete. Der zur eigentlichen Weltreligion gewordene Mahāyāna-Buddhismus führte solche Tendenzen fort und entwickelte Gedankensysteme wie die »Dreikörperlehre« (*trikāya*) Buddhas und ließ aus der historischen Persönlichkeit in China und Japan eine gnadenspendende Heilandgottheit werden.

Der keiner religiösen bzw. philosophischen Schule zugehörige japanische Philosoph und Kaufmann Tominaga Nakamoto (1715–1746) war einer der frühesten asiatischen Historiker, der sich mit der Buddhismusgeschichte beschäftigte. Früher als westliche Gelehrte erkannte er, dass nur ein kleiner Teil der tradierten Buddhaworte auf Siddhārta Gautama selbst zurückgeht.

Die Quellen

Siddhartha Gautama schrieb sein Leben und seine Heilslehre nicht selbst auf. Erst nach seinem Tod brachten seine Anhänger die Lehre ihres Meisters in eine Form, die man auswendig lernen und für die Nachwelt bewahren konnte. 500 Mönche versammelten sich sieben Monate lang in einer Höhle und schufen einen einheitlichen Wortlaut von Buddhas Lehrreden und der von ihm aufgestellten Ordensregeln. Aufgeschrieben wurden diese Überlieferungen erst über drei Jahrhunderte später. In die lange mündliche Überlieferung flossen inzwischen viele Änderungen und Zusätze ein. Was diese Texte über das Leben Buddhas berichten, ist somit nicht sehr zuverlässig.

Die moderne Buddhismusforschung unterscheidet hinsichtlich der Buddha-Biographie drei Quellenbereiche: das Mahāparinirvāna-Sūtra (»Großer Lehrtext vom vollständigen Verlöschen«), die Buddha-Legende und die Sūtras (»Lehrreden«). Bereits im ersten Quellenbereich ist die Tendenz spürbar, Buddha in eine übermenschliche Sphäre hinauszuheben. Die Buddha-Legende illustriert die Lehre und spiegelt keine historische Wirklichkeit wider. Die Lehrreden enthalten wenig Historisches, mögen aber partiell echte Reden Buddhas wiedergeben. Die Buddhismusforschung steht vor erheblichen Schwierigkeiten, eine relative Chronologie, d. h. das Früher oder Später einzelner Texte, zu bestimmen. Buddhas Wirkungsbereich war das »mittlere Land«, in dem die beiden rivalisierenden Königreiche Koshala und Magadha lagen. Buddhas Lehren wurden in verschiedenen mittelindischen Sprachen (Pali, Gandhari), im sanskritisierten Prākrit, in Sanskrit selbst und in verschiedenen nicht indo-arischen Sprachen wie Tibetisch und Mittelchinesisch überliefert. Buddha dürfte die normale Umgangssprache seiner Heimat, Magadhi oder Ardha Magadhi, nicht Pali gesprochen haben. Seine Anhänger übersetzten diese Reden in die Lingua franca oder *koine gangetique,* die Verkehrssprache des Gangestales, die gemeinsame Elemente verschiedener Dialekte enthielt und für die rasche Ausbreitung von Buddhas Lehren über die im nördlichen Indien gesprochenen Dialekte hinaus sorgte. Diese Lingua franca hatte Gemeinsamkeiten mit der im Handel und in der Verwaltung üblichen Sprache.[7] Der Pali-Kanon der südlichen Theravāda-Schule ist nicht, wie früher angenommen, die einzige Quelle zum Leben Buddhas. Eine wichtige Rolle spielen Reste eines frühen, nicht nur einer Schule zugehörenden Sanskritkanons in Zentralasien sowie zum Teil noch vor den Sanskrit-Texten einzuordnende Texte aus den ersten Jahrhunderten n. Chr. in indischen Prakrit-Sprachen, insbesondere der Sprache der nordwestindischen Landschaft Gandhāra. Die Forschung der zentralasiatischen Texte erschloss indisch-buddhistische Manuskripte, die teilweise mehr als 1000 Jahre älter als die ältesten Pali-Handschriften sind. Diese Forschung, die mit dem Namen des Sanskritisten und Indologen Ernst Waldschmidt (1897–1985) verbunden ist, hat bei der Bearbeitung der Texte sowohl den Pali-Kanon als auch auf frühe indische Sanskritvorlagen zurückgehende chinesische und tibetische Parallelen einbezogen. Somit kommt den wesentlich älteren Sanskrit-Texten die gleiche Bedeutung wie den Pali-Texten zu. Manchmal werden die Pali-Texte erst durch die Sanskrit-Texte verstehbar. Dennoch spricht Waldschmidt bezüglich der Überlieferungstreue den »nördlichen« und »südlichen« Quellen die gleiche Bedeutung zu.

Die tibetischen Übersetzungen halten sich sehr eng und genau an das Sanskritoriginal. Erhalten sind hier hauptsächlich hīnayānistische Texte der Schule der Mūlasarvāstivādin. Die chinesischen Übersetzungen hingegen, die Mahāyāna-Werke und Texte verschiedener hīnayānistischer Schulen enthalten, sind freier und haben dadurch an Ursprünglichkeit verloren.

Das Ideal des älteren Buddhismus, der bei den Anhängern der Mahāyāna-Schule abwertend als »kleines Fahrzeug« gilt, war der Arhat, der durch eigenes Streben und Bemühen das Nirvāna erreicht. Das Ideal des Mahāyāna ist dagegen der Bodhisattva, der zunächst auf das eigene Heil verzichtet, um möglichst viele Wesen mitzuerlösen. Allerdings sprechen auch viele ältere Hīnayāna-Quellen vom Bodhisattva, womit sie den Buddha in den Jatakas, den »Vorgeburtsgeschichten«, beschreiben.

Buddhas Leben ist nur durch die kanonischen Texte der hīnayānischen Schulen zu erschließen, die erst kurz vor der Zeitenwende nach langer mündlichen Überlieferung aufgeschrieben wurden, aber bereits deutlich die Lehrunterschiede der einzelnen Gemeinschaften widerspiegeln. Ihre Entstehung verdankt sich der Tatsache, dass es im Buddhismus keine höchste Lehrautorität gibt.

Die erste große Spaltung des Buddhismus ereignete sich 100 Jahre nach Buddhas Tod auf dem Konzil von Vaishālī. Die sogenannten Konzilien (*sangīti*, wörtlich: »gemeinsames Singen, Rezitieren« bzw. *sangāyanā*) dienten dazu, die Worte des Buddha zusammenzutragen, zu rezitieren und eine einheitliche Textüberlieferung zu sichern. Die Probleme in der frühen Zeit des Buddhismus betrafen darüber hinaus die unterschiedliche Auslegung und Anwendung von Bestimmungen der Ordenszucht (*vinaya*). Kurz nach dem Tode Buddhas fand die erste Versammlung in Rajagriha statt. Hier wurde nicht schon der gesamte Kanon der heiligen Schriften fixiert, sondern zwei »Körbe« der Schriften, u. a. der Vinaya. Hundert Jahre später – nach anderen Annahmen nur ca. 40 bis 50 Jahre – fand in Vesali die zweite Versammlung statt, deren Fokus der Vinaya-piṭaka (»Korb der Ordensregeln«) bildete. Die Teilnehmer stritten über die rechte Zeit der Nahrungsaufnahme, verbotene Nahrungsmittel, Organisation im Sangha, Annahme von Gold, Silber und anderen Luxusgütern. Die Vertreter der Mahāsānghika-Schule wollten die Mönchsregeln aufgrund veränderter Umstände anpassen. Die orthodoxen Sthaviravādins (»Schule der Ältesten«) waren strikt dagegen. Außerdem diskutierte man die Qualitäten des Arhat (Würdiger, »der seine inneren Feinde besiegt hat«). Die Staviravadins hielten ihn für Buddha ebenbürtig und vollkommen erleuchtet. Die liberalen Mahāsānghikas unterschieden zwischen dem vollkommen erwachten Buddha und dem Arhat, der noch nicht frei von Kleshas (»Bewusstseinsverunreinigungen«) sei.

Auf der dritten Versammlung in Pataliputra Mitte des dritten vorchristlichen Jahrhunderts, bei welcher der Pali-Kanon formell abgeschlossen wurde, kam es zur großen Spaltung innerhalb der buddhistischen Gemeinde. Auf diesem Konzil sollten die Richtungskämpfe zwischen den inzwischen vielleicht 18 Schulen hinsichtlich Ordenszucht und Lehre beigelegt werden. Abweichende Gruppen wurden ausgeschlossen. Die beim zweiten Konzil deutlich werdende Spaltung vertiefte sich.

Ein wichtiger Diskussionspunkt zwischen den verschiedenen Schulen stellte die Beziehung Buddhas zu seinen Vorgängern dar, wobei die Lokottaravādins mit ihrem Doketismus (von griech. *dokein* »scheinen«) die Schriften anderer Schulen beeinflussten, wonach Buddha ein jenseitig-gottgleiches Wesen war, das nur zum Schein geboren wurde, in einem Scheinleib gelebt hatte, zum Schein erleuchtet wurde und die Welt zum Schein verlassen hatte. Jede Schule besaß ihre eigenen Schriften, die jedoch bis auf chinesische und tibetische Übersetzungen und die Zentralasien gefundenen Prakrit- und Sanskrit-Texte nicht mehr existieren.

Étienne Lamotte teilte die literarischen Quellen zum Leben Buddhas in fünf Schichten ein:

1. Die biographischen Abschnitte in den auf Pali geschriebenen Lehrtexten (Sūtras) bilden die älteste Schicht und werden ergänzt durch Sanskrit-Texte aus Zentralasien, chinesische Agamas (Texte aus der frühen Mahāyāna-Schule) und tibetische Sūtra-Übersetzungen. Sie enthalten keine vollständige Buddha-Biographie und wenig über seine Kindheit und Jugend. Thematisiert werden oft die Erleuchtung und Ereignisse, die zu ihr geführt haben. Hier findet man auch zwei wichtige Texte: das Mahāpadāna-Sūtra aus dem Pali-Kanon, das dem Mahāvadāna-Sūtra als Sanskrittext entspricht, über die Geburt des Buddha. Hierbei wird jedoch nicht die Geburt des historischen Buddha Shākyamuni, sondern die Geburt eines seiner Vorgänger, des Buddha Vipashyin, beschrieben. Beide Sūtras wollen keine historische Begebenheit, sondern die typische Menschwerdung eines Buddhas schildern. Folglich enthalten diese frühen Texte bereits eine Buddhologie, die dem geschichtlichen Buddha andere Buddha-Gestalten voranstellt.

2. Die biographischen Abschnitte im Vinaya-Piṭaka, dem »Korb der Ordensregeln«, der verschiedenen Schulen bilden die zweite Schicht. Auch diese Texte enthalten nur Abschnitte aus dem Leben Buddhas, ergänzt durch Berichte von seinen früheren Existenzen. Beschrieben werden Ereignisse aus der Jugend sowie Begebenheiten vor und nach der Erleuchtung. Der auf Chinesisch erhaltene Vinaya der Dharmaguptaka-Schule beschreibt Begebenheiten aus dem Leben Buddhas, vor allem um den Anlass für bestimmte Verordnungen zu erklären. Der auf Tibetisch erhaltene Vinaya der Mūlasarvāstivādins erzählt die Geburt des Bodhisattvas (»Buddhawesen«), wie Buddha vor seiner Erleuchtung genannt wird.

3. Bei den eigentlichen, aber unvollständigen Erzählungen aus dem Leben Buddhas aus den verschiedenen Schulen seit der Zeitenwende handelt es sich um legendarische Texte. Sie widmen sich der Zeit zwischen der Geburt und Buddhas ersten Missionserfolgen. Die beiden wichtigsten Werke sind das Mahāvastu-Avadāna (»Buch der großen Begebenheiten«) und der Lalitavistara (»Ausführliche Erzählung vom Spiel Buddhas«) auf Sanskrit. Bei beiden Werken handelt es sich um jahrhundertelang gewachsene Sammlungen mit Erzählungen aus dem Leben Buddhas, »Geburtsgeschichten« (Jātakas) und Avadānas (Taten Buddhas in einem früheren Leben). Das wahrscheinlich auf das zweite vorchristliche Jahrhundert zurückgehende Mahāvastu – ein Werk der Ordenszucht nach dem Vinaya der Lokottaravādins – stammt noch aus dem Hīnayāna, wurde aber im Sinne des Mahāyāna überarbeitet. Es zeugt von großer Buddha-Verehrung: »Nichts an den Buddhas kann mit den Maßstäben der Welt gemessen werden, sondern alles, was dem großen Seher zukommt ist überweltlich.[8] Es enthält keine fortlaufende Buddha-Erzählung, und manche Ereignisse werden mehrfach berichtet, zum Beispiel die Geburt. Sprache und Entstehungszeit des Mahāvastu sind nicht einheitlich. Die sprachlich älteren Teile über den Auszug Buddhas und die alten Versionen der Predigt von Benares ähneln der altbuddhistischen Balladendichtung des Pali-Kanons, während später eingefügte Jātaka- und Avadāna-Geschichten die große Opferbereitschaft des Bodhisattvas betonen und aus einer späteren Mahāyāna-Zeit stammen dürften.

Der dem Pali-Kanon ähnelnde Teil des Werkes ist vermutlich dem zweiten vorchristlichen Jahrhundert zuzuordnen, während die späteren Mahāyāna-Einfügungen wohl zwischen dem ersten und vierten nachchristlichen Jahrhundert entstanden sind.

Der Lalitavistara – obwohl ursprünglich auch von der hinayanistischen Lokottaravadin-Schule beeinflusst – wurde so stark mahayanisch überarbeitet, dass es der Mahāyāna-Tradition zuzuordnen ist. Er betont die Überweltlichkeit Buddhas und stellt dessen Auftreten als spielerische, nur zum Schein vorgenommene Anpassung an die Welt dar. Seine Geburt wird als übernatürliches Ereignis geschildert, die geschichtliche Bedeutung Buddhas relativiert. Ein Schwerpunkt liegt auf der Präexistenz des Erleuchteten und dem Bodhisattva-Ideal. In einem eingeschobenen Gespräch Buddhas mit Bhikkhu Ānanda werden Ungläubige kritisiert, welche die wundersame Geburt Buddhas nicht für wahr halten. Glaube bedeutet in diesem Zusammenhang nicht Vertrauen auf den Buddha, sondern das Fürwahrhalten von Wunderereignissen. Abgeschlossen wurde der Lalitavistara in der Zeit der Gandhāra-Kunst zwischen dem ersten und vierten nachchristlichen Jahrhundert.

4. Die Gesamtbiographien, die das Leben Buddhas von seiner Geburt bis zum Tod beschreiben, sind erst zur Zeit des im zweiten Jahrhundert regierenden Kushan-Herrschers Kanishka (53?–126? n. Chr.) entstanden. An dessen Hof in Purushapura (Peschawar) lebte der Dichter Ashvaghosha, der das Buch *Der Wandel (das Leben) des Buddha* verfasste. Von den 28 auf Sanskrit geschriebenen Kapiteln existieren nur noch 14. Doch sind die übrigen durch tibetische und chinesische Übersetzungen zugänglich. Der zum Buddhismus übergetretene Brahmane nennt brahmanische Parallelen zu Buddhas wundersamer Geburt, um ehemalige hinduistische Glaubensgenossen zum Übertritt zu gewinnen.

Im Vinaya-Piṭaka befinden sich zwei weitere, das ganze Leben Buddhas beschreibende Werke, die nach Étienne Lamotte nicht vor dem 4./5. Jahrhundert entstanden sind.

5. Umfassend schildern außerdem außerindische, aus Ceylon, Zentralasien, Tibet und China stammende Kompilationen das Leben Buddhas. Das älteste Werk ist vermutlich das aus Ceylon stam-

mende *Nidānakathā* (»Erzählung von den Anfängen«), das auf Pali und in tibetischer Übersetzung vorliegt. Es beschreibt Geburt, Erleuchtung und Aufbau von Buddhas Gemeinde. Das Buch will die Laufbahn Buddhas, seinen Weg zur Buddhaschaft überhaupt darlegen. Die Anfänge werden daher im ursächlichen, nicht im zeitlichen Sinn beschrieben. Das Werk stimmt inhaltlich mit einem im 5. Jahrhundert von Buddhadata verfassten *Madhuratthavilāsinī*, der »Erläuterung der süßen Bedeutung des Buddhalebens« überein. Es handelt sich um eine späte kanonische Schrift im Khuddaka-Nikāya (»Sammlung der kleinen Texte«) des Pali-Kanons, das den historischen Buddha Shākyamuni in eine Reihe von 24 Buddhas einordnet. Das letzte Buch, das Cariyā-Piṭaka (»Lebenswandel«), enthält 35 in Versen verfasste Jātakas, welche die sechs oder zehn moralischen Pāramitās (»Vollkommenheiten«) des Bodhisattvas in früheren Existenzen belegen sollen, wobei der Begriff wörtlich bedeutet: an das andere (*pāra*) Ufer (*mitā*) der Weisheit, also zum Erwachen, gelangen. Auf dem *Nidānakathā* basieren auch spätere Bearbeitungen der Buddha-Legende wie das Jinacarita (»Leben des Siegers«) des Medhamkara aus dem 13. Jahrhundert.

In Zentralasien entstanden mehrere, teils nicht mehr erhaltene Buddha-Biographien, die oft einen Buddha der Zukunft beschreiben, dessen Leben allerdings eng an das Leben des historischen Siddhārta Gautama Buddha angelehnt ist. Unterschiede bestehen nur hinsichtlich der Namen der Eltern und des Sohnes Siddhārtas sowie seiner Bhikkhus. Erhalten ist aus Zentralasien das Werk *Maitreyasamiti* (»Das Zusammentreffen mit Maitreya«) über den zukünftigen Buddha Maitreya in der mitteliranischen Sprache Khotanesisch. Es enthält keine fortlaufende Beschreibung des künftigen Buddhas, sondern eine Voraussage seiner künftigen Wirkung.

Über eine alttürkische Übersetzung wurde der auf Tocharisch, einer ausgestorbenen indogermanischen Sprache, geschriebene Erzählzyklus über das Leben des Maitreya zugänglich. Das in 27 Kapiteln verfasste Drama stellt den zukünftigen Buddha als Gestalt dar, die bereits zur Zeit des historischen Buddha lebte, von diesem zum Mönch geweiht wurde und den Auftrag für seine zukünftige Nachfolge erhielt.

In Tibet entstanden Buddha-Biographien, welche die Geschichte des Buddhismus von der Zeit des historischen Buddha bis zur Ausbreitung in Tibet thematisieren. Bekanntestes Werk ist die *Geschichte der Religion* des Gelehrten Bu-ston Rinchen-grub (1290–1364), das in Form von »Zwölf Taten« das Leben Buddhas von seinem Herabstieg aus dem Tushita-Himmel bis zum Eingang in das Nirvāna beschreibt.

Die bedeutendsten indischen Werke wie das Abhiniskramana-Sūtra, die Buddha-Biographie der Dharmagupta-Schule sowie die Biographie der Mūlasarvāstivādins liegen nur auf Chinesisch vor. Ein wichtiges chinesisches Werk ist das »Shih chia ju lai chèng tao chic hu« des Wang-pù (648–675), das S. Beal mit »Memorials Relating to the Perfected Wisdom of Sakya-Tathagata« übersetzt. Das Werk relativiert die wunderhaften Darstellungen in der Vita Buddhas und versucht, Vorstellungen des chinesischen Buddhismus in der Verkündigung des historischen Buddhas zu belegen.

Fazit: Die frühen Texte schildern Einzelepisoden in lockerer Reihenfolge, insbesondere Ereignisse im Kontext der Erleuchtung. Sie erfüllen den Zweck, die Wirksamkeit Buddhas als Lehrer und seine Predigten für die Gemeinde in konkrete Zusammenhänge zu stellen. Erst nach der Zeitenwende interessierte sich die Gemeinde stärker für Buddhas wundersame Geburt und Jugend. Insbesondere in der Gandhāra-Kunst werden sein Herabstieg aus dem Tushita-Himmel, die Empfängnis und Geburt dargestellt. Buddha wird wunderhaft verklärt und seine Menschwerdung wird verdeutlicht. Die aus den ersten nachchristlichen Jahrhunderten stammenden, in Buddhistischem Hybriden Sanskrit verfassten Werke Mahavastu und Lalitavistara besitzen die umfangreichste Wirkungsgeschichte und bilden die Grundlage für viele spätere Buddha-Biographien.

Die Quellen für das Leben Jesu

Der »historische« Jesus

Die Mehrheit der heutigen Exegeten vertraut einem historischen Kernbestand der Jesusüberlieferung, so dass für sie feststeht, dass Jesus gelebt hat. Seit dem 18. Jahrhundert versuchten einige Radikalkritiker, die historische Existenz Jesu in Zweifel zu ziehen.[9] Für diese Kritiker steht am Anfang des Christentums ein mythischer Gottessohn, aber keine historische Gestalt.

Wie wurde aus dem Reich-Gottes-Prediger, charismatischen Lehrer, Wunderheiler und Exorzisten die von Ewigkeit her existierende zweite Person des theologischen Dogmas von der Trinität aus Gott-Vater, *Sohn* und Heiligem Geist?

Um den »historischen Jesus« ist innertheologisch immer heftig gestritten worden. Manche Theologen halten sogar die Frage nach dem historischen Jesus für sinnlos:[10] Der Jesus, über den man etwas Substantielles sagen könne, sei der in den Evangelien verkündigte Jesus Christus, der Auferweckte und lebendig Gegenwärtige. Wer nach dem historischen Jesus fragt, stehe im Gegensatz zum gänzlich anderen Fragehorizont der Evangelien. Diese erzählen zwar von einem konkreten Menschen, doch ihr Interesse liege nicht auf der Ebene historischer Fakten.

Der »historische« Jesus ist das wissenschaftliche Konstrukt von Exegeten und Historikern, und es überrascht daher nicht, dass es so viele unterschiedliche historische Jesusbilder wie Wissenschaftler gibt. Der von ihnen rekonstruierte Jesus ist keine 1:1-Ausgabe des jüdischen Wanderpredigers. Wie andere Historiker so arbeiten auch die historisch-kritischen Jesusforscher nicht voraussetzungslos und »objektiv«, sondern setzen ihre Quellen zusammen, interpretieren diese aus ihrem jeweiligen interessegeleiteten Blickwinkel, ihrem jeweiligen, im Laufe der Zeit sich verändernden Erkenntnisstand. Sie entwerfen zwar durchaus mögliche, wissenschaftlich aber stets überholbare Bilder der Vergangenheit.

Gegenüber dem »historischen Jesus« favorisiert ein Strang der gegenwärtigen Jesusforschung den »erinnerten Jesus«. Der hier angewandte, in sich vielfältige »memory approach«, der Mündlichkeits- und Gedächtnistheorien rezipiert, stellt nicht den »historischen Jesus« in den Mittelpunkt, der »hinter« den Verkündigungstexten zu finden ist, sondern den *in* den Dokumenten »erinnerten Jesus«. Dadurch werden die Evangelien als Geschichtserzählungen und -konstruktionen ernst genommen.[11] »Die synoptische Überlieferung bietet Belege nicht so sehr für das, was Jesus tat oder sagte, sondern für das, dessen sich die ersten Jünger von dem, was Jesus tat und sagte, erinnerten«[12]. Der führende britische Neutestamentler James D. G. Dunn (geb. 1939) unterscheidet die frühen authentischen individuellen »Erinnerungen« der Zeitgenossen Jesu von den daraus bestehenden späteren Traditionen. Im Unterschied zu den ersten Erinnerungen seien diese bereits durch Gruppenbedürfnisse und kollektive Kontrolle geprägt, was für ihre Zuverlässigkeit bürge.

Die einzelnen Quellen

Wir besitzen keine Quellen für ein Leben Jesu, welche ein Geschichtsforscher als zuverlässige und ausreichende gelten lassen kann. Ich betone: für eine Biographie Jesu von Nazareth von dem Maßstabe heutiger geschichtlicher Wissenschaft. Ein glaubwürdiges Bild des Heilandes für Gläubige ist ein sehr andres Ding. […] Diese Quellen sind ferner nicht mit Sicherheit auf Augenzeugen zurückzuführen […] Demzufolge sieht sich der »vorurteilsfreie« Kritiker vor einem großen Trümmerfelde von einzelnen Überlieferungen. Er ist berufen aus den einzelnen Stücken, ein neues Gebilde hervorzuzaubern, wenn er die Aufgabe angreift, von dieser aus dem Nebel aufragenden Gestalt eine Biographie nach modernen Forderungen zu entwerfen.

Mit diesen Worten kritisierte der evangelische Theologe Martin Kähler (1835–1912) die sogenannte historische Leben-Jesu-Forschung,[13] die er für eine Sackgasse hielt. Kählers Ansatz gipfelt in der Behauptung, dass der christliche Glaube nicht auf dem Menschen Jesus beruht, sondern auf dem »wirklichen«, dem »gepredigten Christus«.

Paulus. Frühe Aussagen über Jesus stammen aus Briefen des *Paulus*. Doch teilt dieser Apostel kaum Konkretes über das Leben Jesu mit. Ausnahmen sind das letzte Mahl (1 Kor 11,23) und die Wiedergabe vereinzelter Jesusworte.[14]

Paulus war »ein privilegierter Diasporajude«[15] mit römischem Bürgerrecht.[16] Als freier Handwerker gehörte er zur unteren Mittelschicht der antiken Gesellschaft. Die Matrix seines Denkens ist alttestamentlich-jüdisch, was sich an seinem Monotheismus und seinen Gedanken zu Anthropologie, Gerichts-, Sünden- und Auferstehung ablesen lässt. Aufgrund seiner Begegnung mit der griechischen Welt drückt Paulus seine Überzeugungen in hellenistischen Formen aus. Seine Sprache und seine Benutzung der griechischen Bibel zeigen, dass er griechisch dachte. Hebräische, aramäische Sprachkenntnisse sind nicht zu entdecken. Paulus war Jude, blieb dies sein ganzes Leben – auch als Christ. Er opponiert nicht gegen das Judentum, sondern will dieses profilieren und neu interpretieren.[17] Im Jahre 33 fand wohl seine Bekehrung statt, das sogenannte Damaskuserlebnis, das ihn als von Gott berufener Heidenapostel legitimiert: »Ich habe Jesus, unseren Herrn, gesehen« (1 Kor 9,1), womit der auferstandene Christus gemeint sein dürfte. Bereits die ältesten Bekenntnisse in den (echten bzw. unechten) Paulusbriefen sehen Jesus nicht nur als Wanderprediger und Propheten des Gottesreiches, sondern deuten ihn als den von Gott gesandten Sohn, der vor der Weltschöpfung bei Gott war, der ihn nach seiner Kreuzigung auferweckte und erhöhte (Phil 2,6–11; Röm 10,9; Kol 1,15–20; Hebr 1,3).

Paulus erwähnt Jesus in von ihm zitierten vorliterarischen Traditionen, in Homologien, also Bekenntnissen wie: »Jesus ist der Messias«; »Herr ist Jesus«; »Jesus ist der Sohn Gottes« und »Pistisformeln« (Pistis = Glaube). Diese thematisieren das in der Vergangenheit liegende christologische Heilsgeschehen. Entweder nennen sie nur Jesu Auferweckung, nur seinen Tod oder beides. Die Hoffnungsformel »Gott hat Jesus (bzw. ihn oder Christus) von den Toten auferweckt« entspricht frühjüdisch-apokalyptischer Überzeugung. Die Paulusbriefe sind sehr stark auf Christus konzentriert, deuten ihn als Retter Israels und der Völker. Jesus Christus gilt als

Weltenrichter, der Gekreuzigte wird als Mensch gewordene göttliche Weisheit gedeutet. Im Menschen Jesus Christus – dem neuen Adam und Davidsohn – zeige sich Gott.

Die Evangelien. Lange Zeit betrachtete die Forschung die Textsorte ›Evangelium‹ als eine christliche Neuschöpfung. Inzwischen hat man stärker deren Nähe zu anderen literarischen Traditionen erkannt: der antiken Memoirenliteratur, den Philosophenviten und den hellenistischen Biographien. »Eine inhaltliche Sonderstellung innerhalb der antiken Literatur nehmen die Evangelien jedoch ein: Nur sie behaupten, dass in einem konkreten und begrenzten Geschehen der Vergangenheit die Geschichte eine Wende nahm und nun auch Gegenwart und Zukunft von diesem Ereignis bestimmt werden.«[18]

Die Evangelisten sind nach Meinung der Mehrheit der neutestamentlichen Wissenschaftler keine Augenzeugen der von ihnen erzählten Geschehnisse.[19] Die Autoren selbst kannten Jesus nicht persönlich, und ihre Texte datieren erst 40 bis 70 Jahre nach seinem Tod. Als der von Jesus selbst und seinen Anhängern erwartete Weltuntergang mit Gericht nicht eintrat und die Zeitzeugen, die Jesus noch gekannt hatten, allmählich ausstarben, war wohl der Zeitpunkt gekommen, die bis dahin mündlich überlieferten Erinnerungen zu verschriftlichen. Die Evangelisten wollten mit ihren Werken den Glauben der Zeitgenossen an den Auferstandenen bestärken oder wecken. Die Evangelien sind auf Griechisch geschrieben, während Jesus Bibel-Hebräisch und Aramäisch sprach.

Nach der »Zwei-Quellen-Theorie«, welche die Ähnlichkeiten und Unterschiede zwischen den drei synoptischen Evangelien (Matthäus-, Markus-, Lukasevangelium) erklärt, gilt das Markusbuch als ältestes Evangelium. Auf seiner Grundlage schrieben Matthäus und Lukas unabhängig voneinander ihre Darstellungen. Über Markus hinaus bieten die beiden anderen Evangelisten zum Teil wörtlich identische Inhalte. Diese schreibt die Zwei-Quellen-Theorie der – bis heute hypothetisch gebliebenen, in Umfang und Wortlaut kontroversen – Logien- bzw. Redequelle Q (Q = Quelle) zu. Die Forschung geht davon aus, dass die Evangelisten neben Markus und Q jeweils eigene mündliche bzw. schriftliche Quellen besaßen: das Sondergut. Die Verfasser der ersten drei Evangelien nennt man Synoptiker und ihre Schriften synoptische Evangelien, weil man entsprechende Abschnitte aus jedem Evangelium zusammenstellen und »zusammenschauen« (*synoptein*) kann (zu den einzelnen Evangelien s. u.).

Die drei »quests« der neutestamentlichen Forschung. Als historisch-kritische Theologen feststellten, dass auch die ältesten Texte keine ›objektiven‹ Informationen über Jesus enthielten, sondern von Glaubens- und Verkündigungsabsichten geleitet waren, wuchs die historische Skepsis. Mit dem Orientalisten und Bibelkritiker Hermann Samuel Reimarus (1694–1768) beginnt die später so genannte »first quest«, die erste Suche nach dem historischen Jesus. Die beiden evangelischen Theologen Johannes Weiß (1863–1914)[20] und Albert Schweitzer (1875–1965)[21] betonten die apokalyptische Komponente in Jesu Persönlichkeit und Botschaft. Schweitzers Werk stellt die wohl weitgehendste Widerlegung der optimistischen Leben-Jesu-Forschung dar.[22] Die Entwicklung in der Jesus-Forschung seit den 1980er Jahren hat dazu geführt, Schweitzers resignatives Urteil nicht als das letzte Wort in der Debatte zu betrachten.

Mehrere Jahrzehnte dominierten in der Theologie *form- und redaktionskritische Forschungsmethoden*. In der formgeschichtlichen Schule, zu deren prominentesten Vertretern Rudolf Bultmann (1884–1976) und Martin Dibelius (1883–1947) zählten und die bis nach dem Zweiten Weltkrieg tonangebend in der evangelischen Theologie war, schätzte man die Evangelisten weniger als schriftstellerische Persönlichkeiten ein, sondern sah sie als Sammler »einzelner Szenen und Aussprüche, die zum größten Teil ohne feste chronologische und topographische Markierung innerhalb der Gemeinde überliefert worden sind«.[23] Wenn man die von den Evangelisten stammenden Rahmungen der Texte entfernte, würde man – so der formgeschichtliche Optimismus – die eigentliche Jesustradition freilegen. Dieses wissenschaftliche Paradigma änderte sich, als man den Blick von der Urgemeinde als Trägerin der Überlieferung stärker auf die individuellen Evangelisten verlagerte. Die sogenannte *redaktionsgeschichtliche Forschung* bzw. *Redaktionskritik* machte auf den Unterschied zwischen Tradition und Redaktion aufmerksam. Diese Richtung[24] »interessiert sich nicht primär für die Authentizität der Überlieferung, sondern für die Situation und das theologische Anliegen des jeweiligen Schriftstellers, der seine Überlieferungen als Bausteine für einen Gesamtentwurf benutzt«.[25] Zwar würdigte die redaktionsgeschichtliche Forschung stärker die individuelle Gestaltungskraft der Autoren, doch bestand eher geringes Interesse an einer historischen Jesus-Biographie, und Bultmann[26] und Bornkamm[27] waren mehr an der Darstellung der »Verkündigung« Jesu interessiert. Einen Höhepunkt erreichte das theologische Desinteresse an der Person des geschichtlichen Jesus in Rudolf Bultmann. Für ihn standen nicht Jesu Lehre oder Tun im Fokus, sondern »das entscheidende Ereignis« war lediglich das »dass« von »Jesu Gekommensein selbst«.[28]

Das Desinteresse am historischen Jesus wurde durch die von Ernst Käsemann (1906–1998) in den 1950er Jahren ausgelöste »neue Suche« (»new/second quest«) nach dem historischen Jesus abgelöst, welche die Bultmann-Schüler zur Abkehr von ihrem Lehrer führten. Der lutherische Theologe und Orientalist Joachim Jeremias (1900–1979) unterstrich, dass ohne Jesus »der christliche Glaube in der Luft hängt. Weder die Osterfahrungen einiger Jünger noch der Christuskult der frühen Gemeinden sind die tragfähige Basis, sondern allein das Programm Jesu in Wort und Tat«.[29]

Seit den 1980er Jahren ist in der neutestamentlichen Forschung die »dritte Suche« nach Jesus angesagt. Die Forscher arbeiten noch methodenpluralistischer, integrieren archäologische, sozialgeschichtliche, kulturanthropologische, judaistische usw. Methoden. Vertreter der »third quest«[30] sind von der Möglichkeit überzeugt, mit historisch-kritischen Methoden ein Bild von Leben und Wirken zeichnen und dieses »historische Jesusbild« von frühchristlichen Christologien und Glaubenszeugnissen abgrenzen zu können. Eine wichtige Rolle spielt dabei die zwischenzeitlich veränderte Quellenlage. Die Funde im ägyptischen Nag Hammadi (1945) und in Qumran am Toten Meer (seit 1947) führten zu einer Neubewertung des Frühjudentums und erschlossen frühchristlich-gnostische Texte, zum Beispiel das Thomasevangelium, das vor allem in der nord-amerikanischen Jesusforschung einen hohen Stellenwert hat. Der neue Ansatz hat auch die Bedeutung der Logienquelle Q und der apokryphen Evangelien gesteigert. Archäologische Funde in Galiläa aus dem 1. Jahrhundert konnten das Bild vom Wirkungsraum Jesu zum Teil korrigieren und präzisieren.

Die neutestamentliche Forschung verwendet unterschiedliche methodische Kriterien, um vermeintlich »echte Jesusworte« herauszufiltern. Vertreter der »third quest« ziehen stärker außerbiblische Quellen heran, zum Beispiel die »Apostolischen Väter«.[31] Die Jesusbewegung wurde stärker als »innerjüdische Erneuerungsbewegung«[32] in den Blick genommen. Breit akzeptierter Konsens der ›dritten Runde‹ ist der jüdische Hintergrund Jesu, seine Kontinuität zum Judentum und Diskontinuität zum frühen Christentum.[33] Diese veränderte Sichtweise zog Veränderungen bei den Kriterien nach sich, anhand derer man über die Echtheit von Jesusworten urteilt. Diese gelten als echt, wenn sie innerhalb des zeitgenössischen Judentums entstanden sind. Da dieses Kriterium an der Kontinuität zwischen Judentum und Jesus interessiert ist, spielt es womöglich Unterschiede zwischen Jesus und dem Judentum herunter. Forscher wie Eckhard Rau gestehen »der Gestalt Jesu ein starkes *inner*jüdisches, damit aber keineswegs *anti*jüdisches Konfliktpotential« zu. Rau plädiert dafür, Jesus so zu interpretieren, dass er »seinem jüdischen Kontext ebenso korrespondiert wie er ihn höchst individuell und schon deshalb konflikthaft überschreitet«.[34]

Seit dem letzten Drittel des 20. Jahrhunderts ist das Wissen über die Vielfalt des antiken Judentums beträchtlich angewachsen: »Das führt dazu, dass die Forschung bestimmte Haltungen wie die Kritik am Jerusalemer Tempel oder Abweichungen im Verständnis von Speisegeboten, der Reinheitstora oder dem Sabbatgebot nicht mehr als grundsätzliche Gegnerschaft zu Tempel, Tora oder gar dem Judentum überhaupt interpretiert, sondern vielmehr als Teil des Diskurses um die Fassung der Tora und um die Konkretisierung von Torageboten versteht.«[35] An die Stelle des Differenzkriteriums ist eine Verhältnisbestimmung zum jüdischen Kontext getreten. Wenn Jesus zum Beispiel Anschauungen vertritt, die mit den jüdischen Vorstellungen seiner Zeit korrespondieren, spricht man von »kontextueller Korrespondenz«. Kritisiert er dagegen Ansichten, so deutet man dies im Sinne seiner »kontextuellen Individualität«[36].

Markusevangelium. Markus schrieb sein Evangelium – das älteste und kürzeste, sich auf das Wesentliche beschränkende der vier Evangelien – unter dem Eindruck der Tempelzerstörung um 70 in Rom. Der Autor schildert das Wirken und Sterben Jesu, wobei dieser durchaus menschliche Schwächen zeigt. Markus greift auf apokalyptische und prophetische Q-Sprüche zurück. Sein Jesus predigt nicht für die allgemeine Öffentlichkeit, sondern für die Jünger und Anhänger. Jesu Lehre hat esoterischen Charakter, nicht einmal seine Jünger, denen »das Geheimnis des Reiches Gottes gegeben« ist (Mk 4,11), verstehen es vollkommen. Das Konzept dieses Evangeliums lässt sich auf den Begriff »Messiasgeheimnis« bringen: Jesus besitzt von Anfang eine transzendente Aura, wird als ein von Gott Gesandter gesehen. Martin Kähler nannte dieses Evangelium eine »Passionserzählung mit ausführlicher Einleitung«; denn alles ist hier auf die Kreuzigung hin orientiert. Markus unterstellte den Schriftgelehrten, Pharisäern, Priestern und Sadduzäern eine Verschwörungsabsicht. Der zerstörte Tempel mag Anlass für den Autor gewesen sein, sein Verhältnis zum Judentum zu überdenken und die Schuld am Tod Jesu den Juden in die Schuhe zu schieben. Markus dürfte zur Kategorie der sogenannten Heidenchristen oder »Gottesfürchtigen« zählen. Heidenchristen waren vor ihrer Taufe keine Juden, sondern gehörten der griechisch-hellenistischen Kultur an. Gottesfürchtige waren Sympathisanten, die sich um die Diasporasynagoge sammelten, ohne jedoch zum Judentum überzutreten.

Matthäusevangelium. Matthäus, der sein Werk in den Jahren 80 bis 90 in Syrien verfasste, gehörte wohl zu den Judenchristen (Mt 13,52), d.h. Christen, die aus dem Judentum hervorgingen. Bis gegen 100 n.Chr. waren sie die Mehrheit in der Gemeinde, wurden aber zunehmend zur Minderheit, die sich bis gegen 400 nachweisen lässt. Judenchristen hielten sich an die Tora, besuchten Synagogen, gingen zur Mikwe, dem rituellen Reinigungsbad für Frauen, und befolgten allgemein jüdische Vorschriften. Zwischen ihrer Jüdischkeit und Christlichkeit sahen sie keinen Widerspruch. Die heidenchristliche Mehrheitskirche akzeptierte jedoch diese hybride Religionsform nicht und verketzerte ihre Anhänger. Auch von jüdischer Seite wurden Judenchristen nicht beachtet, sondern als Abweichler verurteilt. Matthäus, der sehr häufig aus dem Alten Testament zitiert, um damit vielleicht den Juden die Konversion zu erleichtern, geht davon aus, dass Jesus der im Alten Testament verkündigte Messias ist, in dem sich »Gesetz und Propheten« erfüllt haben. Der Autor schreibt für eine judenchristliche Gemeinde, die sich schon vom Judentum abgelöst hat. Der matthäische Jesus blickt ungehalten auf das offizielle Judentum zurück, verurteilt pauschal die »Schriftgelehrten und Pharisäer« (Mt 23). Matthäus geht es um die Erfüllung der Tora, nicht um ihre Auflösung. Der Streit mit den jüdischen Repräsentanten dreht sich um das »wahre Israel«.

Lukasevangelium. Zwischen 80 und 100 schrieb der (Arzt?) Lukas in Rom – auch er vielleicht ein »Gottesfürchtiger« – den ersten Teil seines zweibändigen Geschichtswerkes, dessen zweiter, unabhängig überlieferter Teil die Apostelgeschichte darstellt. Lukas blickt schon aus einem zeitlichen Abstand auf den zerstörten Tempel zurück. Er mag ein Städter gewesen sein, hatte einen weiten Bildungshorizont, zu dem Kenntnisse in jüdischer Theologie und hellenistische Bildung gehörten. Lukas beansprucht, tatsächlich Geschehenes zu dokumentieren, versteht sich als Historiker – auch wenn er von den eigentlichen Ereignissen schon sehr weit entfernt ist. Die Auseinandersetzung Jesu mit den Schriftgelehrten und Pharisäern stellt er wesentlich weniger schroff als Matthäus dar. Lukas will das soziale Gewissen der Wohlhabenden in der von ihm angesprochenen Gemeinde schärfen. Er ist der Evangelist der Armen und schrieb ein »Evangelium für die Armen«: Sein Jesus ist auf der Suche nach den Verlorenen, die ohne ihn zugrundegehen würden. Gefangene, Kranke und Geschundene sind Inbegriffe dieser Armut. Für ihn sind Gottes Pläne mit Jesu Kreuzigung und Tod nicht gescheitert, sondern fanden ihre Vollendung. Der literarisch begabte Lukas, der in seinem Vorwort darauf hinweist, Vorgänger und Quellen zu haben, bediente sich wie Matthäus vor allem bei Markus, von dem er das meiste übernimmt, und bei der Logienquelle Q. Der Anteil des lukanischen Sondergutes beträgt immerhin ein Drittel des gesamten Evangeliums. Zwischen Lukas und Johannes gibt es mancherlei Übereinstimmungen und Ähnlichkeiten.

Johannesevangelium. Das um 100 datierte Johannesevangelium stammt von einem namentlich nicht genannten Autor, der sich als »Jünger, den Jesus liebte«, vorstellt. Dieser kleinasiatische Judenchrist ist nur konzeptuell sowie in einigen Einzelmotiven von anderen Evangelien abhängig. Der Autor lässt Jesus viermal nach Jerusalem ziehen, zurzeit Jesu eher eine Kleinstadt mit knapp 30 000 Einwohnern, wobei drei Reisen sich durch das Pessachfest erklären. Galiläa tritt bei Johannes in den Hintergrund. Johannes will nicht länger nur Jesu Lehren vermitteln, vielmehr interessiert er sich für die Heilsbedeutung von dessen Wirken. Jesus und Gott gehören für Johannes so eng zusammen, dass beide identifiziert werden. Dies drücken die sogenannten Ich-bin-Worte aus, die Jesus als »Licht«, »Wahrheit« und »Leben« bezeichnen. Zwar tritt Jesus auch als Mensch in Erscheinung, doch unterstreicht der Prolog eine Präexistenz bei Gott. Typisch für den mystischen Charakter des Johannesevangeliums sind Paradoxien und Rätselreden, die zeigen wollen, dass man die transzendente Wirklichkeit nicht rational-begrifflich beschreiben kann. Umstritten ist, ob es sich bei Johannes nur um einen Autor handelt oder um einen Autor als Teil einer Gruppe, die auch als »johanneischer Kreis«[37] bezeichnet wird. Man hat vermutet, dass die Adressaten des Textes Judenchristen waren, die in einem jüdischen Milieu lebten und aus der jüdischen Gemeinde ausgeschlossen wurden. Dass auch heidenchristliche Rezipienten im Blick waren, lässt sich vielleicht daran sehen, dass aramäische Begriffe und jüdische Glaubensinhalte vom Autor eigens erklärt werden.

Apokryphe Texte. Unter den neutestamentlichen Apokryphen (alt-griech. »verborgen, dunkel«), die jünger als die kanonischen Evangelien sind, versteht man christliche Schriften der ersten Jahrhunderte, die inhaltlich und formal den neutestamentlichen Schriften ähnlich sind. Sie behaupten oft, von Aposteln zu stammen, verbreiten »Geheimlehren« für Eingeweihte. Diese Schriften wurden nicht in den neutestamentlichen Schriftenkanon aufgenommen. Als Quelle für den historischen Jesus haben sie bei aller Unterschiedlichkeit eher geringeren Wert. »Die apokryphen Texte stehen [...] in unterschiedlicher, je eigens zu bestimmender Weise im Verhältnis zu einer bereits vorhandenen Evangelienüberlieferung: in der Auffüllung biographischer Lücken, in harmonisierender ›relecture‹ (oder auch ›renarration‹), in ›vertiefender‹ Deutung, dezidierter Uminterpretation oder gar ›Protestexegese‹«.[38]

Sogenannte gnostische Evangelien aus dem 2. Jahrhundert[39] enthalten Interpretationen älteren Spruchgutes: Dialoge bzw. Belehrungen des auferstandenen Christus mit ausgewählten Jüngern und Jüngerinnen. Die sogenannten judenchristlichen Evangelien wie das Nazaräer-, Ebionäer-, Hebräerevangelium, haben kein gemeinsames Jesusbild.

Es ist umstritten, ob das »geheime Markusevangelium« eine Vorstufe des Markusevangeliums ist, eine frühe Erweiterung oder eine antike bzw. neuzeitliche Fälschung.

Durchweg legendären Inhalts und für die historische Rekonstruktion der Biographie Jesu wenig brauchbar sind die »Kindheitsevangelien« vom Ende des 2. Jahrhunderts: das Protevangelium des Jakobus (150–120 n. Chr.) sowie das nicht mit dem Thomasevangelium zu verwechselnde »Kindheitsevangelium des Thomas« (Ende 2. Jh.). Jesus wird hier als Sohn Gottes vorgestellt, erzählt werden meist Wundergeschichten des Fünf- bis Zwölfjährigen. Auch die Passions- oder Osterevangelien aus dem 3. Jahrhundert enthalten legendarischen Stoff, der die Erscheinungen des Auferstandenen, seine Aussendungsrede und die Himmelfahrt ausgestaltet. Neben diesen biographischen Erzählevangelien, die Geschichten über Ereignisse aus dem Leben Jesu enthalten, stehen Spruchevangelien, in denen Jesus mit seiner überragenden Weisheit in Erscheinung tritt. Hierzu zählen das Thomasevangelium aus dem 2. Jahrhundert, dessen Vorstufen bis in das 1. Jahrhundert zurückreichen, und die Logienquelle (Q).

Thomasevangelium. Das Thomasevangelium besteht aus 114 Logien: Gleichnissen, Weisheits- und Gesetzesworten, enthält jedoch keine Erzählungen. Thematischer Mittelpunkt ist Jesus als Vermittler geheimer Offenbarungen. Im Thomasevangelium wird ein eigenständiger, in die frühe Zeit der Christentumsgeschichte zurückreichender Traditionsstrang erkennbar. Apokalyptische und Menschensohnworte finden sich bei Thomas nicht, auch sind manche Texte durch gnostische Anschauungen geprägt, spiegeln eine pantheistische Frömmigkeit.

Logienquelle Q[40]. Diese Quelle stammt aus dem judenchristlichen Milieu Palästinas bzw. Syriens und ist für die Rekonstruktion des historischen Jesus von erheblicher Bedeutung.[41] Q enthält nicht einfach die echten Worte Jesu, sondern ist – wie die Evangelien – bereits theologische Deutung, Konstruktion. Die nicht als eigenständige Schrift überlieferte Logienquelle, deren Entstehungszeit manche Forscher in die 40er bis 70er Jahre des 1. Jahrhunderts n. Chr. verlegen und die vor allem im Markusevangelium verarbeitet wird, enthält Aussprüche (Logien) und kürzere Reden, jedoch nur wenige Erzählungen. Die Materialien sind nicht biographisch geordnet, enthalten aber wie das Thomasevangelium keine Passions- und Ostererzählung und bezeichnen Jesus als Menschensohn. Die Q-Tradition geht wohl auf die »charismatischen Wanderradikalen« und Dorfschreiber (s. u.) der vielgestaltigen Jesus-Bewegung zurück. Darunter versteht man eine »von Jesus hervorgerufene innerjüdische Erneuerungsbewegung im syrisch-palästinischen Bereich, die zwischen 30 und 70 n. Chr. ihre Blütezeit hatte«.[42] Diese zahlenmäßig eher kleine, aus teils vorösterlichen Männer- und Frauengruppen sowie aus Jünger und Jüngerinnen und von Jesus Geheilten bestehende Klientel richtete ihre Botschaft an Juden in Galiläa. In ihrer Betrachtungsweise von Jesus setzten sie Schwerpunkte auf den Gleichniserzähler und Weisheitslehrer, während andere ihn als

Wundertäter verehrten. In der Logienquelle ist Jesus nicht der Verkündigte, sondern bleibt Verkündiger: »Jesus selbst ist der Weg zur Erlösung, aber das geschieht nicht durch seinen Erlösertod, der in Q nirgendwo erwähnt wird, sondern in seinem Offenbaren des Reiches Gottes und des Weges, um an diesem Reich teilzuhaben«.[43]

Jüdische Quellen. Der jüdische Historiker Flavius Josephus (37/38 – nach 100) notiert um 93 n. Chr. in seinen »Jüdischen Altertümern«:

> Um diese Zeit lebte Jesus, ein weiser Mensch, wenn man ihn überhaupt einen Menschen nennen darf. Er war nämlich der Vollbringer ganz unglaublicher Taten und der Lehrer aller Menschen, die mit Freuden die Wahrheit aufnahmen. So zog er viele Juden und auch viele Heiden an sich. Dieser war der Christus. Und obgleich ihn Pilatus auf Betreiben der Vornehmen unseres Volkes zum Kreuzestod verurteilte, wurden doch seine früheren Anhänger ihm nicht untreu. Denn er erschien ihnen am dritten Tage wieder lebend, wie gottgesandte Propheten dies und tausend andere wunderbare Dinge von ihm vorherverkündet hatten. Und noch bis auf den heutigen Tag besteht das Volk der Christen, die sich nach ihm nennen, fort.[44]

Die Echtheit dieses Christus gegenüber freundlichen »Testimonium Flavianum« ist bis heute wissenschaftlich umstritten. Außerdem berichtet Flavius Josephus in einem Text, dessen Echtheit gewöhnlich nicht angezweifelt wird, von »Jakobus, dem Bruder des Jesus, der Christus genannt wird, mit Namen Jakobus, sowie noch einige andere, die er der Gesetzesübertretung anklagte und zur Steinigung führen ließ«.[45]

Nichtchristliche Schriftsteller. Dass Jesus wirklich gelebt hat, geht auch aus voneinander unabhängigen *nicht*christlichen Quellen hervor – gleichgültig, ob sie ihn positiv oder negativ bewerteten bzw. indifferent darstellten. Die nichtchristlichen Autoren akzeptieren nicht die Göttlichkeit Jesu Christi, auch wenn sie ihn als einen weisen Menschen akzeptieren können. Für den römischen Enzyklopädisten Celsus (14 v. – 50 n. Chr.) und den Philosophen Porphyrios (233–305) verkörpert Jesus den Typus des Zauberers. Seine Wunder höben ihn aber in keiner Weise gegenüber anderen Magiern hervor. Jesu Wunder werden im Kontext der ethisch fragwürdigen, sogar verbotenen ägyptischen Magie gedeutet. Der römische Historiker und Senator Tacitus (55/56 – ca. 120) schildert im Zusammenhang mit dem Brand Roms, dass Kaiser Nero die Schuld den beim Volk verhassten »Christianern« angelastet habe. Ihr Name gehe auf den am Kreuz gestorbenen Christus zurück. Der Historiker Sueton (70 – um 140) berichtet vom Edikt des Kaisers Claudius gegen die Juden (41 n. Chr.), »die Chrestus aufgehetzt fortwährend Unruhe zu stiften«, weshalb er sie aus Rom vertrieb. Im Sarapion-Brief, verfasst von dem syrischen Philosophen Mara Bar Sarapion, ist vom »weisen König der Juden« zu lesen, den die Juden hingerichtet haben und den erst die Christen zum Gott gemacht hätten. Andere bestreiten die Weisheit des Gekreuzigten, vor allem aber seiner Anhänger (Lukian, Macarius Magnes). Den Christenglauben der Göttlichkeit Jesu lehnen nichtchristliche Autoren durchweg ab, qualifizieren ihn als »Verblendung«.

Die Quellen für das Leben Muḥammads

Der »historische« Muḥammad

Revisionistische Islamwissenschaftler stehen der religiösen Überlieferung des Korans radikal skeptisch gegenüber. Sie bezweifeln bzw. verneinen einen historischen Kern, stellen die Zuverlässigkeit der islamischen Überlieferung hinsichtlich der Entstehungsgeschichte des Islam in Frage. Einige Forscher bestreiten die Historizität Muḥammads, sehen ihn nur als Hauptdarsteller in einem Gründungsmythos, der die Entstehung des Islam als von ihren Vorläuferreligionen Judentum und Christentum sich abspaltende autonome Religion erklärt. Während den Vertretern des ›Mainstreams‹ nach Abzug aller Wundergeschichten und aus sonstigen Gründen unwahrscheinlicher Angaben ein historischer Kern dennoch als gesichert erscheint, negieren die Revisionisten die Existenz eines solchen Kerns oder reduzieren ihn zur völligen Bedeutungslosigkeit.

Zweifel an der islamischen Version der frühislamischen Geschichte auch in ihrem Kern ergeben sich aus mancherlei Widersprüchen und Ungereimtheiten in den islamischen Quellen sowie aus der Tatsache, dass aus den ersten beiden Jahrhunderten islamischer Zeitrechnung kaum islamische Quellen existieren. Auch die archäologische Faktenlage und die Darstellung der Situation der Entstehungszeit des Islam in nichtislamischen Quellen werfen zahlreiche Fragen auf. Die Revisionisten gehen von einem längeren Entstehungsprozess des Islam aus, nicht von einer bereits weitgehend durch Muḥammad erfolgten Festlegung der islamischen Lehre, wie sie später bekannt wurde. Alle revisionistischen Alternativtheorien verbindet eine sehr weitgehende Skepsis gegenüber dem Wert religiöser Überlieferungsliteratur als Geschichtsquelle. Die Absicht dieser Literatur liege nicht in der Darstellung historischer Ereignisse, sondern in einer durch Mythen und Legenden illustrierten theologischen Deutung. Es gehe nicht um Geschichte, sondern um Heilsgeschichte, welche die Herkunft eigener religiöser Ideen erklären und auf Gott zurückführen sowie den Platz der eigenen Gemeinschaft in der Welt und der Weltgeschichte definieren soll.

Günter Lüling (1928–2014) glaubte, einen christlich-häretischen Ursprung des Korans nachweisen zu können. Begründer der revisionistischen Schule, zu der u. a. Patricia Crone und Michael Cook gehören, war der US-amerikanische Historiker John Wansbrough (1928–2002), der den Islam als Konstrukt späterer Generationen und Muḥammad als einen erfundenen Mythos betrachtete. Dieser sollte den Zweck erfüllen, den arabischen Stämmen einen eigenen, den jüdischen vergleichbaren Propheten zu geben.

Der katholische Theologe und Religionswissenschaftler Karl-Heinz Ohlig (geb. 1938), Vertreter der »Saarbrücker Schule«, behauptete, dass eine nachträgliche Geschichtsschreibung Muḥammad als geschichtliche Gestalt erst im 9./10. Jahrhundert erfunden habe. Demzufolge handele es sich bei den ersten muslimischen Eroberern um Christen.[46] Der zur selben Schule zählende Christoph

Luxenberg[47] will mit Hilfe sprachgeschichtlicher Argumente die christlichen Wurzeln des Korans nachweisen. Ohlig und seine Mitstreiter lehnen die gesamte arabisch-islamische Überlieferung ab, obwohl die Hadīth-Wissenschaft mit großer Genauigkeit betrieben wurde und den *isnād,* die »Überliefererkette«, überprüft hat. Auch der ehemalige islamische Theologe Sven Kalisch (geb. 1966) vertrat 2004 die Meinung, dass die ersten Jahrhunderte der islamischen Geschichte erfunden und die Historizität Muḥammads nicht sicher seien.

Die ältesten arabischen Quellen wurden ungefähr 150 Jahre nach Muḥammads Tod niedergeschrieben. Um diese Lücke wenigstens teilweise zu schließen, wenden einige Islamwissenschaftler eine Textrekonstruktionsmethode an, die *isnād-cum-matn*-Analyse (*matn* = Text). Man blickt auf die ältesten, rekonstruiert mithilfe der Namensketten ältere Textschichten, um die Lücke zwischen Muḥammads Tod und den ältesten mündlichen Überlieferungen zu schließen. Man stellt alle Überlieferungen zusammen, die vermutlich zu einem Überlieferungskomplex gehören. Dann analysiert man die Einzelbausteine beider Elemente (*isnād, matn*) unabhängig voneinander. Die Datierung der Tradition resultiert durch die Ermittlung eines *common link,* d. h. des ältesten gemeinsamen Überlieferers innerhalb eines Überlieferungskomplexes. Dieser Überlieferer ist im Allgemeinen der erste systematische Sammler der jeweiligen Überlieferung, die er schriftlich niedergelegt hat.

Mit dieser Methode hofft man, bis auf 60, 70 Jahre an die Geschehnisse heranzukommen, also zwei Generationen (Großvater – Enkel). Aus der Gedächtnisforschung weiß man, dass das kommunikative Gedächtnis von Zeitzeugen einen Zeithorizont von drei bis vier Generationen umfasst, also ca. 80 Jahre. Innerhalb dieser Zeitspanne bleibt das Wissen ziemlich konstant und verlässlich.

Der Göttinger Islamwissenschaftler Tilman Nagel[48] (geb. 1942) bezieht einen Standpunkt zwischen einer skeptizistischen und idealisierenden Beurteilung Muḥammads. Seine beiden einschlägigen Veröffentlichungen wollen das Bild Muḥammads von Legenden und dogmatischen Interpretationen befreien und durch eine sachgemäße historisch-kritische Darstellung ersetzen. Einen Kern des ursprünglichen Quellenmaterials hält Nagel für historisch. Viele wunderbare Ereignisse und Aussprüche werden aus dem geschichtlichen Zusammenhang erklärt. Dabei steht Nagel vor dem Problem, dass die ältesten Quellen – Koran, Hadīthe mit überlieferten Worten und Taten Muḥammads sowie die älteste Lebensbeschreibung Muḥammads von Ibn Isḥāq (704–767) – keine kritische Muḥammad-Biographie gestatten. Trotzdem kann Nagel aus seiner Kenntnis der arabischen Quellen ausreichende Fakten für eine Muḥammad-Biographie schöpfen und bezweifelt nicht Muḥammads Historizität. Nagel bettet Muḥammads Lebensweg in die große politische Geschichte des byzantinischen Reiches und der persischen Sassaniden ebenso ein wie in die Familiengeschichten in Mekka und auf der arabischen Halbinsel. Muḥammad ist für Nagel Repräsentant einer im 4. Jahrhundert beginnenden hochreligiösen Durchdringung des arabischen Heidentums. Der historische Muḥammad kämpfte zunächst vergeblich um die Macht in Mekka. Von Medina aus veranlasste er die Ausdehnung des islamischen Machtbereichs, die durch die politischen Verhältnisse erleichtert wurde. Zwei Jahrzehnte nach seinem Tod konnte die Eroberungswelle nicht fortgesetzt werden. Enttäuscht begannen die Gläubigen, die Zeit des Propheten zu verklären. Diese idealisierende Betrachtungsweise wurde zu einem wichtigen Kennzeichen der islamischen Geschichte.

Als Fazit kann man mit Kurt Bangert[49] festhalten, dass die Kriterien der islamischen Hadīth-Gelehrten bezüglich der Unterscheidung von authentischem und fiktivem Überlieferungsmaterial heutigen historisch-kritischen Ansprüchen nicht entsprechen. Biographische Erzählungen über den Propheten sind zwar oft älter als ursprünglich angenommen (2. Hälfte 7. Jh.), doch gibt es einen deutlichen Abstand zwischen der Dokumentation dieses Materials und der Zeit von Muḥammads Auftreten. Ferner weist der Autor nach, dass Nagel selber seinem Anspruch nicht gerecht wird, Muḥammads Biographie ohne legendarisches Material zu schreiben. Der Koran bietet kaum Material über Muḥammads Leben, und bei den Kommentaren der Tafsīr- bzw. »Exegese«-Literatur handelt es sich eher um ein Hinein- statt Herauslesen der biographischen Elemente.

Der Schriftsteller und Orientalist Navid Kermani (geb. 1967) hebt die Bedeutung Muḥammads für das kulturelle Gedächtnis der islamischen »Gemeinde« (Umma) hervor, unabhängig von der Historizität seiner Person:

> Mohammeds Leben und seine Verkündigungsakte sind geschichtliche Tatsachen und als solche Gegenstand der historischen Forschung. Sie sind jedoch darüber hinaus für die muslimische Gemeinschaft zur fundierenden Geschichte und damit zum Mythos geworden. Damit ist keine Aussage darüber getroffen, ob die Überlieferungen über den Propheten historisch wahr oder falsch sind; vielmehr ist deren Funktion und Stellenwert für das kulturelle Gedächtnis der muslimischen Gemeinschaft gekennzeichnet.[50]

Muḥammad war eine historische Gestalt, doch ist insgesamt wenig über sein Leben und Umfeld bekannt. Materielle Objekte wie Gebrauchsgegenstände, Sakral-, Prestige- oder Tauschobjekte und Überreste, die über die damalige Situation informieren könnten, sind für den nordwestarabischen Raum äußerst selten. Wie bei Buddha und Jesus muss sich eine Biographie Muḥammads auf schriftliche Quellen verlassen, die aus der jeweils eigenen religiösen Tradition stammen.

Ein wichtiges Indiz für die Historizität Muḥammads ist jedoch auch eine außerislamische, auf Syrisch-Aramäisch geschriebene Quelle aus dem Jahr 680, ca. 50 Jahre nach Muḥammads Tod, die dessen Namen erwähnt. Diese Quelle ist näher an Muḥammads Tod als arabische Texte. Ein weiterer sehr früher Beleg für die Existenz Muḥammads ist ein allerdings sehr knapper Hinweis bei einem syrischen Mönch.

Muḥammads Leben beschreiben vorwiegend Traditionsquellen, die von Muslimen einige Generationen später verfasst wurden. Sehr viele Quellen stehen immer noch nicht in modernen Publikationsformen zur Verfügung. Insgesamt handelt es sich um einen von ca. 730 bis 1800 entstandenen Korpus von Schriften, die noch nicht umfassend ausgewertet wurden.[51]

Die wichtigste Rolle spielen die Hadīthe, Überlieferungen über Worte und Taten des Propheten, und die Prophetenbiographie (*sīra*), eine im Kern vorwiegend echte Quelle, die aber auch Texte enthält, welche Muḥammad idealisieren. Die wichtigste Sīra ist das »Buch der Kriegszüge« von Ibn Isḥāq (um 704–767), das von seinem Schüler Ibn Hischām (gest. ca. 833) rekonstruiert und rezensiert wurde und den Titel »Das Leben des Gesandten Gottes« trägt. Diese Sīra präsentiert als erste Schrift eine geradlinige Zeitfolge der Geschehnisse in Muḥammads Leben. Eine der wichtigsten Quellen zur islamischen Frühzeit ist die »Geschichte« des bedeutenden persischen Historikers aṭ-Ṭabarī (839–923). Dieser wertet ältere historische Quellen aus, u. a. zitiert er aus der Sīra des Ibn Isḥāq den ersten Teil des Werkes in einer Fassung, die Ibn Hischām nicht enthält. Informationen über Muḥammad finden sich auch im Koran, einem Werk der Verkündigung, das zwar historisches Material enthält, aber keine genauen Informationen über Zeit und Ort der Geschehnisse macht. Historische Informationen bieten die Korankommentare. Das »Buch der Feldzüge« von al-Waqidi (747–823), entstanden wenige Jahre nach dem ersten Band der »Geschichte« von aṭ-Ṭabarī, widmet sich der Wirksamkeit Muḥammads in Medina. Hervorzuheben ist die von Ibn Saʿd (784–845) stammende Sammlung von Biographien der ›Prophetengenossen‹ und ihrer Nachfolger sowie juristische und geographische Literatur und Dichtung. Sunniten und Schiiten hatten unterschiedliche Interessen bezüglich der Interpretation des Korans und der Lösung theologischer und rechtlicher Fragen, deren Hauptquelle die Sunna des Propheten darstellte.

Der britische Historiker Robert G. Hoyland hat alle relevanten nicht-islamischen Quellen zur frühislamischen Zeit zusammengestellt. Dabei bestätigen einige der älteren Texte weitgehend die historischen Aussagen islamischer Quellen. Andererseits sind diese Quellen spärlich und aufgrund ihrer Ungenauigkeit und Distanz zu den Ereignissen nicht in der Lage, die islamische Sicht der Ereignisse grundsätzlich zu widerlegen.[52]

Schon die frühen Überlieferungen über den islamischen Propheten waren von den Kontroversen der damaligen Gruppierungen und Parteien abhängig. Daher bleibt ein von der Islamwissenschaftlerin Gudrun Krämer (geb. 1953) prägnant beschriebenes Problem:

Die muslimischen Quellen (denen die westliche Forschung zum Teil kritisch gegenüber steht) wurden nicht nur dazu benutzt, die islamische Geschichte als Heilsgeschichte kenntlich zu machen, sondern auch um in den Kontroversen der eigenen Zeit Position zu beziehen. Sie dienten nicht nur der religiösen Erbauung der Gläubigen, die den Erzählungen lehrreiche Beispiele und orientierende Rollenvorbilder entnahmen. Sie verfolgten in vielen Fällen spezifische Interessen. [...] Damit spiegeln sie zugleich das, was bestimmte Gruppen von Muslimen erinnern wollen. Und einzelne Gruppen ›erinnerten‹, wie das Beispiel von Sunniten und Schiiten oder auch von höfischen und oppositionellen Kreisen zeigt, durchaus Verschiedenes. Gerade diese Vielstimmigkeit kennzeichnet islamische Quellen.[53]

Die eigentliche, im 8. Jahrhundert beginnende Geschichtsschreibung geht in ihren Erkenntnissen nicht über die Prophetenbiographie und Korankommentare hinaus. Die westliche Forschung schwankt in ihren unterschiedlichen Positionen oft zwischen einer Anerkennung oder Ablehnung der Erkenntnisse der islamischen Überlieferung.

Der Koran: Spiegel von Muḥammads Erfahrungen

Der Koran gehört bis heute im Westen zu den am meisten unverstandenen Büchern der Weltliteratur. In seinen »Noten und Abhandlungen« zum *West-östlichen Divan* schreibt Goethe 1819:

Und so wiederholt sich der Koran Sure für Sure. Glauben und Unglauben teilen sich in Oberes und Unteres, Himmel und Hölle, sind den Bekennern und Lügnern zugedacht. Nähere Bestimmung des Gebotenen und Verbotenen, fabelhafte Geschichten jüdischer und christlicher Religion, Amplifikationen aller Art, grenzenlose Tautologien und Wiederholungen bilden den Körper dieses heiligen Buches, das uns, so oft wir auch daran gehen, immer von neuem anwidert, dann aber anzieht, in Erstaunen setzt und am Ende Verehrung abnötigt.[54]

Der Koran (al-Qur'ān: »Vortrag, Rezitation«), die Heilige Schrift des Islam, gilt Muslimen als authentisches Gotteswort. Nach islamischer Überzeugung wurde er dem Propheten Muḥammad auf

Arabisch offenbart – nicht auf einmal, sondern vom Jahr 610 an 23 Jahre lang zunächst in Mekka (ca. 12 ½ Jahre), dann in Medina. Die 114 Suren, »Abschnitte«, setzen sich aus *āyāt*, d. h. »Zeichen, Verse« zusammen. Die Suren in der heute verbindlichen Endfassung des Korans sind weitgehend nach dem Prinzip der fallenden Länge geordnet. Ausnahmen: Sure 1 mit sieben Versen; die längste Sure 2 hat 286 Verse, die kürzeste Sure 108 drei. Die kürzeren Suren stammen vorwiegend aus Mekka, die längeren aus Medina. Die heutige verbindliche Koranausgabe geht auf den 3. Kalifen *ʿUthmān* (644–656) zurück.

Für die Muslime ist der Koran wichtigster Glaubensinhalt, der die Bedeutung, welche die Bibel für die Christen hat, weit übersteigt.

Über 90 Prozent der Koranverse befassen sich mit ethischen Werten, dem Aufbau der islamischen Umma, Gott und seinen Eigenschaften, den Propheten und Gesandten sowie der gesamten Schöpfung. Nur etwa 6 Prozent des Korans widmen sich konkreten Vorschriften. Der Koran sieht sich im Zusammenhang mit den heiligen Schriften der Juden und Christen aus einer einzigen göttlichen Offenbarungsquelle stammend. Er betrachtet sich selbst als Abbild eines präexistenten Urbuches, der »Mutter des Buches« bzw. der »wohlverwahrten Tafel«, mit der er bis in die Orthographie hinein übereinstimmt. Nicht nur die Schrift als Ganze, sondern jeder einzelne offenbarte Vers gilt als wunderbares »Zeichen«. Das Arabische gilt als »heilige« Sprache, und der den Koran verinnerlichende, auswendig lernende, ihn damit in sein Herz, Gemüt und Verstand aufnehmende *ḥāfiẓ* (»Bewahrer«), letztlich jeder Muslim, der den Koran rezitiert, kommt Gott dadurch außerordentlich nahe. Zwar wurde der Koran zum Zweck der religiösen Unterweisung in viele Sprachen übersetzt, dennoch kommt dem arabischen Original bis heute eine unvergleichliche Bedeutung zu. Die besondere Bedeutung des Korans wird in der Kalligraphie sichtbar, der vom Islam gepflegten Schönschreibkunst.

Auf den zur Strömung der Muʿtazila (»die sich Absetzenden«) gehörenden Theologen an-Nazzām geht die seit der 2. Hälfte des 9. Jahrhunderts ausgebaute Lehre von der Unübertrefflichkeit des

Korans zurück, der keine inneren Widersprüche und nur zutreffende Prophezeiungen, ja sogar die Vorwegnahme einer Reihe naturwissenschaftlicher Erkenntnisse enthalte und der literarisch unnachahmlich sei.

Bis in die 1970er Jahre gingen die meisten Islamwissenschaftler davon aus, dass die bis heute gültige Textfassung des Korans die Verkündigung Muḥammads aus dem frühen siebten Jahrhundert enthält.

Die Berliner Islamwissenschaftlerin Angelika Neuwirth (geb. 1943) rief vor einigen Jahren ein großes Koranprojekt ins Leben, um die Genese des Korans zu rekonstruieren und einen historisch-kritischen Korankommentar zu erstellen. Dieses *Corpus Coranicum*[55] soll die Entstehungsdokumentation des Korans analysieren. Die daran beteiligten Wissenschaftlerinnen und Wissenschaftler haben die ältesten schriftlichen Zeugnisse des Korans (Handschriften, Papyri und Gebäudeinskriptionen) gesammelt, vergleichen Vers für Vers deren Wortlaut. Außerdem forschen sie in den Verkündigungstexten anderer Religionen nach Quellen des Korans. Fast alle Kenntnisse über den Propheten und seine Verkündigung stammen von Muḥammads Biografen. Diese Gemeindemitglieder können nach Meinung des Berliner Forschungsteams nicht unbedingt als verlässliche Quelle herangezogen werden. Der Islam wird als ein Produkt der Spätantike betrachtet, die Christen und Juden mit Muslimen teilen. Muḥammad gilt nicht mehr als alleiniger Autor des Korans. Die sich ständig ändernde islamische Gemeinde war an der Entstehung des Textes ebenso als Verfasserin beteiligt. Somit wäre die Rolle Muḥammads als die eines Formgebers, weniger eines Autors des Korans zu beschreiben. Der Koran, dessen aus Erinnerungen und Mitschriften der Prophetengenossen bestehende Texte im Zeitraum zwischen dem Tod Muḥammads 632 bis ca. 690 kanonisiert wurden, gilt als Ergebnis einer gemeindebildenden Kommunikation. Demzufolge müsste es über den bereits kanonisierten Korantext hinaus eine vorredaktionelle Koranfassung geben, die sowohl den Wandel des Propheten als auch der Diskussion in der Gemeinde widerspiegelt. Das Wechselspiel von Kultentwicklung und Gemeindebildung lässt sich an zahlreichen Versen des Korans beispielhaft darlegen, insbesondere auch der Bezug auf jüdische und christliche Vorbilder und Fragestellungen. Neuwirth siedelt die Entstehung des Korans in der Spätantike an, eine für das jüdisch-christliche Europa entscheidende Epoche, da in jenem Zeitraum die rabbinischen Traditionen und wichtige christliche Texte kodifiziert wurden. Wenn der Koran im selben Zeitraum entstand und das Ergebnis einer 22 Jahre dauernden Diskussion Muḥammads, seiner Gemeinde und von Vertretern anderer Religionstraditionen jener Zeit war, kann man ihn als einen Teil der europäischen Geschichte begreifen. Neuwirth will auch die Erkenntnisse und Erfahrungen islamischer Korangelehrter in ihre Forschung einbeziehen. Man müsse sowohl die überlieferte Textfassung als auch die mündliche Vorform des Korans als »Auslegung und Neuformulierung biblischer und nachbiblischer Traditionen und somit als Teil des geschichtlichen Vermächtnisses der Spätantike an Europa betrachten«.[56] Muḥammad war trotz seines polytheistischen Umfelds in Mekka mit anderen monotheistischen Vorstellungen vertraut und stand mit ihnen im Dialog.

Zum Beispiel ähneln die frühen Suren manchen Psalmen. Man kann sie nicht verstehen, ohne die Psalmen zu kennen. Sie drücken die Dankbarkeit gegenüber einem Gott aus, der mit dem in Mekka verehrten Hochgott gleichgesetzt wird. Zu diesem Zeitpunkt hatte Muḥammad noch keine dezidierte Meinung zu theologischen Fragen. Durch den Umgang mit seiner Gemeinde setzt er sich mit anderen Glaubensvorstellungen auseinander. Mose wird zum großen Vorbild. Alles, was dieser erlebt hat, erlebt auch Muḥammad, und seine Gemeinde ist das erwählte Volk.

> Wir erkennen die Verwobenheit der Religionskulturen, die sich im Koran niederschlägt – und zwar zu einem Zeitpunkt, da auch die anderen Religionen noch nicht kodifiziert sind, denn der Talmud ist noch nicht veröffentlicht und der christliche Kanon nicht gefestigt. Daniel Boyarin lehrte uns, Christentum und Judentum als Zwillingsgeburt zu betrachten. Nun nehmen wir den Islam als Stimme in das Konzert auf.[57]

Prophetentradition

Zur Interpretation des Korans entwickelte sich der Tafsīr, die exegetische »Erklärung, Deutung, Erläuterung«, welche die Meinung der Personen zu Rate zog, die Muḥammad gekannt hatten. Insgesamt ist die Tendenz zu beobachten, dass sich bereits zu Muḥammads Lebzeiten eine ganzheitliche Ausrichtung islamischer Normen vollzieht, die später darin mündet, dass die Scharia (*scharīʿa*) alle Bereiche des menschlichen Lebens bestimmt. Auch wenn die ersten Kalifen ein hohes Maß an Autorität und Entscheidungsbefugnis genossen, so suchten die Muslime in Rechtsfragen häufig den Rat ehemaliger Prophetengefährten und später der Religionsgelehrten. Die ersten Islamfachleute verbanden hervorragende Korankenntnis und die Vertrautheit mit der islamischen Urgemeinde sowie der Wunsch, durch ihr Wissen an der Gestaltung einer vom Islam geprägten Lebensweise mitzuwirken.

Die einzelnen Personen bildeten die lebendigen Glieder einer Kette von Gewährsmännern, die im Idealfall bis zu Autoritäten der Frühzeit zurückreichte: der Prophet selbst, seine Ehefrauen und Töchter, Verwandte, bedeutende Prophetengefährten und »rechtgeleitete Kalifen« bzw. bei den Schiiten frühe Imāme. Die Ulama (*ʿulamāʾ*), die religiösen »Gelehrten«, trugen ihren männlichen und weiblichen Zuhörern Traditionen oder juristische Abhandlungen vor, die diese schriftlich niederlegten und dem Lehrer zur Begutachtung übergaben und die später in anderen Schülerkreisen wieder vorgetragen und diskutiert wurden. Das Recht wurde folglich einerseits durch den Kalifen, andererseits durch Autoritäten in Rechtsfragen tradiert.

Der Koran als Kundgabe der Gebote Gottes stellt die Hauptquelle des *fiqh*, des islamischen »Rechts«, dar. Die in der Folgezeit entstehende Tradition widmete sich der Koranexegese und Sammlung der Berichte über Aussprüche und Handlungsweisen des Propheten.

Als nach dem Tode Muḥammads neue Fragen und Probleme aufkamen, die im Koran keine direkte Antwort fanden, hielt sich die Gemeinde an die zahlreichen mündlichen Aussprüche und Handlungen des Propheten, Sunna (von *sanna:* »gelten, in Gebrauch sein«)

genannt. Die Sunna besteht aus sogenannten Hadīthen, »Mitteilungen«, die in der Regel aus zwei Teilen bestehen: dem eigentlichen Text sowie der vorangestellten Kette von Gewährsmännern:

> Von Abu Huraira (Allahs Wohlgefallen auf ihm), der gesagt hat: Allahs Gesandter (Allahs Segen und Heil auf ihm) hat gesagt: ›Ein Almosen (obliegt) jedem Glied des Menschen, jeden Tag, an dem die Sonne aufgeht. Zwischen zwei Gerechtigkeit herzustellen ist ein Almosen, einem Mann mit seinem Reittier zu helfen, ihn darauf zu heben, oder sein Gepäck darauf zu heben, ist ein Almosen. Ein gutes Wort ist ein Almosen, und ein Hindernis aus dem Weg zu räumen, ist ein Almosen‹. Dies berichtete al-Buchārī und Muslim.[58]

Abgesehen von Hadīthen über vorbildliche Taten und Worte des Propheten gibt es solche über die Aussprüche und Taten von Zeitgenossen Muḥammads und der nächsten Generationen, von denen vorausgesetzt wird, dass der Prophet sie gutgeheißen hätte.

> Ihre Glaubwürdigkeit erhalten die Traditionen aus der Glaubenstreue der Überlieferer, aus der Verschiedenheit ihrer Standpunkte und ihrer Umwelt und aus ihrer großen Zahl, so dass ihre Übereinstimmung in der Überlieferung der Erzählungen die Richtigkeit der Traditionen bestätigt. Solche Überlieferungen bilden eine verpflichtende Grundlage der rechtlichen Bestimmungen, denn sie geben eine sichere Auskunft über den Weg des Propheten und den seiner Frühgemeinde unter seiner Führung.[59]

Im 8. und 9. Jahrhundert stieg die Anzahl der Muḥammad zugeschriebenen Überlieferungen rapide an, und es entstanden zahlreiche Fälschungen. Daher wurden umfangreiche Textsammlungen zusammengestellt, welche die unter den Gläubigen verbreiteten Überlieferungen nach einer genauen Prüfung beträchtlich einschränkten. Im Allgemeinen gelten sechs Sammler als »verlässlich« (ṣaḥīḥ): Imām al-Buchārī (gest. 870), Muslim ibn al-Haddschādsch (gest. 875) at-Tirmidhi (gest. 892), Abu Daoud, (gest. 888), Ibn Mādscha (gest. 886), an-Nasā'ī (gest. 915). Die schon früher erschienene Sammlung al-Muwaṭṭa' (»Der geebnete Pfad«) des Imām Mālik ibn Anas (gest. 795) wurde in diese Werke eingearbeitet.

Die Umwelt

Einleitung

Auf den ersten Blick fallen deutliche Unterschiede bei den drei Stiftern ins Auge. Zum einen trennt sie ein Zeitabstand von jeweils etwa 500 bzw. 600 Jahren. Jesus und Muḥammad stammten aus dem Mittleren Osten. Jerusalem liegt zwar rund 1000 km von Mekka entfernt, spielte aber bei der Nachtreise Muḥammads eine wichtige Rolle. Auf seinen Handelsreisen könnte Muḥammad Syrien, Ägypten und Palästina besucht haben. Zwar gab es Handelswege nach Indien, doch lag das Wirkungsgebiet Buddhas weit entfernt von den genannten Schauplätzen. Jesus und Muḥammad wussten nichts über Buddha. Doch war Muḥammad durchaus mit christlichen Lehrinhalten vertraut; denn ʿĪsā (= Jesus) und seine Mutter Maria werden oft im Koran erwähnt.

Die drei Stifter wuchsen in unterschiedlichen Herrschaftsverhältnissen auf: Buddha am Fürstenhof eines lokalen Herrschers, Jesus als jüdischer Bauhandwerkersohn in der Provinz Judäa, die unter der Oberhoheit des Römischen Reiches stand, Muḥammad als Kaufmann in der Oasenstadt Mekka am Rande der Machtansprüche des benachbarten Byzantinischen und des Sassaniden-Reiches.

Buddha wurde in einem Vasallenstaat eines von vier expandierenden, um Vorherrschaft ringenden Regionalstaaten geboren. Die Entscheidung gewann Magadha, das sich ein Jahrhundert später zu einem indischen Großreich entwickelte. Judäa war besetzte Provinz des Römischen Reiches, was einigen wenigen, sich mit den Römern arrangierenden Juden Vorteile, zugleich aber den Ruf als Kollaborateure und Verräter einbrachte. Während Israel sich im Zentrum einer dominanten Besatzungsmacht befand, bestand auf der Arabischen Halbinsel, abgesehen von der Stammesloyalität, ein Machtvakuum. Dies erleichterte die Bildung eines neuen, auch politischen Gemeinwesens.

Weitere Unterschiede betreffen die geographische Räume: fruchtbare Gangesebene, Reisanbau und Wälder bei Buddha; mediterran fruchtbares Küstenklima und trockenes Klima östlich von Jerusalem bei Jesus; die Arabische Wüste mit wenigen Oasen bei Muḥammad. Alle drei Stifter wuchsen in vorindustriellen Gesellschaften auf, in denen Landwirtschaft dominierte, wo es aber auch von Handel und Handwerk geprägte Städte gab.

Geographisch sehr ausgedehnt war das Wirkungsgebiet Buddhas. Geboren in Lumbini, aufgewachsen in Kapilavastu, erleuchtet in Bodhgaya, dem früheren Uruvela, knapp 100 Kilometer von Patna im nordindischen Bundesstaat Bihar; erste Predigt in Sarnath bei Benares, dann 45 Jahre Wanderungen durch Nordostindien. Im Unterschied zu Jesus zog es Buddha immer wieder in größere Städte wie Sāvatthī, Vesali und Kosambi. Sein Leben beschloss er in Kusinara im Nordosten des heutigen Bundesstaates Uttar Pradesh.

Jesus wirkte im jüdischen Galiläa, hauptsächlich in drei Hauptorten: Von seiner Heimat Kapernaum bis Chorazin, wo er viele Wunder tat, sind es gerade einmal etwas mehr als vier, von Kapernaum nach Betsaida etwas mehr als fünf Kilometer. Eventuell war Jesus auch in Magdala. Diese Orte liegen an der nordwestlichen Ecke des »Meers von Galiläa«, wie Markus den See Genezaret nennt (1, 16). Nazareth war für Jesus ein Dorf der Erfolglosigkeit, Orte in Obergaliläa werden nicht erwähnt. Jesus hielt sich wohl auch in Siedlungen der Dekapolis auf, die an das südöstliche Ufer des Sees angrenzt – und dann in Jerusalem. Sein Wirkungsraum ist sehr überschaubar und in wenigen Stunden zu erwandern.

Muḥammads Wirkungsraum war Mekka und Umgebung (Hirā, Mina, Muzdalifa, Arafat) sowie nach der Auswanderung das etwa 440 Kilometer entfernte Medina. Wichtige Kämpfe spielten sich in

Badr, etwa 170 Kilometer von Medina entfernt, am Berg Uhud nahe Medina und in Medina selbst ab. Mit den Vertretern der mekkanischen Quraisch schloss Muḥammad sechs Jahre nach der Auswanderung den Vertrag von Hudaibiya, unweit von Mekka.

Jesus erlebte in Palästina unter dem herrschenden Steuersystem die Beschwerlichkeiten der Bauernschaft. Um zu überleben, sah sich diese zum staatlichen oder religiösen Gesetzesbruch gezwungen. Buddha und Muḥammad waren dagegen Zeugen eines aufstrebenden Händlertums. In der Gangesebene entwickelten sich neue Technologien, spezialisierter Handel, Geldwirtschaft, Verstädterung, welche die traditionellen sozialen Strukturen abzulösen begannen. Auch in Mekka hatten sich einige Beduinen vom Nomadentum abgewandt und in den Städten als Händler etabliert. Ihr Reichtum basierte auf dem Karawanenhandel.[1]

Alle drei Stifter setzten sich mit der religiösen Tradition ihrer Umgebung kritisch auseinander: Buddha mit dem Brahmanismus, Jesus mit dem Judentum, aber auch den religiösen Verhältnissen im Römischen Reich, Muḥammad mit dem altarabischem Polytheismus.

Vor Buddhas Auftreten befand sich die hinduistische Gesellschaft in einem Umbruch: Wanderasketen wie die zölibatären Shramanas suchten nach Wahrheit und kritisierten die Riten der brahmanischen Tradition. Im Unterschied zur optimistischen vedischen Welteinstellung der frühen Inder empfanden viele alternativ Orientierte das Dasein zunehmend als leidvoll und predigten Askese und Weltflucht. Die Tradition der Upanishaden[2] war entstanden, und deren in Prosa und auch Versen verfasste, ca. 400 bis 200 v. Chr., teilweise bereits 600 v. Chr., entstandene Texte vertraten die Auffassung, dass hinter der Vielzahl der Götter das unpersönlich-neutrale göttliche Brahman stehe, dessen Erkenntnis der Identität mit dem Ewigen im Menschen, dem Ātman, zum Heil führt. Auch reflektierten die Texte über ein Weiterleben nach dem Tod. Der Kreislauf von Tod und Wiedergeburt setzt sich als Folge des Karmas, also der Taten und ihrer Folgen, fort, bis der Ātman endgültig »Befreiung« (*moksha*) erreicht.

Jüdische Reformbewegungen im palästinischen Raum strebten religiöse, auch politische Neuerungen an. Neben Pharisäern, Sadduzäern, Qumran-Essenern spielten die Zeloten eine Rolle, die durch ihre Aufstände das Kommen des Messias vorbereiten wollten.

Im Gegensatz zu Buddha spielte im Leben Jesu und Muḥammads ein zentrales Gebäude ihrer religiösen Tradition eine allerdings ungleichgewichtige Rolle: der Tempel in Jerusalem und die Kaaba (al-Ka'ba: »Würfel«) in Mekka.[3] Mittelpunkt des mekkanischen Polytheismus war der Kult um den schwarzen Meteoritstein in der nordöstlichen Ecke der Kaaba. Bei der Organisation des Kultes spielte Muḥammads Familie eine wichtige Rolle. Der Tempel in Jerusalem war nicht Mittelpunkt der Frömmigkeit Jesu. Seine massive Kritik richtete sich dagegen, dass aus einem Bethaus eine »Räuberhöhle« gemacht wurde (Mk 11,15.17). Der Tempel spielte für Jesus wohl eher eine untergeordnete Rolle. Ein Tempelgegner war Jesus zwar nicht, doch beurteilte er die mit dem Tempel verbundenen Reinigungsvorschriften äußerst kritisch.

Die Umwelt Buddhas

Die geografische und kulturelle Umwelt

Buddha stammte aus Lumbini, dem heutigen Rummindai im Tiefland Nepals, in der Nähe der Stadt Kapilavastu, hart an der Grenze zwischen Nepal und Indien. Ausgrabungen vor Ort im Māyā-Devi-Tempel, benannt nach Buddhas Mutter, haben Reste eines aus Ziegeln gemauerten Tempels zu Tage befördert, der aus der Zeit König Ashokas stammt und auf einem ehemals hölzernen Heiligtum gebaut ist. Das am Rohini-Fluss gelegene Kapilavastu, heute Tilaurakot, war die Kapitale einer Provinz des Kosala-Reiches. Das indische Grenzgebiet, in dem Buddha heranwuchs, war ein fruchtbares Gebiet mit intensivem Reisanbau und zunehmender Waldrodung. Zur Zeit Buddhas nahmen Bevölkerungszahl und Bevölkerungsdichte zu. Das Leben konzentrierte sich auf die sechs großen Städte. Außerdem gab es weite, unbewohnbare Sumpfgebiete.

Die Zeit von 500 bis 200 v. Chr. ist durch Entwicklungen und

Techniken im Ackerbau, der Einrichtung eines zentralen Steuerwesens, den Ausbau von Handelswegen, Arbeitsteilung und Einführung der Geldwirtschaft gekennzeichnet. Personenverbände lösten verwandtschaftliche Gemeinschaften ab. In dieser Phase bildete sich als Folge von Oligarchien, Städten und Handel der für die Entstehung von Universalreligionen so wichtige Individualismus heraus. Menschings Erkenntnis vom fundamentalen Unterschied der beiden großen religionsgeschichtlichen Grundstrukturen Volks- und Universalreligion[4], die auf dem Unterschied von Kollektivismus und Individualismus beruhen, wird durch die religionssoziologischen Erkenntnisse von Max Weber (1864–1920) und Émile Durkheim (1858–1917) gestützt. Weber hatte auf die Bedeutung der Städte, des Stadtkönigtums und Stadtadels bei der Entstehung von Jainismus und Buddhismus hingewiesen. Durkheims Auffassung, dass mit zunehmender gesellschaftlicher Dichte und fortgeschrittener Arbeitsteilung eine Zunahme des Individualismus verbunden ist, wurde von dem US-amerikanischen Soziologen Louis Wirth (1897–1952) insbesondere mit Blick auf die städtische Entwicklung bestätigt.[5] Durkheim nannte den Zustand nicht mehr gesicherter gesellschaftlicher Eingemeindung (Integration) »Anomie«.[6] Diese Situation resultiere aus dem Abbau religiöser Normen und Werte und führe unabwendbar zu Defekten und zum Rückgang sozialer Ordnung, zur Regel- und Gesetzlosigkeit, die beim Individuum Angst und Unbehagen auslöse. Das zunehmend anonymer werdende Leben der Menschen in den Städten trug zur Vereinzelung und Vereinsamung des Individuums bei.

Die religiöse Umwelt

Zur Zeit Buddhas entstanden zahlreiche neue Heilsbotschaften, die sich an den Einzelnen in seiner »existentiellen und generellen Unheilserfahrung«[7] richteten. Zwar hielten die Brahmanen weiterhin das Opfer für den besten Heilsweg, doch entstanden mit dem Buddhismus und Jainismus opferkritische Bewegungen.

Religiös gesehen, dominierte die Opferreligion der Brahmanen. Daneben existierte eine magisch ausgerichtete Volksfrömmigkeit, aber auch eine auf kleine Zirkel beschränkte esoterische Philosophie, die alles Weltliche skeptisch beurteilte. Die Buddha-Bewegung war ein Teil dieser antibrahmanischen Alternativbewegung von »Wanderlehrern« (*shramanas*), die unterschiedliche Richtungen umfasste, zum Beispiel die von dem britischen Religionswissenschaftler Trevor Ling (1920–1995) als »drop-outs«[8] bezeichneten Ajivakas, Jainas, Materialisten und Skeptiker. Die buddhistischen und jainistischen Wandermönche lebten von selbstgesuchter Nahrung und erstrebten das Heil in strenger Selbstzucht. Von der Gesellschaft wurden sie akzeptiert und unterstützt. Im Unterschied zur optimistischen vedischen Welteinstellung galt das Leben als leidvoll und führte zur Weltflucht. An dieser Entwicklung mögen auch die zahlreichen Hungersnöte beteiligt gewesen sein. Die dörflichen Brahmanen mit ihren Ritualen galten zunehmend als konservativ, der Buddhismus wurde allmählich zur bevorzugten Religion. Der Hinduismus jedoch entwickelte die Fähigkeit zur Anpassung und Vereinnahmung fremdreligiöser Einflüsse.

Die Umwelt Jesu

Die geografische und kulturelle Umwelt

Vier klimatisch zum Teil erheblich voneinander unterschiedene Landschaftsabschnitte lassen sich in Israel unterscheiden. In der Küstenebene herrscht mediterranes Klima. Zum westjordanischen Bergland zählen die Gebiete Galiläa, Samaria und Judäa, das ostjordanische Bergland liegt heute in Jordanien. Galiläa zeichnet sich durch eine hohe Fruchtbarkeit aufgrund des Sees Gennezaret aus. In der hügeligen Steinwüste südöstlich von Jerusalem herrscht typisches Wüstenklima. Besonders fruchtbar ist die Jordansenke mit ihrem subtropischen Klima um die »Palmenstadt« Jericho. Das Tote Meer befindet sich annähernd 400 Meter unter dem Meeresspiegel. Die südlich gelegene Negev-Region ist ein Wüstengebiet, in dem nur wenige Niederschläge fallen. Jerusalem liegt 25 km westlich vom Nordende des Toten Meeres 800 Meter über dem Meeresspiegel auf zwei Höhenrücken, so dass man »hinaufziehen« muss, um zu ihr zu gelangen. Umgeben ist die Metropole vom Kidrontal im Osten und Hinnomtal im Westen und Süden. Jerusalem liegt an keinem Gewässer, auch nicht an einer bedeutenden natürlichen Verkehrsstraße, sondern inmitten der Judäischen Wüste. Zurzeit Jesu ist die Enklave Galiläa seit 200 Jahren Bestandteil des jüdischen Herrschaftsbereichs und jüdisch geprägt, während der griechisch-römische Kultureinfluss – repräsentiert durch die Städte Tyrus, Sidon, Ptolemais sowie den Zehnstädtebund und das von Judäern verhasste Samaria – eher gering zu veranschlagen ist. Es herrschen Spannungen zwischen Juden und Heiden. Galiläa wird jedoch von einer hellenistisch gefärbten Oberschicht in den Stadtrepubliken regiert, was zu wirtschaftlich-sozialen Spannungen beiträgt: Zwischen der jüdischen Bevölkerung und den hellenistischen Städten bestehen schroffe Gegensätze. Jesus hat ein abweisendes Verhältnis zu ihnen. Ein Gegensatz herrscht auch zwischen Reich und Arm, was Jesus in seinen Gleichnissen deutlich macht. Die Großgrundbesitzer leben in den Städten, die Kleinbauern als Pächter dagegen in ärmlichen ländlichen Verhältnissen. Ständig sind sie von Verschuldung bedroht, was auch zum sozialen Abstieg führt. Deutliche Unterschiede bestehen zwischen den für religiös ungebildet gehaltenen Galiläern und den Einwohnern der Metropole Jerusalem. Zur Regierungszeit des Herodes Antipas (20 v. Chr.–39 n. Chr.) erfreut sich Galiläa wirtschaftlich-politischer Stabilität.

Die religiöse Umwelt

Jesu Wirksamkeit fällt in die Phase des Frühjudentums, der Zeit vom Anfang des 3. Jahrhunderts v. Chr. mit einer wachsenden Hellenisierung Palästinas und Jerusalems bis zum Beginn der rabbinischen Zeit ca. 200 n. Chr.[9] Der Begriff ›Frühjudentum‹, der für eine vielstimmige und vielschichtige Größe steht, drückt aus, dass das antike Judentum der hellenistisch-römischen Zeit in Bezug auf Christentum und Judentum eine Epoche des Neubeginns war, nicht jedoch des Endes. Die veraltete Bezeichnung »Spätjudentum« legte fälschlicherweise eine zu Ende gehende Epoche nahe. Im pluriformen Frühjudentum, das im Bezug zur Tora seine gemeinsame »Grundlage«[10] besaß, lassen sich mehrere religiöse Richtungen unterscheiden, deren Bindeglied bis zu seiner Zerstörung der Jerusalemer Tempel war. Es gab auch Gruppen, die sich vom Tempel distanzierten, zum Beispiel die Samaritaner und die sogenannte »Gemeinschaft« von Qumran. Neben den Priestern, die keine geschlossene Gruppierung bildeten, sowie den Leviten, die zur niederen Geistlichkeit zählten und für den Tempeldienst zuständig waren, gab es die Zadokiden, eine einflussreiche Priestergruppe, die zurzeit Jesu eine maßgebliche Partei im Sanhedrin (»Rat, Gerichtshof«)[11] war.

Die bedeutendste Bewegung waren die Pharisäer, die »Abgesonderten«. In der Frömmigkeit dieser volkstümlich-liberalen Bewegung, die das Neue Testament nachhaltig als engstirnig-ignorante Schriftgelehrte verzeichnete, verbanden sich Laienfrömmigkeit und Schriftgelehrsamkeit. Neben der geschriebenen Tora war für diese Erneuerer des Judentums auch die mündliche Tora bedeutsam. Alle Bereiche des menschlichen Lebens sollten getreu der Tora gestaltet werden. Die Pharisäer betrachteten sich als das wahre Israel. Der Mensch wurde von ihnen als eigenverantwortliches Wesen gesehen. Die Pharisäer lehrten die Auferweckung der Toten und eine Engelwelt.

Die kleinste Gruppierung waren die Sadduzäer, eine aristokratische Schicht priesterlicher Abstammung, die im Tempel das Sagen hatten und damit auch die Staatsgeschäfte lange Zeit vor der Tempelzerstörung ausübten. Im Wesentlichen stützten sie sich auf die geschriebene, wortgetreu ausgelegte Tora. Anders als die Pharisäer lehnten sie eine Auferstehung der Toten und ein Weiterleben nach dem Tode ab.

Eine Abspaltung von den Sadduzäern waren die Qumran-Essener. Dieser zurückgezogen lebende Rest des »wahren Israels« stempelte alle zu Abtrünnigen, die sich ihnen nicht anschlossen. Ein ›harter Kern‹ der asketisch lebenden, rangmäßig gestuften Essener zog vor den ›Verführungen‹ dieser Welt und angesichts des für verdorben gehaltenen Tempelkults in die Wüste. Dort wollte man ein reines Leben führen, sich für das bald hereinbrechende Weltende vorbereiten. Die Essener teilten die Menschheit schroff in »Söhne des Lichts« und »Söhne der Finsternis«. Bestand eine Verbindung zwischen Qumran und Jesus, wie oft behauptet wird? Die meisten Schriftrollen entstanden zwischen dem 3. Jahrhundert vor Chr. und 68 nach Chr. (Zerstörung Qumrans). Kein einziges Dokument stammt aus der Zeit nach 30. Zwischen 30 und 68 wurden nur ältere Werke kopiert. Das späteste essenische Werk ist der Habakuk-Kommentar (um 50 vor Chr.). Die Qumran-Schriften enthalten also keine Informationen über die Jesusbewegung.

Eine erhebliche Rolle spielten die Zeloten, radikale Widerstandskämpfer, welche die Gottesherrschaft gegen jede Fremdherrschaft gewaltsam herbeiführen wollten. Sie waren die Abspaltung einer pharisäischen Radikalströmung. Durch ihren Massenselbstmord vier Jahre nach dem Fall Jerusalems auf der Festung Masada entzogen sie sich dem Zugriff der Römer. Zeloten und Essener werden nirgendwo in den Evangelien erwähnt.

Auch wenn es anachronistisch erscheint, so müssen wir, bevor wir Biographisches über Jesus zusammentragen, uns mit der »innerjüdischen Erneuerungsbewegung« der Jesusbewegung beschäftigen. Dabei kann man eine ältere Welle, zu der die Essener und Pharisäer gehörten, von einer jüngeren unterscheiden.[12] Zu dieser zählen Bewegungen, die sich um charismatische Persönlichkeiten, wie Schriftgelehrte oder Königsprätendenten, bildeten. Josephus nennt sie verächtlich aufwieglerische »Banden«, die von »prophetisch-messianischen Provokateuren«[13] angeführt werden. In diesem Umfeld stehen auch Johannes der Täufer und die Jesusbewegung. Im palästinischen Raum machen sich in den Jahrzehnten nach Jesu Tod Jesusgruppen bemerkbar, die trotz mancher Unterschiedlichkeiten den Reich-Gottes-Gedanken und das Feiern gemeinsamer Mahlzeiten in den Mittelpunkt stellen.

Die Umwelt Muḥammads

Die geografische und kulturelle Umwelt

Um 600 stellte die Arabische Halbinsel ein Randgebiet der bedeutenden Kulturzentren im Norden, Osten und Süden dar, wo das Byzantische Reich und die persischen Sassaniden versuchten, Macht und Einfluss durchzusetzen. Nördlich, im Gebiet an der Grenze zu Syrien und Mesopotamien, im Osten in Oman, an der Küste Bahreins und im Südwesten in Asir, Jemen und Hadramaut hatten sich Hochkulturen mit beeindruckender Kultur, eigener Schrift und ausgeprägtem religiösen Leben entwickelt, die ihren Reichtum auch dem Fernhandel verdankten. Wichtige Güter waren Weihrauch und Myrrhe aus Südarabien, Gewürze, Pfeffer, Seide, Porzellan und Edelsteine aus Ostafrika, Indien und Südostasien. Sie wurden zum Hafen Gaza am Mittelmeer und Gerrha am Persischen Golf gebracht, von wo sie nach Griechenland, Ägypten, Byzanz und Rom weiter transportiert wurden.

Schauplatz der Entstehung des Islam ist Mekka, die im 6. Jahrhundert nach Chr. bedeutendste Metropole der arabischen Halbinsel, – nicht aber, wie man früher romantisierend lesen konnte, die einsam-unwirtliche Wüste. Dieses Handelszentrum liegt in einem öden Tal und wird von rauen Bergen des Hidjaz umsäumt. In Mekka kreuzen sich Handelsrouten nach Babylon und Syrien, Kamelkarawanen befördern indischen Weihrauch, Gewürze, Edelsteine, Seide und Duftstoffe.

Der zum Stamm der Quraisch gehörende Städter Muḥammad wurde in eine tribale Gesellschaft geboren. Dabei standen die Mekkaner, die sich durch ihren Kaufmannsgeist auszeichneten, den von ihnen verschmähten »Wüstenarabern« gegenüber. Bei diesen nomadisierenden Beduinen bildeten die Kamelbeduinen, Pferde- und Kleinviehzüchter die oberste Schicht der gesellschaftlichen Hierarchie. Städter und Nomaden unterschieden sich nicht in ihrer tribalen Sozialstruktur, die Ethnologen als segmentär und patrilinear bezeichnen: Die Gemeinschaften bestehen aus mehreren gleichartigen und gleichrangigen Gruppen, die ihre Abstammung von einem gemeinsamen, oft mythischen Urahn ableiteten. Die kleinste Einheit, die Familie mit dem Vater als unumstrittenem Oberhaupt, ist Teil eines Clans, der von einem Clanoberhaupt regiert wird und zusammen mit anderen Clans den Stamm ergibt. Ausschlaggebend ist die Blutsverwandtschaft über die Väter. Beim Stamm, der oft kaum mehr als wenige Hundert Menschen umfasste, war der Scheich (»Ältester«), Sayyid (»Sprecher«) oder Amīr (»Befehlshaber«) das Oberhaupt, ein *primus inter pares* aus angesehener Familie mit reiner Abstammung. Er schlichtete Streit, vertrat die Gemeinschaft nach außen, sorgte für die Armen, gewährte Gastfreundschaft. Politische Autorität besaßen Personen, die durch bestimmte Abstammungslinien oder aufgrund der Verwaltung von Kultstätten oder militärischer Erfolge Ehre erworben hatten. Ehre bedeutet vornehme Abkunft (*nasab, sharaf*), wobei die väterliche Line als wichtiger galt als die mütterliche. In Mekka lebten verschiedene Clans, also Untergruppen des Stammes der Quraisch, zum Beispiel die Banū Hāschim (Banū: »Söhne/Nachkommen des ...«).

Die Identität des Einzelnen war durch seine Stammeszugehörigkeit bestimmt. Der Geschichtsphilosoph Ibn Chaldūn (1332–1406) prägte für die verbindenden tribalen Verhaltensweisen den Begriff ʿasabiyya: »Loyalität, Solidarität«. Ein wichtiges ethisches Ideal war die *muruwwa*, die »Manneswürde«, welche man aufgrund edler Abstammung besaß. Dieser »Stammes-Humanismus«[14], wie ihn der Islamwissenschaftler William Montgomery Watt (1909–2006) charakterisiert, verwirklichte sich u. a. darin, alle Pflichten zu erfüllen, die den Familienverband erhielten und stärkten, treu, gerecht und hingebungsvoll gegenüber der Gemeinschaft zu sein sowie Gastfreundschaft zu gewähren. Die zwischen den einzelnen Stämmen immer wieder vorkommenden Razzien bzw. Fehden waren keine größeren oder gar globale Kriege, sondern eher sportlich-tapfere Angelegenheiten, bei denen im Erfolgsfall der Besitz des Besiegten, meist Kamele, zur Beute des Siegers wurde. Das Verbrechen eines Einzelnen wurde vom ganzen Stamm gesühnt. Stieß dem Individuum etwas zu, war der übrige Stamm zur Blutrache verpflichtet. Manchmal fanden sich auch Stämme zu einem größeren Bündnis zusammen, so dass sogar zeitweilig Frieden einkehrte.

Die religiöse Umwelt

Sure 22, 17 erwähnt fünf Religionsgemeinschaften im Kontext des entstehenden Islam, von denen vier leicht identifizierbar sind: »Zwischen denjenigen, die glauben, denjenigen, die dem Judentum (*alladhīna hādū*) angehören, den Sabiun, den Christen (*an-naṣārā*), den Zoroastriern (*al-madschūs*) und denjenigen, die beigesellen (*alladhīna aschraku*) wird Gott am Tag der Auferstehung entscheiden. Er ist über alles Zeuge.« Nach weit verbreiteter Ansicht werden die Sabier des Korans mit der gleichnamigen Täufergemeinschaft im sumpfigen irakisch-iranischen Grenzgebiet identifiziert. Es sprechen aber gute Gründe dafür, die Sabiun mit den Manichäern gleichzusetzen.[15]

Seitdem Nebukadnezar Anfang des 6. Jahrhunderts vor Chr. Jerusalem (597, 587) erobert, den Tempel zerstört und fast die gesamte Bevölkerung verschleppt hatte, wichen Juden teilweise nach Süden aus, vermehrten sich und konvertierten auch Ansässige zu ihrer Religion. Im Gefolge der Tempelzerstörung (70 n. Chr.) und des von Juden gegen das Römische Reich geführten und verlorenen Bar-Kochba-Aufstandes (132–135) wanderten wieder Juden auf die Arabische Halbinsel, zunächst nach Nordarabien. Auch die Bevölkerung von Yathrib, das spätere Medina, war mehrheitlich jüdisch. Darüber hinaus ließen sich Juden in den nordwestlich gelegenen Oasen und im Jemen nieder. Für einige Zeit herrschte dort ein eigenständiges Judentum.

Das Christentum verschaffte sich auf zwei Wegen Eingang nach Arabien. In Südarabien fasste ein Christentum Fuß, das aus dem christianisierten Abessinien eingedrungen war.

Im Norden breitete sich das Christentum von Syrien und dem Irak aus. Eine Wanderungsbewegung in die Arabische Halbinsel geschah im Zusammenhang des römisch-jüdischen Krieges. Zwischen seinem ersten und zweiten Aufenthalt in Damaskus bereiste Paulus wohl das Nabatäerreich und missionierte dort unter Juden. Einer Aussage des Galaterbriefs (1, 17) zufolge ging er nach »Arabien«.

Begünstigt wurden christliche Ansiedlungen durch die »Wüstenväter« und »-mütter«, Einsiedler, Anachoreten und Mönche, die aus asketischen Gründen die Abgeschiedenheit der Wüste aufsuchten. In der Folge entstanden Klöster und klosterähnliche Gemeinschaften. Die Attraktivität des Christentums lag vielleicht in seinem asketischen Charakter, seinen Liturgien und dem Monotheismus, den auch das Judentum vertrat.

Christliche Gemeinden gab es vor der Entstehung des Islam in Ägypten, Syrien, im persischen Sassanidenreich und Äthiopien. Ägypten und Syrien waren die Heimat zweier bedeutender Theologenschulen, deren Konfrontation die frühe Christentumsgeschichte bis zum Konzil von Chalkedon (451) bzw. bis zum 7. ökumenischen Konzil (Nikaia II 787) prägte. Der Mittelmeerraum zwischen Ägypten und Syrien, Randgebiet des (ost-)römischen Imperiums, war im 4. Jahrhundert ein Schmelztiegel für vielerlei christliche Gemeinschaften – Epiphanius beschrieb 60 (!) –, die von der Großkirche in Konstantinopel diskriminiert wurden.

Vor dem Aufkommen des Islam spielten zwei arabisch-christliche Gruppierungen eine besondere Rolle: Die Jafniden[16] im heutigen Syrien, Jordanien und Palästina, die sich später Byzanz anschlossen, waren monophysitische Christen. Im Unterschied zur Zweinaturen-Lehre Christi, die auf dem Konzil von Chalcedon beschlossen worden war und der zufolge Christus »in zwei Naturen unvermischt, unverändert, ungeteilt und ungetrennt« existiert, lehrten sie nur die eine einzige göttliche Natur.

Als im siebten Jahrhundert die Perser nach Syrien und Palästina vordrangen und Byzanz und Mesopotamien besetzten, war dort das Königreich der Lakhmiden mit der Hauptstadt Hira im heutigen Irak vom nestorianischen Christentum beeinflusst. Für Nestorianer sind die beiden Naturen in Jesus Christus geteilt und unvermischt. Darüber hinaus gab es noch elf weitere christliche Clans auf der arabischen Halbinsel.

Seit 250 n. Chr. war das Königreich von Himyar an die Stelle des berühmten Königreichs von Saba getreten. Seit dem 4. Jahrhundert ist dort aufgrund von Inschriften die Existenz eines Monotheismus belegt. Ein bedeutender Herrscher war Anfang des 5. Jahrhunderts Abukarib Asad. Durch Eroberungen bis nach Yathrib gelangte der Einfluss der Himyaren über Südarabien hinaus auch zu großen Gebieten des westlichen Arabiens. Der himyaritische König Yusuf, der in arabischen Quellen Dhu Nuwas (»der Gelockte«) heißt, trat zum Judentum über und war für ein Massaker an Christen in der Stadt Najran verantwortlich, die er für Verbündete des christlichen Äthiopien und Byzanz hielt. 525 eroberten die Äthiopier den Jemen und vernichteten das Königreich Himyar. Der äthiopische Statthalter Abraha unternahm verschiedene Feldzüge nach Zentral- und Westarabien und soll in die Nähe Mekkas gelangt sein.

Die *judenchristliche* Jerusalemer Gemeinde wanderte vor dem Beginn des jüdisch-römischen Krieges, eventuell um das Jahr 62, nach Pella im Ostjordanland[17], wo sich ihr Weg verliert. Andere judenchristliche Gemeinden Judäas zog es nach Kochaba im Ostjordanland und Beroia in Koilesyrien. Nach der Zerstörung Jerusalems kamen sie zum Teil wieder zurück, ohne jemals ihre einstige Größe wiederzuerlangen.

Im syrisch-arabischen Grenzgebiet der ersten christlichen Jahrhunderte lebten die judenchristlichen Ebioniten (hebräisch *ebonim* = »die Armen«), die wohl eine sogenannte Adoptionschristologie vertraten. Dahinter steht die Vorstellung, dass bei seiner Taufe im Jordan der Heilige Geist auf Jesus herabkam und Gott sich durch ihn offenbarte. Jesus ist für die Ebioniten nur ein Mensch, der wie ein Prophet einen Offenbarungsauftrag erhielt. Die Verbindung von Gott und Mensch wird als Adoption interpretiert. Auf diese Weise versuchten die Ebioniten, den biblischen Monotheismus zu bewahren.

Nach Ansicht des protestantischen Kirchenhistorikers Adolf von Harnack (1851–1930) gründete der Koran in seinem Kernbestand auf der (gnostizistisch-)judenchristlichen Bearbeitung der jüdischen Religion.[18] Nach judenchristlicher Auffassung war Jesus der natürliche Sohn von Josef und Maria. Wenn er »Sohn Gottes« genannt wird, ist damit nicht die Gleichheit des Wesens von Gott Vater und Sohn ausgesagt; denn Jesus steht *unter* Gott. Dieser verlieh ihm jedoch spezielle Eigenschaften, die ihn über die anderen Menschen erheben, zum Beispiel seine Berufung zum »Menschensohn«, der nach seiner Auferstehung wie ein »Erzengel« wieder-

kommen werde. Danach beginnt das »Reich Gottes«. Die judenchristlichen Ansichten sind übrigens nur aus den Darstellungen
ihrer Gegner herauszudestillieren. Erwähnenswert ist die juden-
christlich-gnostizistische Gemeinschaft der von Elchasai (1./2. Jh.)
gegründeten Elchasaiten, die in Richtung Jerusalem beteten.
Schließlich nennt der Koran die Hanīfen (»Gottsucher«), altarabi-
sche Monotheisten, die weder Juden noch Christen waren. Ob sie
von diesen beeinflusst wurden oder selbstständig zum Monotheismus gelangt waren, muss wohl offen bleiben. Nach Sure 2,135 gilt
Abraham als Hanīf, der nicht zu den Heiden gehörte.

Altarabischer Polytheismus

Die alten Araber während der sogenannten *dschāhilīya,* der »Zeit
der Unwissenheit« über den einzigen wahren Gott, waren Polytheisten und verehrten mehrere große, personale, funktional abgegrenz-
te Gottheiten, die von einem geschützten Kultbereich, umgeben
waren. Der Koran erwähnt drei – auch archäologisch nachweisbare –
Göttinnen: al-Lāt (»die Göttin«), al-ʿUzzā (»die Stärkste«), Göttin
des Morgensterns, der bei Wallfahrten ebenso Schlachtopfer dar-
gebracht wurden wie der Göttin al-Manāt (»Schicksal, Geschick«).
Eine Rolle im mekkanischen Kult spielte auch der im Koran nicht
erwähnte Gott Hubal.

Ar-Raḥmān, »der Barmherzige«, eine frühe koranische Bezeichnung für Gott, wurde im Jemen und der zentralarabischen Gegend
Yamama verehrt. Schon früh kannten die Zentralaraber Allāhu
(»der Gott«), eine Gottheit vom Typus des Hochgottes. Hochgott-
glaube ist kein Monotheismus, sondern eine Erscheinungsform *innerhalb* des Polytheismus. Hochgötter stehen über den anderen
Gottheiten, gelten oft als Weltschöpfer. Für das tägliche Leben waren sie von untergeordneter Bedeutung. Außerdem fürchtete man
die menschenfeindlichen Dschinnen (Dämonen, Naturgeister), die
in Wüsten, Wäldern, Busch- und Strauchlandschaften, Ruinen,
Gräbern oder dunkel-feuchten Orten hausten. Sie traten in Kol-
lektiven auf, wurden für Krankheiten verantwortlich gemacht, rie-
fen Wahnsinn hervor, inspirierten Wahrsager, Dichter und Musiker.

Heilige Steine und heilige Bäume, Umlaufrituale barfuß oder nackt gehörten zu den rituellen Praktiken der vorislamischen Araber.

Ein schwarzer Meteoritstein in der nordöstlichen Ecke der Kaaba war der Mittelpunkt des Kultes in Mekka. Dieser schwarzgraue Würfel wurde jedes Jahr mit einem neuen Überwurf (*kiswa*) versehen und von den Pilgern umrundet. Jedes Jahr zum großen Wallfahrtsfest, dem größten Jahrmarkt Mittelarabiens, trafen sich hier die arabischen Stämme, um miteinander zu handeln, Produkte der Viehwirtschaft gegen Ackerbauprodukte zu tauschen, ihre Rituale auszuführen, etwa den Umlauf um die Kaaba. In dem heilig-tabuisierten »Haus«, wie sie die Kaaba nannten, sollen sich viele Götterbilder und Symbole befunden haben. Während einer dreimonatigen Zeit herrschte eine Art »Gottesfriede« und die Waffen ruhten. Für die Organisation des Kults waren besondere Gruppen verantwortlich. »Hüter der Kultstätte« verwalteten die Kaaba, kümmerten sich um die Pilger, sorgten für die Sicherheit der Karawanenstraßen, trieben Handel.

Empfängnis, Mutter und Geburt der Religionsstifter

Einleitung

B ei den Überlieferern der drei Religionen ist die Tendenz deutlich erkennbar, für ihre Stifter eine weit zurückreichende Abstammung mit klangvollen Namen aus der Tradition zu belegen. So galt Siddartha als Abkömmling einer alten hinduistischen Herrscherreihe, zu denen verbannte Prinzen gehörten, die in Kapilavatthu im Shākya-Königreich eine neue Heimat fanden. Matthäus unterstreicht die königliche Linie Jesu, Lukas geht bis Adam zurück.

Islamische Gelehrte konstruieren eine Vorfahrentafel von Muḥammad bis zum Stammvater Adam, um den Stifter und sein Tun biblisch zu legitimieren. Diese Ahnenreihe enthält Muḥammads Vater ʿAbd Allāh (Abdallah), den Großvater ʿAbd al-Muṭṭalib, den Urgroßvater Haschīm sowie die Propheten Abraham, Noah, Methusalem – insgesamt 50 Namen. Historisch und genealogisch beweisbar sind nur die letzten fünf Glieder dieser Tafel.

Die Väter spielen im Leben der drei Stifter im Vergleich zu den Müttern eine wesentlich unbedeutendere Rolle. Buddha soll seinem Vater Shuddhodana auf dem Sterbebett den Dharma gelehrt haben, wodurch dieser zum Arhat wurde. Über den historischen Josef gibt das Neue Testament nur spärliche Auskünfte. So erwähnt ihn Lukas in Jesu Stammbaum, und Matthäus erzählt von vier Träumen, die Josef vor der Empfängnis Marias (Mt 1,20) und im Kontext der Flucht nach Ägypten bzw. der Rückreise hatte (2, 13.19.22). Beide Evangelisten betonen, dass Josef lediglich der gesetzliche Vater Jesu war, da Maria diesen nicht durch menschliche Zeugung, sondern durch die Wirkung des Heiligen Geistes empfangen habe. Matthäus erwähnt Josef im Zusammenhang der Geschichte vom zwölfjährigen Jesus im Tempel und angesichts der Sorge, die sich die Eltern um ihr verschwundenes Kind machten. Johannes gebraucht die Bezeichnung »Jesus, Sohn des Josef« (Joh 1,45 und 6,42). In der frühchristlichen Literatur gilt Josef als Witwer mit Kindern aus erster Ehe. Alte Krippendarstellungen zeigen ihn oft als Greis. Seit 1870 ist Josef Schutzpatron der katholischen Kirche, Heiliger der Arbeiter.

Nur im Fall Muḥammads ist der leibliche Vater an der Zeugung beteiligt. Bei Buddha und Jesus wird eine jungfräuliche Geburt oder Jungfräulichkeit bis zur Geburt vorausgesetzt. Vor der Zeugung geht von Muḥammads Vater ein strahlendes Licht aus.

Die Mutter des Religionsstifters ist eine edle, tugendhafte Frau, die von der Legende überhöht und idealisiert wird. »Die Mütter, die dem göttlichen Wesen so nahe gestanden haben, erscheinen, orientalisch gesprochen, ›überschattet‹ von seinem Glanz, d. h. sie sind mit der göttlichen Zeugung begnadet«[1]. Die Bedeutung Marias überragt die der anderen Mütter, die nur »Dienerinnen« und »Mittlerinnen im Dienste großer Schicksale und ihrer Erfüllung«[2] sind. Buddhas Mutter, Āmina, stirbt bei der Geburt, als ihr Sohn sechs Jahre alt ist. Aber auch vorher war er hauptsächlich in der Obhut seiner Amme Ḥalīma. Nur Maria, die zeitweise ein distanziert-gespanntes Verhältnis zu ihrem Sohn hat, überlebt ihr Kind. Nach dem Johannesevangelium (19,25–27) ist sie eine von drei Frauen mit Namen Maria, die am Kreuz verharren. Sie wird nicht nur im katholischen und orthodoxen Christentum verehrt, es gibt auch eine protestantische Marienfrömmigkeit.[3] Im Islam gehört sie als jungfräuliche Mutter Jesu zu den von Gott auserwählten Menschen. Im Koran ist Maryam die einzige, namentlich erwähnte Frau. Wie ihr Sohn, so gilt auch sie als *āya*, »Zeichen« Gottes. Neben Chadīdscha, Muḥammads erster Frau, und seiner Tochter Fāṭima gilt Maryam (Maria) als eine der »besten Frauen« und erfüllt damit für Muslime eine Vorbildfunktion. Bei den Schiiten wird Fāṭima mit der Mutter Jesu verglichen.

Die Eltern Muḥammads starben, bevor ihr Sohn den Islam verkündigte: ʿAbd Allāh kurz vor der Geburt Muḥammads und Āmina als er sechs Jahre alt war in Abwa, einer Gegend zwischen Mekka und Medina. Sie starben also als Ungläubige, d. h. sie waren für ein Höllenschicksal bestimmt. Muḥammad teilte die Auffassung, dass sein Vater wie auch die polytheistischen Vorväter das Höllenschicksal erleiden würden. Als Muḥammad auf der »Abschiedswallfahrt« zehn Jahre nach der Hidschra Āminas Grab aufsuchte, bat er jedoch Gott um die Erlaubnis, für seine Mutter um Vergebung zu bitten, wurde aber abschlägig beschieden. In diesem Kontext entstand Sure 9, 113: »Der Prophet und diejenigen, die glauben, dürfen nicht für die Heiden um Vergebung bitten – auch wenn es Verwandte sein sollten«. Im 10. Jahrhundert kursierte in der islamischen Welt ein gegenüber dem Koran widersprüchliches Hadīth, demzufolge die tote Āmina beim Grabgang ihres Sohnes kurz erwacht, an ihn glaubt, also den Islam annahm.[4] Während die Rechtsschulen der Malikiten und Schafiiten dieses Auferstehungshadīth positiv bewerteten, opponierten die Hanbaliten, Hanafiten und auch indische Muslime. Schließlich setzte sich in der islamischen Welt, einschließlich der Hanafiten, die Position durch, dass Muḥammads Eltern doch vor dem Höllenfeuer bewahrt worden seien. Im Juli 2010 veranstalteten Sufianhänger der ʿAzmiyya-ṭarīqa in Ägypten eine Geburtstagsfeier für die Prophetenmutter Āmina, an der auch Würdenträger der al-Azhar-Universität teilnahmen.[5]

In den Stifterbiographien setzt an charakteristischen Wendepunkten die fromme Legende an, die für die Gläubigen oft hochbedeutsam ist. Vor der Empfängnis stieg der spätere Buddha aus dem Tushita-Himmel, dem Ort »voller Freude«, herab, ging als ein junger weißer Elefant zur rechten Seite in den Leib seiner Mutter ein. Himmlische Musikinstrumente erklangen, Bäume begannen zu blühen, die Dunkelheit schwand. Die Geburt Jesu wurde begleitet vom Erscheinen des »Engels des Herrn« und die »Herrlichkeit des Herrn« umstrahlte die Hirten. Bei Muḥammads Zeugung stürzten Königsthrone um, wilde Tiere im Osten bringen denen im Westen die Freudenbotschaft. Eine himmlische Erscheinung verkündet Āmina, dass sie schwanger ist und »den Herrn und Propheten deines Volkes« gebären wird. Der Tag der Empfängnis des Propheten ist eine der fünf heiligen »Nächte« des Islam. Āmina soll auch während ihrer Schwangerschaft ein aus ihr hervorstrahlendes Licht gesehen haben, bei dem man die Schlösser von Bosra und Syrien erkennen konnte.[6]

Empfängnis, Mutter und Geburt Buddhas

Empfängnis[7]

Zu den frühesten Quellen gehört der aus Zentralasien stammende Sanskrit-Text Mahāvadāna-Sūtra, der schon legendarisch ausgeschmückt ist. Die Mönchsverfasser wollen darlegen, dass Siddhārta den von ihm dargelegten Weg selbst gegangen ist und sein Leben kosmischen Gesetzmäßigkeiten folgt. Die Lebensgeschichten der Buddhas gleichen einander bis in Einzelheiten. Nach allgemeinen Ausführungen über die sieben Buddhas früherer Zeitalter präsentiert der Text die Legende des vorzeitlichen Buddhas Vipashyin, der das Vorbild für ein typisches Buddha-Leben abgibt. Das Mahāvadāna-Sūtra erzählt von den »Zwölf Taten« eines Buddha: von seinem Herabstieg aus dem himmlischen Bereich, dem Eintreten in den Mutterleib, der Geburt bis zum Eingehen in das Parinirvāna, dem nachtodlichen Nirvāna.

Für Buddhisten beginnt das Leben Buddha Shākyamunis, des »Weisen aus dem Shākya-Geschlecht«, bereits von dem Augenblick an, als der Bodhisattva, der zukünftige Buddha, der die anderen Gottheiten an Lebenskraft, Schönheit, Ruhm und Selbstzucht übertrifft, vom Tushita-Himmel auf die Erde herabsteigt. Die Götter tei-

Abb. 1: Der Traum der Königin Maya, die Mutter des Buddha
(© akg-images/De Agostini Picture Lib./G. Nimatallah)

len dem Bodhisattva den dafür geeigneten Zeitpunkt mit: wenn die Lebensdauer der Menschen auf höchstens 100 Jahre gesunken ist und sie besonders von Alter, Krankheit und Tod geplagt werden. Über den zukünftigen Buddha wird erzählt, dass er sich für eine königliche Familie aus dem Shākya-Stamm entschieden habe. Der »prüfende Blick« des Bodhisattva fällt auf das »mittlere Land«, auf König Shuddhodana und seine Frau Māyā, die als Vorbild für alle Frauen und Mütter idealisiert wird.

In dem Mahāyāna-Text »Acchariyabhuta-dhammasutta« (III, 120–121) erzählt Ānanda, der den Inhalt direkt vom Buddha erfahren haben will, dass der Bodhisattva aus dem Tushita-Himmel herabstieg und in den Leib seiner Mutter eintrat, von der es heißt, dass sie im Besitz ihrer fünf Sinne gewesen war. In der Sprache katholischer Dogmatik haben wir es hier mit einer *virginitas ante partem* zu tun, also einer »Jungfräulichkeit bis zur Geburt«.

Nach der Version des Laliltavistara träumt Siddhārtas 40 Jahre alte Mutter Māyā, eine besonders tugendsame Frau, davon, dass der Bodhisattva in Gestalt eines kleinen weißen Elefanten in ihren Schoß eingeht. Die nach der Zeitenwende verfassten Texte sprechen ebenfalls davon. Im Nidānakathā, dem einleitenden Kommentar zu den Jātakas, spielt sich dieses Ereignis im Traum der Mutter Māyā ab, während sich im Mahavastu eine Historisierung des Traums andeutet. Im Laufe der Zeit gibt man die Traumvision nicht auf, räumt aber den Ereignissen zunehmend Realität ein. Der Vater ist von dem Ereignis der Zeugung ausgeschlossen.

Geburt

Der zukünftige Buddha bleibt vom »Schmutz des Mutterleibs« unberührt. Māyās Schwangerschaft soll ohne die geringsten Beschwerden verlaufen sein. Die Mahasamghikas erwähnen drei Phasen der Geburtsgeschichte: Die Bodhisattvas treten in Gestalt eines weißen Elefanten in den Mutterleib ein, sind also nicht natürlich gezeugt; sie durchlaufen im Embryonalstadium nicht die als unrein geltenden Phasen, sondern sind bereits voll entwickelt. Schließlich treten sie bei der Geburt aus der rechten Seite der Mutter heraus. In den ältesten Geschichten des Pali-Kanons finden diese Sachverhalte keine Erwähnung. Schon im Sanskrit-Kanon wird die körperliche Reinheit Buddhas erwähnt, mit der er in die Welt tritt. Im Lalitavistara wird für den Mutterleib das Bild eines juwelengeschmückten Gehäuses verwendet, aus dem Buddha bei der Geburt unbefleckt herauskommt. Bereits im Mutterleib wirkt der Bodhisattva heilvoll auf die Menschen in der Welt und die Eigenschaften seiner Mutter ein.

Die Geburt wird als wundersames, völlig schmerzloses Ereignis geschildert. Auch in der Natur geschehen Zeichen und Wunder: So erklingen himmlische Musikinstrumente, Bäume beginnen zu blühen, nirgendwo gibt es mehr Dunkelheit, alle Wesen empfinden körperliches und seelisches Glück, Krankheiten hören auf, Blinde können wieder sehen, Taube wieder hören, Arme erlangen Reichtum. Auch in der Tierwelt hören die Leiden auf, die durch das gegenseitige Sich-Auffressen bedingt sind. Die Geburt des zukünftigen Buddhas kündigt den Beginn einer heilvollen Zeit an. Zu den Erzählungen um den neugeborenen Buddha gehört auch der Bericht über die Namengebung, der im Lalitavistara und Nidānakathā erwähnt wird: Siddattha: »Der sein Ziel erreicht hat«. Die Jātakas erzählen von einstigen Daseinsformen des Bodhisattva und enthalten teilweise Volksmärchen aus vorbuddhistischer Zeit. Alle Überlieferungen stimmen darin überein, dass Māyā sieben Tage nach der Geburt stirbt.

Empfängnis, Mutter und Geburt Jesu

Empfängnis

Matthäus und Lukas erzählen unterschiedliche Vorgeschichten von Maria und Jesus. Dabei bedienen sie sich unterschiedlicher Quellen und benutzen alttestamentliche Motive. Markus und die Logienquelle bieten keine Materialien, auf die beide Autoren hätten zurückgreifen können.

Das Matthäusevangelium stellt einen Stammbaum (Mt 1,1–17) mit einer nicht rein patrilinearen Abstammungslinie Jesu auf, »des Sohnes Davids, des Sohnes Abrahams« bis zu Josef. Auch fünf Frauen werden genannt: Tamar, Rahab, Rut, Batseba, schließlich Maria. Von dieser wird ausgesagt, dass sie »aus der heiligen Geistkraft« (Mt 1,18) schwanger war. Marias Mann, Josef, träumt von einem Engel, der ihm dies mitteilt. Josef behält Maria als Frau bei sich und nennt den später geborenen Sohn Jesus (vgl. Mt 1,24 f.). Nach Matthäus ist Josef also nicht der leibliche Vater Jesu. Dadurch, dass er jedoch dem Sohn seinen Namen gibt, wird er zu Jesu Vater. Matthäus stellt diese Geburt als göttliches Werk dar und positioniert das Ereignis in den Kontext der Geschichte Israels. Lukas (3,23–38) geht bis Adam zurück, erwähnt neben zahlreichen unbekannten Personen auch Abraham und David. Er verbindet die Vorgeschichten Jesu und Johannes des Täufers miteinander (Lk 1–2). Gott schickt seinen Engel Gabriel nach Nazareth, wo er Maria und ihr Schwangerschaft und Geburt eines königlichen Sohnes (vgl. Lk 1,28–33) vorhersagt. Maria ist überrascht und fragt den Engel, wie dies geschehen könne, »da ich doch von keinem Mann weiß« (Lk 1,35). Der Engel weist auf die göttlicher Kraft hin: »Der Heilige Geist wird über dich kommen, und die Kraft des Höchsten wird dich überschatten; darum wird auch das Heilige, das geboren wird, Gottes Sohn genannt werden« (1,35).

Es gibt viele antike Erzählungen, welche die Zeugung überragender Persönlichkeiten auf göttliches Wirken zurückführen. Auffällig beim Vergleich mit solchen Berichten ist die Tatsache, dass Maria ihre Schwangerschaft akzeptiert. Nach Lk 1,39–56 bricht sie sofort zu Elisabeth auf, und es stellt sich heraus, dass beide Frauen schwanger sind: In Elisabeths Bauch »hüpfte« das Ungeborene beim Gruß Marias (Lk 1,41), und Elisabeth wird erfüllt vom heiligen Geist und sagt zu Maria: »Gesegnet bist du unter den Frauen und gesegnet ist die Frucht deines Bauches« (Lk 1,42). Vor dem Hintergrund zeitgenössischer Wirklichkeitsvorstellungen werden diese Erzählungen von Marias jungfräulicher Empfängnis für glaubwürdig gehalten worden sein, »wobei jedoch nicht der Gesichtspunkt des Biologischen, sondern der der göttlichen Vaterschaft im Fokus«[8] steht.

Geburt

Joshua/Jehoshua/Jeshua/Jeschu leitet sich von hebräisch *je* (Kurzform von JHWH/»Gott«) und *shua* (»Heil/Ganzheit«) ab, wobei die semitische Wurzel auf »Weite«, »Geräumigkeit« und »Befreit-Sein von Enge« verweist. Es handelt sich um einen im zeitgenössischen Judentum verbreiteten theophoren Eigennamen, dessen gräzisierte Form Iesoús lautet.

Jesu Eltern waren nach Mk 6,3 Maria und der Bauhandwerker Josef, der wohl schon früh starb. Angesichts seines Sohnes, der als »Gottessohn« Karriere macht, spielt der Vater wohl aus ›dogmatischen‹ Gründen in den Texten keine tragende Rolle. Die frommen Eltern opfern auf vorgeschriebene Weise (Lk 2,22 f.) und sind Teilnehmer der Pessach-Wallfahrt nach Jerusalem (Lk 2,41–52).

Die Frage, wann Jesus geboren wurde, lässt zwei Antworten zu, je nachdem, welche neutestamentlichen Geburtsgeschichten man für historisch glaubwürdiger hält. Orientiert man sich an Matthäus, so ergibt sich ein Datum *vor* dem Jahr 4 vor Chr. Nach Matthäus 2,1 wurde Jesus »zur Zeit des Königs Herodes« geboren, der vom römischen Kaiser Augustus eingesetzte König in Judäa, Galiläa und Samaria, der in diesem Jahr starb. Folgt man dagegen Lukas, so ereignete sich die Geburt »zu der Zeit, dass ein Gebot von dem Kaiser Augustus ausging, dass alle Welt geschätzt würde« (2,1). Diese »erste« Volkszählung und Steuerschätzung »geschah zurzeit, da Quirinius Statthalter in Syrien war«, was für das Jahr 6/7 nach Chr. spräche. Doch nach historischer Forschung hat eine Volkszählung plus Steuerschätzung erst 12 Jahre später stattgefunden. Außerdem hätte Josef überhaupt nicht nach Bethlehem reisen, sondern sich in Nazareth oder der Stadt seiner männlichen Vorfahren zählen lassen müssen.

Die Geburtsgeschichten von Matthäus und Lukas fehlen bei Markus, Johannes und in den Paulusbriefen. Mk 1,1 setzt unmittelbar mit dem »Anfang des Evangeliums« ein, d. h. mit Johannes dem Täufer und dem erwachsenen Jesus, der erst durch die Taufe erfasst, wer er eigentlich ist: der »liebe Sohn, an dir habe ich Wohlgefallen« (Mk 1,11). Zu den Geburtsgeschichten gehören die Vorfahrenlisten, die Ankündigung der Geburt Jesu durch einen Engel, die Geistzeugung und Jungfrauengeburt, der Besuch der Mágoi apò anatolōn (»Magier aus dem Osten«), Sterndeuter, die sich von einem Stern führen ließen, der (historisch unsichere) bethlehemitische Kindermord und die (historisch ebenso unsichere) Flucht von Jesu Eltern nach Ägypten.

Jesus kam eher nicht in Bethlehem (»Brothausen«) zur Welt, der Heimat u. a. Davids und des künftigen Messias. Doch versichern zwei neutestamentliche Stellen (Mt 2,1.5 f., Lk 2,4), dass Jesus hier geboren sei. Dass Jesus in Bethlehem als Davidnachfolger geboren wurde, deuten manche Exegeten als das Ergebnis einer späteren, nachösterlich-christologischen Konstruktion, die Erfüllung einer messianischen Verheißung aus dem alttestamentlichen Prophetenbuch Micha: »Und du, Bethlehem Efrata, [...] aus dir soll kommen, der in Israel Herr sei« (5,1). Der Heidelberger Theologe Klaus Berger (geb. 1940) hält allerdings dagegen: »Von sich aus gab also der Text keinen Anlass, den Messias dort geboren sein zu lassen. Erst unter dem Eindruck der tatsächlichen Geburt Jesu in Bethlehem hat Matthäus die Stelle umgewertet. Also: Nicht wegen Micha ›muss‹ Jesus dann – gegen die historischen Fakten – in Bethlehem geboren sein. Sondern eigentlich ist er trotz des schlechten Rufes dort geboren.«[9]

Mehr scheint jedoch für das im ganzen Alten Testament nicht erwähnte unbedeutende Örtchen Nazareth (»hüten, bewachen«) zu sprechen, ein nur wenige hundert Einwohner zählendes Nest im unteren Galiläa (Mk 1,9; 6,1–6). Die Juden bezeichneten Jesus als »Nazarener«, weil er dort seinen Lebensmittelpunkt hatte, und seine Jünger als »Sekte der Nazoräer« (Apg 24,5). Der Name Jesus tritt oft in Verbindung mit dem Ort auf (Mk 1,9.24; 10,47; 14,67; 16,6). Auch die Erzählung von der Verwerfung in seiner Vaterstadt (Mk 6,1–6) weist darauf hin. Mt 2,23 deutet seine Herkunft aus diesem Ort symbolisch, indem er auf den Status des Nazir (»geweihter Mensch«) verweist.

Während er im Tempel opfert, erscheint dem Priester Zacharias ein »Engel des Herrn« (Lk 1,11), Gabriel, der die Geburt Johannes' des Täufers ankündigt. Lukas gestaltet die Vorgeschichten von

Johannes und Jesus bewusst parallel. Gabriel verkündet später die wunderbare Geburt Jesu, der als Messias aus dem Hause David (Lk 1,26–38) dargestellt wird. In der eigentlichen Geburtserzählung (Lk 2,9–14) »tritt« der »Engel des Herrn« an die Hirten »heran«. Die Anwesenheit Gottes manifestiert sich durch »die Herrlichkeit des Herrn« (*dóxa kyríou*), welche die Hirten umleuchtet. Der griechische Begriff ›Doxa‹ (»Pracht, Glanz, Schönheit, Kraft, Majestät«) ist die Übersetzung des alttestamentlichen Begriffes ›Kabod‹ (»Gewicht, Schwere, Herrlichkeit, Erhabenheit«), der synonym für die Präsenz Gottes steht. Mit der Erscheinung seiner Doxa offenbart sich Gott selbst in der Weihnacht auf Erden. Nach ihrem Lobgesang, dem Gloria, kehren die himmlischen Heerscharen zum Himmel zurück. Im Umfeld von Jesu Geburt erscheint gleich dreimal »ein Engel des Herrn im Traum« (Mt 1,20; Mt 2,13.19). Im 6. Jahrhundert ordnete Justinian die Geburtstagsfeier Jesu allgemeinverbindlich für das Römische Reich auf den 25. Dezember an. Weihnachten wurde ein Parallelfest zu Epiphanias und entstand erst spät aus Konkurrenz zur Feier der jährlichen Wintersonnenwende, der Feier des römischen Sonnengottes Sol Invictus. Für die Christen blieb jedoch Ostern das Geburtsfest.

Waren die »Magier«, die den neugeborenen »König der Juden« suchten (Mt 2,1–12), vielleicht zoroastrische Priester, eventuell beeinflusst von der jüdischen Gemeinde in Babylon? Die Sterndeuter erreichen zuerst Jerusalem (Verse 3–8), das sich als Geburtsort eines jüdischen Königs nahelegt. Herodes »erschrak [...] und mit ihm ganz Jerusalem« (2,3). Der König beauftragte die Magier, nach Bethlehem zu gehen, wo diese das Kind vermuteten. Sie zogen dem Stern hinterher, der schließlich über Bethlehem stehenbleibt. Die Magier »freuten sich sehr mit großer Freude« und brachten dem Neugeborenen ihre Gaben, die auf die Messianität Jesu hinweisen: Gold, Weihrauch, Myrrhe (2,11). Zu Herodes kehrten sie aufgrund eines Traums nicht mehr zurück, sondern »zogen auf einem anderen Weg wieder in ihr Land« (2,12).

Empfängnis, Mutter und Geburt Muḥammads

Empfängnis

Die Lichtmetaphorik spielt im Zusammenhang der Persönlichkeit Muḥammads eine wesentliche Rolle nicht erst in der späteren Lichtmystik, sondern schon in der Vorgeschichte des Stifters, bei seinem Vater ʿAbd Allāh. Auf dessen Gesicht schien eines Tages ein faszinierendes Licht, »wie der weiße Stirnfleck einer Stute«. Eine Frau, die dieses anziehende Leuchten wahrnahm und hoffte, dass dieses Licht des Prophetentums auf sie übergehen würde, bat ʿAbd Allāh, mit ihr zu schlafen. Dieser aber schlug ihr Ansinnen aus, verkehrte stattdessen mit seiner Ehefrau Āmina, »die dann mit dem Gesandten schwanger wurde«.[10] Muḥammad wurde dadurch gezeugt, dass ein göttlicher Lichtfunke von der Stirn seines Vaters in den Schoß der Mutter gelangte. Nach einer schiitischen Auffassung leuchtete dieses Licht bereits auf der Stirn Adams und wurde durch die Reihe der Propheten auf die Stirn Muḥammads übertragen. Das Konzept eines Leuchtens, einer Art Heiligenschein oder Nimbus, der eine bedeutende, verehrungswürdige Persönlichkeit umstrahlt und dessen Würde unterstreicht, findet sich bereits beim altiranischen *hvarenah*. Die mittelalterlich-persische Kunst porträtiert Muḥammad oft mit Heiligenschein.

Der zur schafiitischen Rechtsschule zählende arabische Theologe und Hadīthsammler Abū Nuʿaim (948–1038) überliefert eine Erzählung von der Empfängnis Muḥammads, wobei er ausdrücklich auf die Version des Korans von der Ankündigung ʿĪsās durch den Heiligen Geist und vom sprechenden Kind in der Wiege hinweist. Nach Nuʿaim geschahen verschiedene Zeichen bei der Zeugung des Propheten: Sprechende Haustiere preisen Muḥammad als »Herrn der Kaaba«, »Imām der Welt« und »Leuchte ihrer Bewohner«. Das Ereignis hat revolutionäre Züge: »Die Throne der Könige in der ganzen Welt waren am Morgen umgestürzt. Die wilden Tiere im Osten eilten zu denen im Westen und brachten ihnen die Freudenbotschaft. So beglückwünschten sich auch die Bewohner der Meere.« Eine himmlische Stimme erklingt jeden Monat: »Heil, denn es naht die Zeit, dass Abū l-Qāsim geboren werde, glückselig gesegnet«.[11] Weiterhin berichtet Abū Nuʿaim, dass Ibn ʿAbbās, ein Cousin des Propheten Muḥammad und einer der frühesten Koranexegeten, von Āmina selbst gehört habe, wie sie nach einem halben Jahr ihrer Schwangerschaft von der Begegnung mit einer Traumgestalt gesagt habe: »Āmina, du bist mit dem besten der Welt schwanger. Und wenn du ihn geboren hast, so nenne ihn Muhammed, verheimliche aber die Sache. So ergriff mich denn, was der Gebärenden Los ist. Und niemand wusste davon, denn ich war ganz allein im Hause«.[12]

Die islamische Tradition begeht die *lailatu-l-raghāib,* die »Nacht der Empfängnis« des Propheten Muḥammad, wobei der arabische Begriff »das Erwünschte, Ersehnte« bedeutet. Gott schenkt in dieser ersten der insgesamt fünf Kandil-»Nächte« den Gläubigen bevorzugt seine Barmherzigkeit und Gnade. Seit dem 18. Jahrhundert feiert man diese Nacht in Derwischklöstern. Besonders für diesen Anlass geschriebene Gedichte, sogenannte Raghāibijas, werden vorgetragen. Nach volkstümlichem Glauben vergibt Gott großzügig die Sünden, die man in der *lailatu-l-raghāib* bereut. In der Türkei besteht bis heute der Brauch, zwischen und an den Minaretten Öllämpchen (türk. *kandil*) anzubringen. Die Nacht bietet den Gläubigen die Gelegenheit, über ihr Leben nachzudenken und eigene Interessen zurückzustellen. Das Fest hat also auch eine soziale Dimension, und die Gläubigen werden dazu angehalten, sich verantwortlicher zu ihren Mitmenschen zu verhalten, Armen und Hungernden materiell zu helfen.

Geburt

Muḥammad, der »Gepriesene«, wurde um 570/1 geboren – nach Ibn Saʿd kam er bereits beschnitten zur Welt[13] – und war das jüngste Mitglied einer Großfamilie der Banū Hāschim aus dem Stamm der Quraisch, der seit dem 5. Jahrhundert das Gebiet um die Kaaba bewohnte. Dieser überregional bedeutsame Stamm, insbesondere die Banū Hāschim, hatte wichtige religiöse und gesellschaftliche Funktionen inne, zum Beispiel die Versorgung der Pilger des großen Haddsch in Mekka mit Wasser und Nahrung. Als Muḥammad geboren wurde, lag dieses Amt in den Händen seines Großvaters ʿAbd al-Muṭṭalib (ca. 497 – ca. 578). Muḥammads Vater ʿAbd Allāh, der mit 25 Jahren, wenige Monate vor oder nach Muḥammads Geburt, in Medina starb, war der Sohn des kinderreichen ʿAbd al-Muṭṭalib, dessen Vater Hāschim ibn ʿAbd Manāf Stammvater der Haschimiten war, auf die sich u. a. das Haschimitische Königreich Jordanien zurückführt.

Wie bedeutsam die Geburt Muḥammads in der popularen Frömmigkeit wurde, ersieht man daraus, dass dem berühmten Vers über den Herabstieg des Korans in der lailat al-qadr, der »Nacht der Macht«, folgende Version gegenübergestellt wurde: »Die Geburtsnacht steht höher als die Nacht al-qadr«.[14] Muḥammad kommt unbefleckt zur Welt, und Āmina spricht: »Ich gebar ihn rein, ich gebar ihn wie die Lämmer geboren werden, ohne jegliche Unreinheit«.[15]

Als Muḥammad geboren wird, verkünden die Engel diese Freudenbotschaft. Aus der Brust seiner Mutter Āmina bint Wahb dringt ein wunderbares Licht bis zu den Schlössern Basras, und es bricht eine Heilszeit an.

In der Geschichte von Muḥammads zu Lebzeiten unternommener Himmelsreise sehen Muslime ein weiteres Zeichen seiner Initiation zum Gesandten und Propheten. Die islamische Tradition erzählt zwei Fahrten in den Himmel, die Nacht- und Himmelsreise, die in Literatur und Mystik vielfältig rezipiert wurden (s. S. 185 ff.).

Kindheit, Jugend und frühe Jahre der Religionsstifter

Einleitung

Ältere Quellen enthalten oft keine Kindheits- und Jugendgeschichten der Stifter, weil diese Ereignisse im Vergleich zu den wundersamen Gegebenheiten um Empfängnis und Geburt sowie gegenüber dem Erwachungs- und Berufungserlebnis für weniger bedeutsam gehalten wurden. So weisen die frühen biographischen Abschnitte in den buddhistischen Lehrtexten keine vollständige Biographie Buddhas auf, geben wenige Auskünfte über seine Kindheit und Jugend. Gesamtbiographien, die das vollständige Leben Siddhārta Gautama Buddhas von der Empfängnis seiner Mutter Māyā bis zum Tod beschreiben, entstanden erst im 2. Jahrhundert n. Chr. Auch die kanonischen Evangelien erzählen wenig über die Kindheit und Jugend Jesu. Dies tun zum Teil sehr üppig und phantasievoll die Apokryphen. Was Muḥammad betrifft, so ist die wichtigste Sīra das *Buch der Kriegszüge* des Ibn Isḥāq (um 704–767). Es wurde von Ibn Hischām (gest. ca. 833) bearbeitet und trägt den Titel *Das Leben des Gesandten Gottes*. Doch die Sīra Ibn Isḥāqs beschreibt die Ereignisse in Muḥammads Leben in der Reihenfolge der Geschehnisse. Schilderungen von Kindheit und Jugend Muḥammads entstanden erst später aufgrund bestimmter Interessen, um für dem Stifter zugeschriebene Eigenschaften frühe Belege zu finden. Die geschilderten Ereignisse aus Muḥammads Kindheit erfüllen oft den Zweck, seine spätere Bedeutung als Religionsstifter hervorzuheben. Zu den typischen Merkmalen der Kindheits- und Jugenderzählungen gehören Geschichten von weisen Männern, welche die zukünftige Bedeutung der Stifter voraussagen. Eine auffällige Parallele zur neutestamentlichen Simeon-Geschichte (Lk 2,25 ff.) ist die buddhistische Erzählung von der Ankündigung des Sehers Asita oder nach anderer Tradition Kaladevala. Parallel dazu prophezeit der christliche Mönch Bahira auf einer Handelsreise nach Syrien die künftige Bedeutung Muḥammads, die er in nicht näher genannten christlichen Texten vorhergesagt findet.

Kindheit, Jugend und frühe Jahre Buddhas

Asita (*a-sita* = »nicht weiß, dunkel«) war ein altindischer Asket, dem man besondere visionäre Fähigkeiten nachsagte. Als er erfuhr, dass der zukünftige Buddha geboren war, eilte er zum Hof des königlichen Vaters, um sich den Erlöser anzusehen. Asita nimmt das Buddhakind in den Arm, vergießt aber Tränen, weil er schon vor der Heilsverkündigung des Buddha sterben wird, also nicht mehr am Heil teilhaftig sein kann. Buddhistische Einflüsse auf die parallele Simeon-Geschichte im Neuen Testament dürften aller Wahrscheinlichkeit nach nicht vorhanden sein.[1]

Die älteren Texte teilen wenig über Buddhas Jugend mit. Wissenschaftler gehen davon aus, dass es sich bei den Jugendlegenden um nachträgliche, von bestimmten Interessen geleitete Konstruktionen handelt. Zum Beispiel werden spätere Streitigkeiten zwischen Siddhārta und seinem Vetter und Widersacher Devadatta in die Jugend oder sogar in vorgeburtliche Existenzen Buddhas verlegt. Verschiedene Jugendgeschichten schildern Wettkämpfe, bei denen Siddhārta seinen Altersgenossen stets überlegen ist.

Ein häufiges, im Mahāvastu, Lalitavistara und Nidānakathā auf-
tauchendes Erzählmotiv ist der erste Schultag des Bodhisattva, an
dem er die Lehrer durch den Vortrag von Lehrversen zu jedem
Buchstaben des Brahmi-Alphabets völlig verblüfft und bereits Erkenntnisse seiner späteren Lehre vorwegnimmt. Spätere Texte[2] beschreiben den Luxus des jungen Prinzen, dem drei kunstvoll ausge-
schmückte Paläste für sommerliche Hitze, den kalten Winter und
die Regenzeit zur Verfügung stehen. In dieser Zeit lernt Siddhārta
seine zukünftige Frau Yasodhara kennen, die er mit 16 Jahren hei-
ratet; als er 29 ist, bekommen sie einen Sohn, den sie Rāhula, »Fessel«, nennen.

Kindheit, Jugend und frühe Jahre Jesu

Jesus entstammte einer kinderreichen Familie und war der älteste von vier Brüdern. Sein Bruder Jakobus, der »Herrenbru-
der«, leitete – vielleicht gemeinsam mit einem Ältestenrat –
in den Vierzigerjahren im Anschluss an ein dreiköpfiges Führungs-
team aus Jakobus, Petrus und Johannes (Gal 2,9) die Jerusalemer
Gemeinde, zu der auch seine Mutter Maria und mindestens zwei
Schwestern gehörten.[3] Jesus dürfte das Handwerk seines Vaters
ausgeübt haben. Wie die anderen Kinder seiner Zeit könnte Jesus
von seinem Vater zu Hause in der Tora unterrichtet worden sein.
In der Synagogenschule mag er Lesen und Schreiben gelernt haben,
auch wenn er selbst nichts Schriftliches hinterlässt. Er spricht Aramäisch, und es ist fraglich, ob er Griechisch und Hebräisch konnte.
Warum er aus Nazareth fortging und sich von dem Täufer Johannes taufen ließ, ist nicht überliefert.

Als einziger Evangelist schildert Matthäus die Flucht nach
Ägypten (2,13–23), die Jesus vor dem Zugriff des Herodes rettet.
Dieser ist für seine Grausamkeiten bekannt, doch der Kindermord
in Bethlehem ist in keiner anderen Quelle überliefert. Nur Lukas
interessiert sich für die jüdische Tradition der Eltern Jesu, die den
Jungen traditionsgemäß am achten Tag beschneiden lassen (2,21)

und dann nach einer 33-tägigen Reinigungszeit im Jerusalemer Tempel »dem Herrn darzustellen« und um zu opfern (2,22 ff.). »Und siehe, ein Mann war in Jerusalem, mit Namen Simeon; und dieser Mann war fromm und gottesfürchtig und wartete auf den Trost Israels, und der Heilige Geist war mit ihm« (2,25). Gottes Geist hatte Simeon mitgeteilt, »er solle den Tod nicht sehen, er habe denn zuvor Christus des Herrn gesehen« (2,26). Simeon, über dessen Alter wir nichts Genaues erfahren, der aber in der Tradition immer als Greis erscheint, begrüßt das Kind als das Heil Gottes in dem Lobgesang, dem »Canticum Simeonis, Nunc dimittis« (»Nun entlässt du, Herr, deinen Diener im Frieden«), das täglich im Stundengebet zur Komplet, dem Nachtgebet, gesungen wird und von dem es viele berühmte Vertonungen gibt. Das apokryphe Nikodemusevangelium berichtet legendenhaft über das spätere Leben Simeons. Im Unterschied zum ungetrösteten Asita der Buddhageschichte kann Simeon getrost sterben, da die Verheißung an ihn erfüllt wurde.

Lukas ist der einzige Evangelist, der Jesus als »Jugendlichen« (*pais*) an der Schwelle zum Erwachsensein zeigt. Er erwähnt einen späteren Tempelaufenthalt des zwölfjährigen Jesus zum Pessachfest. Dabei fallen dessen Begabung und Schriftkenntnisse auf, wenn er mit den Schriftgelehrten auf Augenhöhe diskutiert, kritische Fragen stellt, Urteilskraft und Scharfsinn besitzt (2,21–51). Heutzutage begehen zwölfjährige jüdische Jungen ihre Bar Mizwa, erfahren dadurch ihre religiöse Mündigkeit.

Abgesehen von diesem Ereignis schweigen die neutestamentlichen Quellen über Kindheit und Jugend Jesu. Nur die nicht in den Kanon der legitimen Bibeltexte aufgenommenen Apokryphen präsentieren einige Erzählungen. Das zwischen 600 und 625 entstandene Pseudo-Matthäusevangelium, das auf das Protevangelium des Jakobus (Mitte 2. Jh.) zurückgreift, überliefert wie dieses zahlreiche Mariengeschichten, in denen auch das Jesuskind eine Rolle spielt: Am dritten Tag einer Reise ermüdet Maria aufgrund der starken Sonnenglut und möchte von den Früchten einer sehr hohen Palme essen und trinken, unter der sie sich niedergelassen hatte. Jesus sagt zur Palme, sie möge sich neigen und seine Mutter mit Früchten erfrischen. Auf wunderbare Weise sprudeln unter ihr Wasserquellen, über die alle Durstigen, Mensch und Tier, froh sind.

Der insgesamt unsympathisch und überheblich geschilderte Jesus, dessen Wundermacht im Zentrum steht, war nach dem vielleicht sogar an Kinder gerichteten »Kindheitsevangelium des Thomas« schon früh wundertätig und heilte Kranke. Als Fünfjähriger soll er am Sabbat zwölf Spatzen aus Lehm geformt, also unerlaubterweise gearbeitet haben. Daraufhin macht er die Vögel lebendig – und »lässt das Beweismaterial wegfliegen«.[4] Beide Geschichten finden sich auch im Koran (19,22–33; 5,10).

Die Evangelien beschreiben nicht, wie Jesus aussah. Zwar erfahren wir, dass er wanderte, redete, heilte, Menschen berührte, aß und trank und Wunder tat, doch sein Aussehen bleibt für uns im Dunkeln. Einzig im Zusammenhang seines Gerichtsverfahrens und seiner Hinrichtung tritt er, nachdem er gegeißelt und geschlagen worden war (Joh 19,1–3), mit »Dornenkrone und Purpurgewand« auf und Pilatus spricht: »Seht, welch ein Mensch!« Größer kann der Kontrast kaum sein zum Johannesprolog, wo es heißt, dass er »unter uns wohnte, und wir sahen seine Herrlichkeit, eine Herrlichkeit als des eingeborenen Sohnes vom Vater, voller Gnade und Wahrheit« (Joh 1,14). Auch die apokryphen Evangelien helfen nicht entscheidend weiter. Unsere Vorstellungen von Jesus sind durch die byzantinische Kunst geprägt, zeigen ihn mit Bart, langem Haar, umhüllt mit langer Robe. Frühchristliche Darstellungen aus der griechischen Stadt Dura-Europos, wo man auch eine Synagoge und eine christliche Hauskirche fand, liefern ein anderes Bild: Eine Zeichnung zeigt Jesus als kleine und undeutliche Figur am Ufer des Sees Genezaret, der lange Haare und ein sichtbarer Bart fehlen.

Richard Neave, forensischer Gesichtsrekonstrukteur von der Universität Manchester, rekonstruierte das mutmaßliche Gesicht Jesu auf der Grundlage der Methoden forensischer Archäologie und moderner Methoden des 3-D-Scanning und der 3-D-Modellierung. Drei Schädel aus der Gegend von Jerusalem aus der Zeit Jesu verhalfen Neave zu dieser Schädelrekonstruktion und dem 3-D-Modell. Das Ergebnis ist ein dunkelhäutiger Jesus mit breitem Gesicht, ausgeprägter Nase, schwarzem Bart, nicht langem schwarzen Haar. Die vielgelobte und preisgekrönte dreiteilige BBC-TV-Produktion *Son of God*[5] präsentiert am Ende ihres dritten Teils »The Final Hours« die Neavesche Jesus-Rekonstruktion.

Neutestamentliche Texte erzählen zwar viel über Jesu Worte und Taten, beschreiben aber nicht sein Aussehen. Aus einigen Texten lassen sich aber wenigstens Hinweise entnehmen. Paulus schreibt (1 Kor 11,14): »Lehrt euch nicht selbst die Natur, dass, wenn ein Mann langes Haar hat, es eine Schande für ihn ist?« Zumindest nach dem Schönheitsideal der Christen in Korinth hat ein Mann kurze Haare zu tragen. Männer trugen ein *chitōn* (Untergewand), darüber ein *himation,* einen mantelähnlichen Umhang. Dass Jesus ein solches Obergewand trug, geht aus zwei Stellen hervor. So will nach Mk 5,27 f. eine seit 12 Jahren blutflüssige Frau an Jesus »in der Menge von hinten heran und berührte sein Gewand (*tou himatíou autou*).«»Denn sie sagte sich: Wenn ich nur seine Kleider (*ton himatíon autou*) berühren könnte, so würde ich gesund.« Nach Joh 19,23 »nahmen sie seine Kleider [*himatía,* Pl. von *himation*] und machten vier Teile, für jeden Soldaten einen Teil, dazu auch das Gewand [*ho chitón*]. Das war aber nicht genäht, von oben an gewebt in einem Stück«. Jesus kritisiert die Schriftgelehrten, »die gern in langen Gewändern [*en stoleis*] gehen und lassen sich auf dem Markt grüßen« (Mk 12,38). Jesus trug Sandalen (Mk 1,7).

Abgesehen von den 40 Tagen und Nächten in der Wüste (Mt 4,2) hören wir nicht davon, dass Jesus fastete. Jesus übte Kritik an der Fastenpraxis und distanzierte sich deutlich von dieser asketischen Übung, die bei Pharisäern und den Jüngern des Johannes geübt wurde. Jesus vergleicht die Gemeinschaft seiner Jünger mit einer Hochzeitsgesellschaft, hält deswegen Fasten und Feiern für nicht vereinbar. Er rückt das Fasten in die Nähe des Trauerns (Mt 9,15): »Es werden aber Tage kommen, dann wird der Bräutigam von ihnen genommen, und dann werden sie fasten an jenem Tage« (Mk 2,20). Aus Essen und Trinken machte Jesus nie ein Problem (Mk 8,19; Lk 5,6; Joh 4,15), so dass das Bild einer hageren Jesusgestalt wohl nicht die historische Wahrheit trifft, Jesus physisch wohl eher von robuster Gestalt war.

Der Innsbrucker Neutestamentler Andrew Doole fasst seine Erkenntnisse über das Aussehen Jesu folgendermaßen zusammen:

> Es wird in den Evangelien berichtet, wie Leute von überallher zu Jesus kommen, um Heilung für sich oder für ihre Geliebten zu bitten. Daher wäre es wohl leichter, wenn Jesus deutlich erkennbar wäre. Es gibt aber nichts, was zeigt, dass Leute, denen Jesus zufällig begegnet ist, ihn für bemerkenswert hielten. Auch die Szene am Brunnen (Joh 4,3–9), die an den Anfang einer Liebesgeschichte erinnert, legt keinen Wert auf Jesu Aussehen. [...] Die Hinweise in frühchristlichen Texten deuten eher darauf hin, dass Jesus nicht merkwürdig (Mk 14,44) und nicht göttlich (Joh 6,42) aussah. Durch sein Aussehen war nicht ersichtlich, ob er der Messias ist (Mt 11,3). Jesus hätten Sie wohl auf der Straße verpasst. Nur die Lenkung der Aufmerksamkeit einer Gruppe hätte Ihnen verraten, hier sei etwas Sonderbares. [...] Jesus sah damals in Galiläa ›normal‹ aus.

In ihrem neuesten Buch *What did Jesus look like?* (2018) präsentiert Joan E. Taylor einen Überblick über die vorhandenen Erkenntnisse zum Aussehen Jesu und verfolgt dessen Bilder in der Kunst der Jahrhunderte.

Einschlägige Aussagen des Paulus helfen kaum weiter: »Er ist das Bild des unsichtbaren Gottes« (Kol 1,15). Dasselbe gilt für Johannes: »Wer mich gesehen hat, hat den Vater gesehen« (14,9).

Kindheit, Jugend und frühe Jahre Muḥammads

Seine ersten Lebensjahre verbrachte Muḥammad bei der Amme Ḥalīma von den Banū Saʿd. Mit ihr verbindet sich eine Legende: Während einer großen Trockenperiode gaben weder Frauen noch Tiere Milch. Jedoch von dem Moment an, als Muḥammad in die Fürsorge Ḥalīmas kam, war wieder Milch in Fülle vorhanden.

Die Praxis, Kinder einer Amme anzuvertrauen, war bei angesehenen Arabern in vorislamischer Zeit üblich. Der schwedische Religionshistoriker und lutherische Bischof Tor Andrae (1885–1947) weist in der Kindheitsgeschichte Muḥammads auf zwei Parallelen zum Motiv des verschwundenen Kindes und zum Topos der Nachstellungen eines wunderbaren Kindes in der Kindheit Muḥammads hin: Eines Tages verlor Ḥalīma den ihr anvertrauten Knaben in Mekka. Ihr Cousin, der Christ Waraqa ibn Naufal, findet ihn und umkreist rituell mit dem Jungen auf der Schulter die Kaaba. Als Ḥalīma mit Muḥammad anlässlich eines großen Festes einen Seher aufsucht und ihm nach üblichem Brauch Muḥammad vorstellt, ruft dieser erregt die Festbesucher auf, den Knaben zu töten. Der Seher sieht bereits Zukünftiges: »Er wird die Anhänger eurer Religion töten, eure Götter niederreißen und euch selbst besiegen«.[6]

Eine weitere wundersame Begebenheit, die sogenannte »Herzwäsche«, ereignet sich während des Aufenthaltes bei den Saʿd: das Reinigen von Muḥammads Herz durch zwei Engel mithilfe eines goldenen schneegefüllten Gefäßes. »Zwei Männer mit weißen Gewändern [...] spalteten meinen Leib, nahmen mein Herz heraus, öffneten es und zogen aus ihm einen schwarzen Klumpen heraus, den sie beiseite warfen; dann wuschen sie mein Herz und meinen Leib mit dem Schnee, bis sie mich ganz gereinigt hatten.«[7] Man hat darin eine »Initiationshandlung für sein Prophetentum«[8] gesehen, das Reinigungserlebnis vom »Typ der schamanischen Berufungsvisionen« her gedeutet.[9]

Als Muḥammad sechs Jahre alt war, starb seine Mutter Āmina, die Umm an-Nabī, die »Mutter des Propheten«. Nach dem Tod des Großvaters (578) übernahm Muḥammads Onkel Abū Ṭālib das höchste Amt in Mekka und die Vormundschaft für seinen Neffen. Bis zum Tode des Onkels (619) stand Muḥammad unter seinem Schutz. Muḥammad war zwar sehr früh Vollwaise, wuchs aber keineswegs hilflos in ärmlichen Verhältnissen auf. Als Stammesmitglied schützte ihn sein Clan. Wie andere Kinder auch nahm er am Alltagsleben der Familie teil, hütete als Jüngster die Schafe und Kamele. Die als Anspielung auf die vermeintliche materielle Armut Muḥammads zitierte Sure 93,6 (»Hat er dich nicht als Waise gefunden und Aufnahme gewährt ...«) zielt nicht auf den Unterschied zwischen Armut und Reichtum, sondern auf die Geisteshaltung der Hilfsbedürftigkeit und des Gottvertrauens ab.

Als Zwölfjähriger führte Muḥammads Onkel seinen Neffen in den Kaufmannsberuf ein. In dessen Obhut erlebte Muḥammad die vielgestaltigen religiösen Ansichten und Frömmigkeitsformen der Pilger in Mekka. an deren Betreuung er beteiligt war. Da Mekka regionales und überregionales Kultur- und Handelszentrum war, ist die Anwesenheit von Vertretern verschiedener Religionen zumindest in der Zeit der vorislamischen Haddsch und der Märkte ohne weiteres zu vermuten. Als Großhandelskaufmann besaß Muḥammad einen so guten Ruf, dass er *al-amīn*, »Treuer, Zuverlässiger«, genannt wurde.

Der christliche Mönch Bahira, dem der junge Muḥammad auf einer Handelsreise nach Syrien in Bosra begegnet, hatte in nicht näher genannten christlichen Texten die künftige Bedeutung des Gesandten vorhergesagt gefunden. Wundersames geschieht: Der unter einem Baum ruhende Muḥammad wird von einer Wolke beschattet und kann Bahiras Fragen beantworten. Auf Muḥammads Rücken sieht der Mönch das »Siegel der Propheten«, ein körperliches Mal »zwischen den Schulterblättern«. Im Koran wird dieses Siegel an einer einzigen Stelle erwähnt (33,40), wo Muḥammad diesen schon aus der judenchristlichen Tradition bekannten Ehrentitel für sich selbst verwendet.[10]

Die Wende im Leben der Religionsstifter

Einleitung

Die Berufung Jesu und Muḥammads bzw. die Erleuchtung Buddhas stellen eine richtungweisende Wendung in ihrem Leben dar. Am ausführlichsten beschreiben sie die buddhistischen Texte. Diese konzentrieren sich geradezu auf den Wandel vom Prinzen Siddhārta Gautama zum Wanderlehrer, sparen dafür andere Themen aus. Das Mahavastu endet mit der Bekehrung von Buddhas ersten Anhängern und seiner Rückkehr nach Hause. Die Beschreibung des Lalitavistara schließt mit der ersten Predigt wenige Wochen nach der Erleuchtung. Sehr ausführlich werden die vier Ausfahrten dargestellt, das Verlassen des Fürstenhofs, die Enttäuschung über die erfolglose extreme Askese, das Finden des »mittleren Weges«, schließlich die Erwachung. Im Vergleich dazu bieten die Evangelien wenig über Jesu religiösen Werdegang vor seinem öffentlichen Auftreten. Ihr Hauptinteresse liegt in der kurzen Zeit seiner Reich-Gottes-Verkündigung, Tod am Kreuz und Auferstehung. Die Prophetenbiographie gibt manche Auskunft über die Zeit vor Muḥammads Berufung, präsentiert jedoch deutlich weniger Informationen als über die Verfolgung in Mekka und das Auftreten in Medina.[1]

Bei allen drei Stiftern tritt die Wende im mittleren Alter ein:

Buddha war zwischen 29 und 35 Jahre, Jesus 30 Jahre, Muḥammad ungefähr 40 Jahre. Religionswissenschaftlich spricht man bei Jesus und Muḥammad von einer *Berufung*. Darunter versteht man eine auf einen personalen Gott zurückgeführte Indienstnahme von Menschen für bestimmte Aufgaben, Rollen oder Existenzformen. Dabei können Zwischenwesen wie zum Beispiel Engel und Geister oder menschliche Agenten wie bereits Berufene als Vermittler auftreten. Die Indienstnahme erfolgt meist in Form von Visionen, Auditionen, Träumen, Himmelsreisen oder auch durch Beauftragung seitens menschlichen Mittlers. Das Pendant zur Berufung ist in mystisch geprägten Religionen wie dem Buddhismus die *Erleuchtung,* bei der keine personale Gottheit unterstützend eingreift. Buddhas Erwachung ist Ausdruck für die erlösende Erkenntnis, sich aus dem Kreislauf der Widergeburt zu befreien.

Vorausgegangen sind im Fall Buddhas zunächst die Begegnung mit Alter, Krankheit, Tod und Askese in Form der vier Ausfahrten und eine lange Phase der Meditation und Wahrheitssuche. Diese Erfahrungen erschüttern ihn so sehr, dass er sein bisheriges Leben in Frage stellt und in die Hauslosigkeit zieht.

Die Evangelien enthalten keine eindeutige Berufungsgeschichte Jesu. In der Forschung werden zwei Textstellen als mögliche Berufungserlebnisse diskutiert: seine Taufe durch Johannes (Mk 1,9–11; Mt 3,13–17; Lk 3,21 f.) und die Vision vom Satanssturz. Vor seinem öffentlichen Auftreten war Jesus Zeuge der Unterdrückung durch die römische Besatzungsmacht und ihrer Steuerpolitik, aber auch der veräußerlichten jüdischen Gesetzesvorschriften. Beeinflusst durch die Täuferbewegung, verkündet er das Reich Gottes und die Ankunft des Jüngsten Gerichts, setzt sich für die Benachteiligten ein. Bei Muḥammads Berufung zum Propheten überwiegt das Auditive, wenn der Erzengel mit ihm Kontakt aufnimmt. Aber die Begegnung enthält auch visuelle Elemente. Muḥammad hatte sich schon länger kritische Gedanken über den Polytheismus und das unsoziale Treiben in seiner Heimatstadt gemacht. Obwohl ihn das Berufungserlebnis zunächst mit Schrecken und Zweifel erfüllt, predigt er vom barmherzigen Schöpfergott und vom baldigen Gericht.

Der Auftrag aller drei Religionsstifter wird in Frage gestellt: Buddha und Jesus erfahren eine Versuchung. Der Teufel Māra personifiziert im Buddhismus das Böse. Zusammen mit seinen verführerischen Töchtern will er Buddha von seinem Pfad der Erleuchtung abbringen. Während eines Aufenthalts in der Wüste wird Jesus vom Teufel verführt, der ihn vom Glauben an Gott abbringen will. Muḥammad durchlebt nach seiner Berufung eine Phase starken Zweifelns.

Die Erleuchtung Buddhas

Die entscheidende Wende in Siddharthas Leben vollzieht sich eine Woche nach der Geburt seines Sohnes Rāhula: Der zukünftige Buddha zieht »aus dem Haus in die Hauslosigkeit«. Auf vier Ausfahrten – so erzählt die Legende – begegnen ihm der Reihe nach ein abgezehrter Greis und ein Kranker, schließlich sieht er einen Leichnam. Auf Siddharthas Frage, ob nur diese konkreten Personen alt, krank und tot sein können, antwortet sein Wagenlenker, dass es davor für niemanden ein Entrinnen gebe. Auf der letzten Ausfahrt begegnet ihnen ein Bhikkhu, ein »Bettler«, der das Ideal verkörpert, dem Siddhartha fortan nachstrebt. Nach altindischer Asketentradition rasiert er Bart und Haupthaar ab, legt die Asketengewänder an, verlässt seine Familie, beginnt ein Wanderdasein.

Diese bekannte Erzählung ist erst ziemlich spät entstanden. Frühere Texte nennen andere Anstoß-Motive für Siddhārtas Wanderdasein, so das Vorbeifahren an einem Leichenplatz oder die vom Pali-Kanon bereits in die Kindheit verlegte Meditation unter dem Jambu, dem »Rosenapfelbaum«.

Diese zum Teil vor oder nach den vier Ausfahrten angesiedelte Legende, in welcher der junge Siddhārta vom Vater auf das Land geschickt wird, dort das Leiden der Landarbeiter und Zugtiere beim Ackerbau erlebt und unter dem Rosenapfelbaum die erste Stufe der Meditation erreicht, findet sich in allen Buddha-Biographien.

Dennoch vermittelt besonders die jüngere Version von den vier Ausfahrten am nachhaltigsten Buddhas Einsicht in die leidvollen Aspekte des Seins. Aus der sehr variationsreichen Ausgestaltung dieser Geschichte kann man schlussfolgern, dass sie nicht auf eine erzählerische Urform zurückgeht, sondern die Lebenskrise Buddhas veranschaulichen soll, der über die Vergänglichkeit des Daseins nachdenkt. Mahavastu und Lalitavistara lassen die Götter die Gestalten des Alten, Kranken, Toten und des Bhikkhu annehmen, weil Siddhārtas Vater diese Dinge aus dem Umfeld des Sohnes entfernen ließ, um seine unbeschwerte Kindheit zu gewährleisten.

Weltflucht und Erwachung

Ausführlich beschreiben die Buddha-Biographien das auch in der Kunst häufig dargestellte »Große Scheiden«, wobei die Reihenfolge der Ereignisse variiert. Dem Nidānakathā zufolge entscheidet sich Siddhārta unmittelbar nach den vier Ausfahrten zur Entsagung, wohl bestärkt durch die als Fessel empfundene Geburt des Sohnes. Der Lalitavistara beschreibt eine vorausgehende Szene im Frauengemach, wo entblößte Frauen den zukünftigen Buddha in seinem Entschluss zur Weltflucht bestärken. Dem Lalitavistara zufolge helfen ihm die Götter, indem sie alle Menschen und Tiere am Königshof in tiefen Schlaf versetzen. Als Siddhārta mit seinem treuen Stallknecht und seinem Schimmel Kanthaka die Stadt verlässt, öffnet ihm Shakra (Indra) das verschlossene Osttor. Göttliche Wesen verhindern das Klappern der Hufe, und Shakra und Brahma weisen den Weg. Der Auszug wird von glückverheißenden Ereignissen wie zum Beispiel Erdbeben begleitet. Nach einiger Zeit gelangt der Bodhisattva zur Hauptstadt des Königs Bimbisara, Rājagriha. Dieser bietet ihm vergeblich die Herrschaft an.

Im Pali-Kanon nimmt die Weltflucht keine bedeutende Stellung ein, das Verlassen des väterlichen Hauses wird nur nebenbei erwähnt. Spätere Texte unterstreichen durch ihre ausführliche Darstellung die Bedeutung des Entschlusses.

Während seiner Wanderschaft begibt sich der zukünftige Buddha in die Schule mehrerer Gurus, »Lehrer«, die ihm aber auf seinem spirituellen Weg nicht weiterhelfen können. Er verlässt sie, übt sich sechs Jahre lang in härtester Askese. Die buddhistische Kunst stellt ihn in dieser Lebensphase als einen bis zum Skelett abgemagerten Einsiedler dar. Während dieser Zeit schließen sich ihm fünf Mitasketen an. Als Siddhartha nach sieben Jahren merkt, dass ihn der entsagungsvolle Weg nicht zum Heil führt, beschreitet er den »mittleren Weg«, d. h. er nimmt wieder Nahrung zu sich, was seine Asketengefährten aber missbilligen. Nach der Tradition während der ersten Vollmondnacht des Monats Vesak, Mai, gelangt der 35-jährige Siddhartha nach tiefer Meditation unter dem Pipalbaum[2] zur wahren Einsicht in das Wesen aller Dinge. Er erlangt *bodhi,* also »Erwachung, Erleuchtung«, und wird dadurch zum Buddha. Am Ort der Erleuchtung befindet sich heute der Mahabodhi-Tempel.[3] In der »Nacht der Erwachung« erhielt der Buddha sein »dreifaches Wissen«: Er erinnerte sich an seine früheren Geburten, erkannte das Karma-Gesetz, erfuhr die »vier edlen Wahrheiten«.

Die Versuchung Buddhas

Im Zusammenhang mit dem Bodhi-Erlebnis siedeln buddhistische Erzähler die Versuchung Buddhas durch den Teufel Māra an.[4] Im (erschlossenen) Urindoeuropäisch bzw. Urindogermanisch bedeutet die Wurzel **mer* »töten« und ›Māra‹ so viel wie »derjenige, der tötet«. Māra tritt oft in buddhistischen Texten als zerstörerische unheilvolle Gestalt auf, mal als Einzelgestalt, an anderen Stellen lesen wir von drei, fünf, seltener vier Māras. Die Fünfer-Reihe besteht aus folgenden Gliedern: Khandha, Kilesa, Abhisankhāra, Maccu und Devaputta Māra. Bei allen handelt es sich um Personifizierungen zerstörerischer, unheilvoller Eigenschaften bzw. um Māras Sohn. Frühe Texte aus dem Palikanon erzählen die Geschichte Siddhārtas einschließlich seiner »Erwachung«, ohne die Anwesenheit Māras und seine Versuchungen zu erwähnen.

Im Padhana-Sutta aus dem Sutta Nipata, einer frühbuddhistischen Lehrdichtung, besucht Māra, der hier Namuci genannt wird, weil »niemand seinen Klauen entkommen« kann, mit seiner zehnfältigen Armee den am Ufer des Flusses Neranjara verweilenden,

sich asketischen Übungen hingebenden Gautama. Die zehn Kampf-
abteilungen symbolisieren weltliche, karmisch negative Kräfte wie
Lust, Ekel, Sinnendurst, Verlangen, Trägheit usw.

Mit freundlichen Worten versucht Māra, Gautama zu überreden,
seinen spirituellen Kampf aufzugeben und gute Werke zu tun. Gautama lässt sich jedoch nicht beirren: »Mein ist Glauben, und Kraft
mein ist; / Weisheit bei mir gefunden wird.«[5] Um Māra zu kontern,
verweist Buddha bereits auf den Erfolg seines Wirkens: »Alle Gedanken fest sammelnd, / Über mein Wollen herrschend stark, / Werd'
ich von Land zu Land wandern / Und leiten große Jüngerschar«.[6]

Anschließend folgt Māra Buddha noch weitere sieben Jahre, um
eine günstige Gelegenheit für seine Versuchung zu finden. Einer
anderen Geschichte aus dem ungefähr ein Jahrhundert nach Buddhas Tod datierenden Māra-Samyutta des Samyutta-Nikāya zufolge greift Māra Buddha und seine engsten Schüler an, um sie von ihrer Meditation und ihrem Heilsziel, dem Nirvāna, abzuhalten. Die
meisten Geschichten zeigen die Versuchungen Māras angesichts
des in meditierender Haltung sitzenden Buddha. Andere beschreiben Māras Versuche, Buddha bei der Verkündigung seiner Lehre
abzulenken. Als Buddha darüber grübelte, wie er das Land ohne
Töten regieren könne, ohne Leiden und Ungerechtigkeit zu verbreiten, empfiehlt ihm Māra, »gerecht« zu handeln. Māra legt dem
Buddha nahe, in seinen Königspalast zurückzukehren, um auf diese Weise Menschen von Leiden und Ungerechtigkeit zu befreien.

Im Maaradhiitu Sutta wird das bekannte Motiv von Māras drei
verführerischen Töchtern überliefert, die fünf Wochen nach Gautamas »Erwachung« dem erfolglosen Versucher zu Hilfe kommen.
Sie versinnbildlichen drei üble Kerneigenschaften: Gier, Ekel und
Zorn. Die koketten Töchter verstehen es, mit ihren Reizen Männer
zu beeindrucken. Sie verwandeln sich in unterschiedliche Gestalten, u. a. in reife Frauen. Manche Autoren halten diese Versuchungs-
und Verführungsgeschichten für sehr alte Überlieferungen.

In der nicht-kanonischen Literatur spielt das Versuchungsmotiv,
das in unterschiedliche Lebenssituationen von Gautama Buddha
verlegt wird, eine große Rolle, wobei zwischen dem Lalitavistara
und den chinesischen bzw. tibetischen Versionen zum Teil beträcht-

liche Unterschiede bestehen. Schließlich hat sich auch die buddhistische Kunst dem Māra-Motiv angenommen, zum Beispiel auf dem Stūpa von Sanchi, in der Gandhāra-Kunst, auf dem Borobudur.

Māra und seine Helfershelfer sind Tod und Unheil bringende Repräsentanten der »Welt«, die Buddha überwinden will bzw. überwunden hat. Vor allem beim »Großen Auszug aus dem Haus in die Hauslosigkeit«, dem Sieg über Māra und bei der Versuchung durch Māras Töchter, liegen thematische Kulminationspunkte, die von Literatur und Kunst besonders rezipiert wurden.

Die Berufung Jesu

Über die Zeit zwischen dem Aufenthalt des zwölfjährigen Jesus im Tempel und seinem öffentlichen Auftreten etwa 18 Jahre später schweigen die Evangelisten. Damals war Jesus etwa 30 Jahre alt, also bereits älter, als damalige Juden normalerweise wurden, deren durchschnittliche Lebenserwartung bei der Geburt 24 Jahre und ab dem 10. Lebensjahr 26 Jahre betrug.

Markus stellt Johannes den Täufer an den Anfang seines Evangeliums. Jesus schließt sich der Täuferbewegung an, folgt Johannes aber nicht in allen Punkten. So akzeptierte er nicht dessen Asketvorstellungen. Den breiten Massen, vor allem den Armen und Unterprivilegierten, predigt dieser aus einer Priesterfamilie stammende wortgewaltige Asket und Endzeitprophet Johannes davon, dass das göttliche Gericht hereinbrechen, eine neue Weltzeit beginnen werde: »Wer hat denn euch gewiss gemacht, dass ihr dem künftigen Zorn entrinnen werdet? [...] Es ist schon die Axt den Bäumen an die Wurzel gelegt« (Lk 3,7.9). Im Frühjudentum kursierten divergierende Vorstellungen vom Gericht, doch war ihr Hauptmerkmal stets der positive Aspekt des göttlichen Heilshandelns. Darin unterscheiden sich die Gerichtsverkündigung des Täufers und Jesu nicht grundsätzlich. Die Bußtaufe des Johannes hat eschatologische Bedeutung: Wer jetzt umkehrt, übersteht das Gericht.

Die Taufe Jesu

Jesus lässt sich von Johannes im Jordan taufen. Einen Hinweis auf Jesu eigene Taufpraxis im Rahmen der Johannesbewegung liefert das Johannesevangelium (3,22.26).

Matthäus (3,13–17) und Markus (1,9–11) lassen auf die Taufe durch Johannes unmittelbar die Berufung Jesu folgen, während Lukas (3,21) diese mit dem Taufgeschehen verbindet. Von dieser Berufung leitet Jesus sein unerschütterliches Sendungsbewusstsein ab. Dass aramäische »Ich bin gesandt« deutet seine ständige Bereitschaft und Exousia (»Vollmacht«) an. Nach dem Tauf- und Berufungsakt beginnt Jesu Phase der episodischen Allein-heit.[7] Er zieht sich in die Wüste zurück, wo er 40 Tage lang fastet und betet. In diesen Zeitraum verlegt die Legende seine Versuchung durch den Teufel (Mt 4,3–9; Mk 1,13; Lk 4,1–13). Der Aufenthalt »in der Wüste bei den Tieren« (Mk 1,13) eröffnet Jesus die Möglichkeit unmittelbaren Gotteskontaktes. Nach dieser vorbereitenden Phase und der jähen Beendigung der Wirksamkeit Johannes des Täufers kehrt Jesus in seine galiläische Heimat zurück, wo er beginnt, das Gottesreich zu verkündigen. Dass Johannes ein Vorläufer von Jesus war, wie es die Evangelien und die Logienquelle Q darstellen, ist wohl eine christliche Umdeutung des Geschehens. »Zwischen seiner eigenen Rolle im Heilsplan Gottes und derjenigen des Johannes machte er allerdings einen wichtigen Unterschied: Die Aufrichtung der Herrschaft Gottes war exklusiv an sein eigenes Wirken gebunden: Nur seine Exorzismen beurteilte er als den Anbruch der Gottesherrschaft (Lk 11,20), nur in seiner Nachfolge nahm man an ihrer Aufrichtung teil (Mk 6,7–13).«[8]

Die Versuchung Jesu

Im Anschluss an seine Berufung verlegen die Synoptiker (Mt 4,3–9; Mk 1,13; Lk 4,1–13) Jesu Aufenthalt in der Wüste, wo sich die Versuchung durch den Teufel ereignet. Matthäus und Lukas präsentieren eine Langfassung dieses Ereignisses und greifen dabei auf den Kurztext von Markus zurück. Darüber hinaus verarbeiten sie auch nicht-markinisches Material, nämlich eine Langfassung der Versuchungsgeschichte aus der Loqienquelle Q. Zu den wesentlichen Inhalten dieser Version gehören: Anstiftung zur Versuchung, Ort des Geschehens, dreigliedriger Dialog zwischen Jesus und dem Teufel und Verschwinden des Teufels. Umstritten ist, ob der Q-Versuchungsgeschichte die Tauf- bzw. Berufungsgeschichte vorherging.[9]

Die Langfassung erzählt, dass zu dem hungernden Jesus nach 40 Tagen und Nächten Fasten in der Wüste der Versucher trat und ihn nacheinander dreimal versucht: So soll Jesus Steine zu Brot verwandeln. Anschließend führt ihn der Teufel auf die Zinne des Tempels von Jerusalem. Der Teufel suggeriert: Wenn Jesus sich herabstürzte, würden ihn die Engel vor dem Tod bewahren. Schließlich verspricht er Jesus »alle Reiche der Welt und ihre Herrlichkeit«, wenn Jesus den Teufel »anbetet«, also vor ihm »niederfällt« – ein christologisches Schlagwort, das ausschließlich Matthäus verwendet.

Die Versuchungserzählung wird meist dahingehend interpretiert, dass es sich um eine Anfechtung der Gottessohnschaft Jesu handelt. Sein Gehorsam gegenüber Gott bilde die Mitte der Geschichte.[10] Der Text weist viele bildhafte und thematische Bezüge zum Alten Testament auf. Die jeweiligen Versuchungsorte (Wüste, Tempel, Berg) repräsentieren theologisch hoch aufgeladene alttestamentliche Motive. Die drei Versuchungen haben ihre Vorbilder in Situationen des Volkes Israel während seiner 40-jährigen Wüstenwanderung. Jesu Antworten auf das Ansinnen des Versuchers bestehen aus Zitaten aus dem 5. Buch Mose.[11]

Die Versuchungsgeschichte ist deshalb heilsgeschichtlich in dem Sinne gedeutet worden, dass Jesus erneut die Versuchungen Israels auf seiner Wüstenwanderung erfährt. Im Mittelpunkt steht der monotheistische Glaube, von dem abzufallen die größte Sünde wäre. Ein weiteres, christologisches Auslegungsmodell geht von der besonderen Würde Jesu aus, der als gehorsamer Gottessohn gezeigt wird, der seiner göttlichen Sendung treu bleibt. An dieser Thematik setzen die beiden ersten Versuchungen an. Eine politische Deutung rückt die Geschichte in die Nähe der Caligula-Krise

Abb. 2: Die Versuchung Jesu in der Wüste (Holzschnitt, anonym, um 1482, © akg-images/André Held/picture alliance)

des Jahres 40 n. Chr. Kaiser Caligula wird als Personifizierung des Teufels gesehen. Andere haben an Agrippa I. gedacht.[12] Man hat die Versuchungsgeschichte auch als Distanzierungsbemühen gegenüber den bei Josephus erwähnten »Zeichenpropheten« gelesen, die Zeichen in der Wüste versprachen und deren Handlungen auch mit dem Tempel und der Machtübernahme zu tun hatten. Nach Art zeitgenössischer Wundertäter und Zeichenpropheten soll Jesus in der ersten Versuchung das alttestamentliche Manna-Wunder aus der Wüstenzeit wiederholen, was er aber ablehnt.[13]

Die Berufung Muḥammads

Der 25-jährige Kaufmann Muḥammad lernte die wohlhabende Kaufmannswitwe Chadīdscha kennen, deren Handelsgeschäfte er zuverlässig wahrnahm. Die wahrscheinlich 40-jährige Geschäftsfrau vertraute ihrem Geschäftspartner auf ausgedehnten Handelsreisen nach Syrien ihr Kapital dergestalt an, dass die Gewinne anteilmäßig entsprechend ihrem Kapital und Muḥammads Leistung aufgeteilt würden – eine in der arabischen Gesellschaft gebräuchliche Form der Beteiligungsfinanzierung. Muḥammads Fähigkeiten, seine Aufrichtigkeit, sein gesellschaftliches Ansehen brachten ihm die Achtung Chadīdschas ein, die dem 25-Jährigen ihren Ehewunsch antrug. Aus dieser Ehe gingen zwei Söhne hervor, die als Kinder starben, und die vier Töchter Zainab, Ruqaia, Umm Kulthūm und Fātima. Von der jüngsten Tochter Fātima bint Muḥammad (606–632) stammen alle Nachkommen Muḥammads. Bis zum Tode Chadīdschas lebte Muḥammad 25 Jahre lang glücklich mit ihr. Für einen Mann seines Ranges war die monogame Ehe damals ungewöhnlich. Islamische Traditionen nennen Chadīdscha »eine aufrechte Stütze«, und Muḥammad schätzte und ehrte sie von allen seinen Frauen bis zum Schluss am meisten.

Die Vision Muḥammads

Neben seiner Tätigkeit als Großkaufmann zog sich Muḥammad einmal jährlich, oft im Monat Ramadan, in die Abgeschiedenheit einer Höhle vor dem Berg Hirā, nordöstlich von Mekka, zu einsamen asketischen Gebets- und Andachtsübungen zurück. Er folgte damit einer Praxis anderer altarabischer Gottsucher. Aṭ-Ṭabarī berichtet von einer »wahren Vision«, die zu Muḥammad kam »wie die Morgendämmerung«. Die Suren 53,1–18 und – nicht unabhängig davon – 81,19–25 nehmen auf die Visionen Muḥammads Bezug. Sure 81,22 grenzt Muḥammads Vision von den Dschinn-besessenen Wahrsagern ab und spricht in Vers 23 von einer Vision Gottes. Wenn es bei aṭ-Ṭabarī heißt, dass Muḥammad »die Wahrheit« überfällt, so deutet auch dies auf Gott selbst hin.

Muḥammads Gottesvision ist in den Worten Rudolf Ottos ein »mysterium tremendum«, ein Schrecken erregendes Erlebnis. Aṭ-Ṭabarī schildert Muḥammad als verzweifelten, zum Suizid tendierenden Mann, dem der Engel Gabriel erscheint: »Ich bin Gabriel und du bist der Gesandte Gottes«. Muḥammad wird so lange von Gabriel körperlich drangsaliert, dass er glaubt, sterben zu müssen. Schließlich rezitiert er die 96. Sure. Chadīdscha versichert ihrem furchtsam-erschrockenen Mann, dass Gott es gut mit ihm meine. Waraqa ibn Naufal, ein Cousin Chadīdschas, soll aufgrund seiner Kenntnis der biblischen Propheten versichert haben, dass derselbe Gott zu ihm gesprochen habe: »Wenn du mir wahrhaft berichtet hast, o Chadīdscha, so ist zu ihm das große Gesetz gekommen, das auch zu Moses kam, und wahrlich, dann ist er der Prophet dieses Volkes! Sag ihm, er soll standhaft sein!«[14] Muḥammad zögerte anfangs sehr, da er sich seiner prophetischen Berufung nicht sicher war.

Tilman Nagel hält die Schilderung von der Berufung Muḥammads (Sure 96) für nicht ursprünglich, postuliert stattdessen eine komplexe Entstehungsgeschichte.

Verunsicherung und Zweifel Muḥammads

Muḥammad erlebt zwar keine Versuchung durch einen Teufel oder ein anderes dämonisches Wesen wie Buddha und Jesus. Doch quälen ihn unmittelbar nach seinem ersten Berufungserlebnis ernsthafte existentielle Zweifel. Aufgewühlt kehrt Muḥammad zu Chadīdscha zurück und bittet sie, ihn in einen Umhang zu hüllen (73,1). Ob hierbei an ein Schlafgewand gedacht ist, an die Gebets-

Abb. 3: Muḥammad auf dem Berg Hirā (Türkische Miniatur, Ende des 16. Jh.,
© picture-alliance/ullstein bild)

kleidung syrisch-christlicher Mönche, an einen Ausdruck von Ekstase, oder ob die Verhüllung im Kontext einer Gotteserscheinung steht – wie bei Elia in der hebräischen Bibel – oder ob es sich nur um einen gewöhnlichen Überwurf zum Schutz vor den kalten arabischen Wüstennächten handelt, bleibe dahingestellt. Chadīdscha soll ihm versichert haben, dass er wahrhaftig einen Engel gesehen habe und nicht etwa Opfer der Erscheinung des Teufels oder eines Geistes gewesen sei.

Die Quellen berichten auf unterschiedliche Weise darüber, ob Muḥammad direkt nach den ersten Offenbarungen weitere erhielt oder ob sie eine Zeitlang ausblieben. Dies führte bei Muḥammad zu Zweifeln. Hatte er sich getäuscht, war er gar einer teuflischen Vision zum Opfer gefallen? Erst nach weiteren Visionen auf dem Berg Hirā ist sich Muḥammad sicher, dass wirklich Gott durch Gabriel mit ihm gesprochen hat.

Das öffentliche Auftreten

Einleitung

D as öffentliche Auftreten Buddhas, Jesu und Muḥammads hatte das Entstehen von Anhängerschaften verschiedener Art zur Folge. Der Religionswissenschaftler Joachim Wach unterschied zwei grundlegende soziologische Autoritätsverhältnisse, die er als Meister-Jünger- und Lehrer-Schüler-Verhältnis bezeichnete. In der Religionsgeschichte wurden unterschiedliche Persönlichkeiten als Meister bezeichnet: Religionsstifter, spirituelle Führer, insbesondere in den mystischen Traditionen, Gründer von Neureligionen. Ein Meister-Jünger-Verhältnis ist ein innerlich-persönliches Verhältnis zwischen beiden Teilen, das hauptsächlich an der Person des Meisters und seiner Berufung bzw. Erleuchtung orientiert ist. Als Folge davon berufen sie entweder selbst ihre Jünger oder Anhänger, oder diese schließen sich ihnen auf eigenen Wunsch hin an. »Der Jünger ist dem Meister [...] in der Substanz verbunden.«[1] Zum Meisterdasein gehören die Tragik der Einsamkeit, des Nichtverstandenwerdens und der Selbstaufopferung. Die charismatische Persönlichkeit der Meister als »Vorbilder und Führer«[2] steht im Mittelpunkt, erst an zweiter Stelle die durch ihn vermittelte Lehre. Zum Meister gehören Jünger, in denen der Meister fortlebt. Typisch ist die Kreisbildung der Jünger- und (ferner stehenden) Anhängerschaft in Gestalt engerer und weiterer konzentrischer Kreise um den Meister. Einige Stifter haben Lieblingsjünger: Jesu Lieblingsjünger war Johannes, dann kamen die »drei«: Johannes, Jakobus und Petrus (Mt 7,1), dann die »Zwölf«, schließlich die »Siebzig« (Lk 10,1). Auch Buddha hatte einen Lieblingsbhikkhu, Ānanda, sowie einen engen Kreis von 16 oder 18 Bhkikkhus. Parallel zu den christlichen »Siebzig« sprechen buddhistische Texte von den »Fünfhundert«.

Die Anfangsphase ist oft durch religiösen Radikalismus geprägt (z. B. Heimat-, Besitz-, Familienlosigkeit). Die Meister treten in Gegensatz zur Heimatreligion, zum Teil universalisieren sie deren Werte, weichen von traditionellen Gewohnheiten ab. Die Struktur des Jüngerkreises ist geprägt durch die »Exklusivität der Nachfolge« und die »Vergegenwärtigung des Meisters im Akt der Nachfolge, in der sich eine immer neue Reproduktion seiner Persongestalt durch die Jünger vollzieht«.[3] Im Unterschied zum Verhältnis der späteren Gemeinde zu ihrem Stifter gilt für die Urgemeinde: »Nirgends ist der historische Meister im Kreise seiner ersten Jünger Gegenstand der Anbetung und des Kultus«.[4] Aus der Exklusivität des Meisters folgt eine Exklusivität der Nachfolge. Das ursprüngliche Meister-Jünger-Verhältnis unterscheidet sich vom späteren Gemeindeaufbau u. a. dadurch, dass der Meister zum Teil vergottet wird.

Demgegenüber ist der religiöse Lehrer als Traditionsvermittler eine gegenüber dem Meister sekundäre Gestalt. Das Lehrer-Schüler-Verhältnis ist an Sachen orientiert, die Person des Lehrers ist sekundär. Der Lehrer vermittelt Kenntnisse, Fähig- und Fertigkeiten, die sich der Schüler aneignet. Ein Lernender kann seinen Lehrer an Kenntnissen übertreffen, auch ›größer‹ und bedeutender werden als dieser. Dies gilt jedoch grundsätzlich nicht für den Jünger, »der nicht über seinem Meister ist« (Mt 10,24).

Die Grenzen zwischen beiden Verhältnissen sind in Wirklichkeit aber fließender, gibt es doch Lehrer-Schüler-Verhältnisse, bei denen die Verehrung des Lehrers die zu vermittelnde Lehre in den Hintergrund drängt.

Vergleicht man Buddha, Jesus, Muḥammad und die Struktur ihrer Anhängerschaft, so treten neben manchen Gemeinsamkeiten auch Unterschiede in den Blick. Muḥammads Persönlichkeit lässt sich durch die Meister-Kategorie nicht adäquat charakterisieren. Auch sind seine Anhänger andere Gestalten als Jesu Jünger bzw. Buddhas Mönche. Daher verwenden wir in unserem Buch den Begriff ›Jünger‹ ausschließlich im Kontext von Jesus. Muḥammads Anhänger werden traditionell Prophetengenossen bzw. Prophetengefährten genannt. Buddhas Anhängerkreis war »keineswegs eine freie, allein durch innere Bande geeinte Genossenschaft gewesen, wie etwa der Kreis der Jünger Jesu. Vielmehr hat hier offenbar von Anfang an eine in feste Formen gefasste Gemeinschaft von Asketen, ein förmlicher Bettelmönchsorden mit Buddha als seinem Haupt bestanden.«[5]

Das öffentliche Auftreten Buddhas

Das etwa acht Kilometer nördlich von Benares gelegene Sarnath zählt zu den wichtigsten buddhistischen Pilgerzentren der Welt. In dem heute von Mauern umgebenen, nachts verschlossenen Wildpark von Isipatana setzte Buddha zum ersten Mal das *dhamma chakra,* das »Rad der Lehre«, in Bewegung. Die Quellen vergleichen Buddha mit einem weltlichen Monarchen: Er beansprucht die universelle Herrschaft, indem er die Räder seines Streitwagens über die ganze Erde laufen lässt. Jede der acht Speichen des *dhamma chakra* – es gibt auch mehrspeichige Räder – steht für einen Teil des »Edlen Achtfachen Pfades«, dessen Beachtung dem Gläubigen den Weg zum Nirvāna eröffnet.

Nach anfänglichem Zögern werden die einstigen fünf Asketengefährten schließlich so sehr von der neuen Heilslehre in Bann geschlagen, dass sie Buddhas erste ordinierte Bhikkhus werden. Mehr als 45 Jahre widmet der Meister sein Leben der Mission, predigt seine Lehre in Nordindien an Orten, die heute im Bundesstaat Bihar sowie im angrenzenden Uttar Pradesh liegen, einem größeren Menschenkreis, gründet den Sangha, einen Mönchs- und spä-

*Abb. 4: Der lehrende Buddha mit dem »Rad der Lehre« unter sich,
das er in Bewegung setzte (Sarnath, Archäologisches Museum, 5. Jh.,
© Tevaprapas (PD)/CPA Media Co. Ltd/picture alliance)*

ter Nonnenorden. Nur während der jährlichen Regenperiode von Ende Juni bis Ende September zieht er sich zurück und gönnt sich Ruhe.

Der Meister überredet niemanden zum Dhamma, ja er warnt sogar vor voreiligen Übertritten. Buddha besitzt die Gabe, andere Menschen zu überzeugen, sie zur Einsicht zu führen. Je nachdem, welche Zuhörer er vor sich hat, passt er seine Lehre ihrem jeweiligen intellektuellen Verständnis an. Einfacheren Gemütern predigt er den Weg zu einer besseren Weiterverkörperung; den geistig Fortgeschrittenen, Anspruchsvollen aber weist er den Weg zum Nirvāna.

Zu seinen Anhängern zählen einige Familienmitglieder, zum Beispiel sein Sohn Rāhula, der Halbbruder Nanda, sein Neffe Ānanda sowie entferntere Verwandte. Der Kreis der Bhikkhus ist wie bei den anderen Stiftern konzentrisch aufgebaut: Innerhalb der 16 (19) gibt es neben den schon genannten Persönlichkeiten zwei weitere Lieblingsanhänger: Sariputta und Mahamoggalana. Darüber hinaus lesen wir von 500 weiteren Bhikkhus.

Über die ersten Jahre nach der Erleuchtung berichten bereits in der frühen Tradition, zum Beispiel im »Sūtra von der vierfachen Gemeinde«, aufeinanderfolgende Ereignisse: die Gewinnung von Bhikkhus und Laien, der Sieg über die Gemeinschaft der Flechthaar-Asketen, der Besuch Buddhas in seiner Vaterstadt, die Gründung des ersten Klosters im Jeta-Hain bei Sāvatthī.

Buddha beeindruckt durch seinen untadeligen Charakter, er strahlt Zuversicht und Erlösungsgewissheit aus. Sein kontemplatives Element wirkt bei Auseinandersetzungen ausgleichend. Er entzieht sich spekulativen Lehrstreitigkeiten, die den Intellekt befriedigen, aber nicht zum Heil führen. Nachdem Buddha das »Rad der Lehre« bewegt hatte, wanderte er mit seinen Bhikkhus nach Uruvela in der Nähe von Bodhgayā, dann nach Rājagaha, wo sich die frühen Missionserfolge der Buddha-Bewegung abspielten.

Unweit von diesem Ort, im elf Kilometer entfernten Nalanda, machte Buddha oft Rast und nahm sein Nachtquartier. In Sāvatthī schenkte ihm der reiche Bankier Anāthapindika den Jeta-Hain. Dort errichtete die buddhistische Gemeinde ein Kloster, das noch durch ein zweites Kloster, gespendet von der Laienbekennerin

Visakha, ergänzt wurde. Zu erwähnen sind außerdem die Orte Kosambi, wo eine Ordensspaltung drohte, und Vesali, das heutige Vaishālī, wo ihm eine Kurtisane ihren Mangohain überlassen hatte. An allen diesen Orten errichtete man schon früh Stätten des Gedenkens: Tempel, Klöster, Stupen, auch Säulen, vom Kaiser Ashoka aufgestellt und mit Inschriften versehen. Außerdem imponiert die antibrahmanische Einstellung Buddhas zum Kultwesen.

Ein einziges dramatisches Ereignis im Leben Buddhas ist zu berichten: Nachdem er mit gewissem Erfolg versucht hatte, den Orden zu spalten, will Buddhas Vetter Devadatta anstelle Buddhas Gemeindeoberhaupt werden, verübt sogar einen Mordanschlag auf den Ehrwürdigen. Diese Aktion misslingt, und Buddha stirbt im Mangohain der Kurtisane im Alter von 80 Jahren so friedlich, wie er gelebt hatte und wie auch seine Gemeinde leben soll, an den Folgen einer Ruhr. Er hinterlässt keinen Nachfolger, sondern verweist stattdessen auf Dhamma und Sangha, »die sind euer Lehrer nach meinem Ende«.[6] Seine letzten Worte lauten: »Die Seinserscheinungen sind ihrem Wesen nach vergänglich. Rüstet euch aus mit Wachsamkeit!«[7]

Das öffentliche Auftreten Jesu

In der internationalen Jesus-Forschung stehen sich zwei Lager gegenüber: Das seit Mitte der 1980er Jahre von sich Reden machende »Jesus-Seminar« stellt den unapokalyptischen, anti-elitären, bäuerlich-volkstümlichen Jesus in den Fokus. Jesus gilt als Aussteiger, als Hippie, jüdischer Kyniker, bedürfnisloser Weisheitslehrer. Jesus tritt nach John Dominic Crossan als magischer Exorzist und herumziehender Heiler in Erscheinung, lehrte religiöse und ökonomische Gleichheit aller Menschen und eine uneschatologische Gottesreichvorstellung.[8] Eine andere Forschungsrichtung unterstreicht in unterschiedlicher Weise die eschatologische Verkündigung Jesu, seine Reich-Gottes-Predigt, den Gedanken der kommenden Wiederherstellung Israels, Gottes Gericht. Für David

Flusser, Geza Vermes und Shmuel Safrai war Jesus ein galiläischer Charismatiker und Chasid. Andere deuteten ihn als Wunderpropheten, als Propheten der endzeitlichen Wiederherstellung Israels[9], als pneumatisch begabten Theios Aner (»göttlicher Mensch, Gottmensch«), als Magier, suggestiven Heiler, sogar als Schamanen (Eugen Drewermann, Pieter Craffert).[10]

Nachdem sich Jesus von der Täuferbewegung des Johannes gelöst hatte, wirkte er nicht länger in der Wüste, sondern überwiegend in Obergaliläa im Umfeld des Fischerdorfes Kapernaum am See Genezaret. Er zog durch »Dörfer, Städte und Höfe« (Mk 6,56). Seine Wirkungszeit als prophetischer Wanderprediger liegt etwa im Frühjahr 28 oder 29 und dauert wohl wenig länger als ein Jahr.

Immer stärker trat bei Jesus der Heilsgedanke des bereits angefangenen und sich vollendenden Gottesreiches in den Vordergrund. Nach Lk 10,18 hat der Satan bereits jetzt keine Macht mehr (»wie kann sein Reich bestehen«?). Schon jetzt beginnt Gott, Welt und Mensch heilvoll zu verwandeln. Laut Markus tritt Jesus öffentlich auf, nachdem Herodes Antipas den Täufer gefangengenommen hatte und später hinrichten ließ. Bei Johannes treten Jesus und Johannes gleichzeitig auf, wobei Jesu Einfluss wächst, der des Johannes aber geringer wird. Die Johannes-Bewegung existiert nach dem Tod des Täufers weiter und konkurriert mit der Jesusgruppe.

Zunächst wirkte Jesus in Galiläa, nördlich und östlich vom See Genezaret. Hier befinden sich die häufiger im Neuen Testament genannten Städte Kapernaum, Chorazim und Betsaida. Zu Beginn seines Wirkens wohnte Jesus wohl zeitweise im Haus des Petrus und kehrte von seinen Reisen immer wieder dorthin zurück. Der katholische Exeget Franz Mußner (1916–2016) hat von der »galiläischen Krise« gesprochen, die darin bestanden haben soll, dass die Jesusbewegung nach ursprünglichem Erfolg einen Rückschlag erlitt. Insbesondere aufgrund seiner Analyse der Gerichtsworte Jesu gelangt auch Eckhard Rau[11] zu der Auffassung, dass das Wirken Jesu in Galiläa zweiphasig verlief. Dabei spitzte sich die anfängliche optimistische Phase zu einer Auseinandersetzung mit Israel dramatisch zu. Die bei Lukas überlieferte Vision vom Satanssturz wird von manchen als entscheidendes, lebensveränderndes Erlebnis be-

trachtet und gilt als optimistischer Auftakt zur anfänglichen Verkündigung Jesu. Die Vision vom Satanssturz führt Jesus zur Überzeugung einer im Himmel bereits erlangten Bezwingung Satans
und zur Gewissheit der Ankunft der Gottesherrschaft, was Jesu eigenständiges Wirken zur Folge gehabt hätte: »Ich sah den Satan
vom Himmel fallen wie einen Blitz. Seht, ich habe euch Macht gegeben zu treten auf Schlangen und Skorpione, und Macht über alle
Gewalt des Feindes, und nichts wird euch schaden« (Lk 10,18 f.).

Jesu Verhältnis zur eigenen Familie war nicht frei von Spannungen. Als er nach Kapernaum zog und öffentlich auftrat, kam es zu
Meinungsverschiedenheiten mit seinen Angehörigen. Jesus betrat
ein Haus, und es war so viel »Volk« dort, »dass sie nicht einmal
essen konnten« (Mk 3,20). In dieser Situation traten die offensichtlich von seinem Auftritt nicht begeisterten »Seinen« auf und wollten Jesus »ergreifen«, da sie ihn für »von Sinnen«, also verrückt
hielten. Nach einer Heilung und einem Streitgespräch (Mk 3,22–
30) ließ die Familie Jesus rufen, um ihn zur Ordnung zu bringen.
Daraufhin brüskierte Jesus seine Familie, indem er fragte: »Wer
ist meine Mutter und meine Brüder? Und er sah ringsum auf die,
die um ihn im Kreise saßen, und sprach: Siehe, das ist meine Mutter und das sind meine Brüder. Denn wer Gottes Willen tut, der ist
mein Bruder und meine Schwester und meine Mutter« (Mk 3,35).
Jesus entfremdete sich von seiner Familie außer von seinem Bruder
Jakobus, der in der Apostelgeschichte (15,13) und in den paulini-
schen Briefen (1 Kor 15,7; Gal 2,9) als herausragendes frühes Ge-
meindeglied gilt. Etwas später besucht Jesus wieder Nazareth, wo
er allerdings nicht gerade beliebt war (»und sie ärgerten sich an
ihm«, Mk 6,3). Dass auch seine Brüder nicht an ihn glaubten (Joh
7,5), ist ein typisches Beispiel dafür, dass der Prophet im eigenen
Lande nicht viel gilt.

Aus den Gleichnissen lässt sich Jesu Herkunftsmilieu rekonstruieren, nämlich die agrarische Welt Galiläas, die auch in Kontakt zu
den üppigeren bäuerlichen Verhältnissen steht. Die hellenistisch
geprägten Orte Galiläas – Sepphoris, das »Juwel von ganz Galiläa«,
wie Josephus diese Stadt nennt, und Tiberias – besuchte er offenbar
nicht. Außer Kapernaum, Nazareth und Bethsaida hat Jesus kaum

Städte aufgesucht. Er wuchs im sechs Kilometer von Sepphoris entfernten Nazaret auf, und Geschichte, Geografie und Archäologie legen nahe, dass er wohl nicht in ländlicher Idylle lebte, sondern im Schatten dieser kosmopolitischen Stadt. Der kanadische Neutestamentler Craig A. Evans stellt sich in diesem Zusammenhang die Frage:

> Ich glaube, Jesus hatte durchaus eine Vorstellung vom Geschehen in Galiläa und von Israels Stellung im römischen Osten. Man erkennt das an der Art, wie er lehrte. Jesus ist kein Bauernjunge, der in einem abgelegenen Dorf aufwächst. Er ist in überraschendem Maße Kosmopolit. Ich halte nichts von dieser Vorstellung, er sei ein einfacher, analphabetischer Bauer. Er ist gebildet, vielleicht Autodidakt. Aber wie kommt es, dass er zu den Lehrern und Gelehrten seiner Welt Dinge sagen kann wie »Habt ihr nicht gelesen […]?«, oder »Ihr irrt, weil ihr weder die Schrift kennt noch die Kraft Gottes?« Wenn Jesus nicht lesen kann, wenn er keine Bildung hat, wenn er ein schlichtes Landei ist, wie kann er dann so sprechen? Wie kann er Menschen überzeugen? Warum hat er Anhänger? Warum fürchten die Gelehrten und die Elite ihn so?[12]

Dass Jesus im Herrschaftsbereich des Herodes Antipas und im benachbarten Gebiet des Philippus wirkte, mag erklären, warum in den Geschichten wiederholt Zöllner auftreten. Ob Jesus auch die Grenzen zum nichtjüdischen Gebiet überschritten hat (Mk 7,24–30), ist nicht sicher. Seinen Beruf als Bauhandwerker übte Jesus nicht aus.

Der britische Religionswissenschaftler, Theologe und Orientalist Geza Vermes (1924–2013) deutete Jesus und seine Jünger als »Wandercharismatiker«, die von einem »charismatischen Milieu« im damaligen Galiläa geprägt waren. Jesus leitete nach dieser Lesart eine Gemeinschaft mit dem Ziel, Israel zu erneuern. Nach Ostern lässt sich die Urgemeinde als jüdisch-messianische Gemeinde beschreiben. Die ersten Jünger trennten sich keineswegs vom Judentum, und die Apostelgeschichte erwähnt, dass sie im Tempel beten (Apg 2,46; 5,42), die rituellen Vorschriften einhalten (Apg 10,14), traditionelle Feste wie Schawuot, Pessach, Jom-Kippur usw. feiern.

Zu den Anhängern Jesu zählten die Volksscharen, die Jünger und der »Zwölferkreis«. Genau abgrenzbar ist dieser Kreis nicht, weil dazu auch solche Anhänger Jesu zu zählen sind, die zwischen den Jüngern und Volksscharen stehen, auch Frauen. Der Begriff ›Jünger‹ wird im Neuen Testament nicht ausdrücklich für Frauen verwendet. Gleichwohl ist zu lesen, dass Frauen Jesus »nachfolgten« – ein spezifischer Begriff für die Jüngerexistenz –, ihm mit ihrem Vermögen »dienten«. Die bei Markus (15,40 f.) und Lukas (8,1–3) erwähnten Frauen gehörten wohl zum engeren Kreis um Jesus. Bei Lukas ist von »weiteren zweiundsiebzig« die Rede, zu denen unzweifelhaft auch Frauen gehörten. »Danach setzte der Herr weitere zweiundsiebzig Jünger ein und sandte sie je zwei und zwei vor sich her in alle Städte und Orte, wohin er gehen wollte« (Lk 10,1). Im Übrigen waren es Frauen, die dem Auferstandenen zuerst begegneten. Jesus gründete keine stabilen Ortsgemeinden, sondern setzte den mehrfach bezeugten, historisch kaum bestreitbaren »Zwölferkreis« ein. Dieser symbolisiert seinen Anspruch, ganz Israel (= 12 Stämme) in der Endzeit zu sammeln und zu Anhängern seiner Botschaft zu machen. Der Jüngerkreis wurde durch Jesus berufen und hatte Teil an seinem Wanderdasein, indem er Jesus »nachfolgte«.

Die Jünger genießen in den Evangelien nicht die gleiche Wertschätzung: Markus und Matthäus unterstreichen ihr Versagen, Johannes und Lukas stellen sie nachsichtiger dar. Ein tabellarischer Vergleich des Zwölferkreises weist hinsichtlich der Positionen 10 und 11 (Thaddäus bei Matthäus und Markus, Judas bei Lukas und Johannes; Simon Kananäus bei Matthäus und Markus; Simon Zelotes bei den beiden anderen) Widersprüche auf.

Zu den Mitgliedern der Jesusbewegung gehören besonders die Randständigen, denen die volle Zugehörigkeit zum Volk abgesprochen wird. Jesus wählte sich seine Anhänger und Anhängerinnen selbst aus, beauftragte sie, das Reich Gottes zu verkündigen und sah in ihnen so etwas wie Mitstreiter. Meist richtete er seine Botschaft an einfache, von Hunger und Armut bedrohte Menschen aus Galiläa, ungebildete Männer und Frauen. Er machte sich mit Sündern, Zöllnern, Dirnen, Samaritanern, allgemein Marginalisierten gemein. Im Hintergrund seiner Verkündigung stehen die sozialpolitischen und ökonomischen Konstellationen in Galiläa [...]: Wenn Antipas Anspruch auf Galiläa erhebt, dann tritt er damit in Konkurrenz zum Anspruch Gottes, der das Land seinem Volk gegeben hat. Wenn in den Seligpreisungen oder in Gleichnissen Arme, Hungrige oder Tagelöhner genannt werden, dann werden dahinter soziale Spannungen im Galiläa unter Antipas erkennbar. Für Jesus sind diese Menschen die ersten Adressaten der Heilszusage Gottes, denen er eine Veränderung ihrer jetzigen Situation in der Gottesherrschaft verheißt.[13]

Jesus sandte seine Jünger aus, um Kranke zu heilen, als Exorzisten Dämonen auszutreiben, den göttlichen Segen weiterzugeben. Auch bei Jesus finden wir das Prinzip der konzentrischen Kreise: Die Zwölf des engeren Kreises wurden von der späteren Gemeinde auch Apostel (»Gesandter«) genannt. Darüber hinaus besteht ein weiterer Kreis, zu dem auch Frauen gehörten:»Maria aus Magdala, Maria, die Mutter Jakobus des Kleinen und des Joses, und Salome« (Mk 15,40). Außerdem »Johanna, die Frau des Chusa, eines Verwalters des Herodes, und Susanna« (Lk 8,3). Maria aus Magdala spielte wohl die wichtigste Rolle in der Jesusbewegung, war Nachfolgerin Jesu, bezeugte Kreuzigung, Grablegung und Auferstehung. Im Kampf um die Führungsrolle gewann jedoch Petrus die Oberhand gegenüber Maria, die im Laufe der Jahrhunderte an den Rand gedrängt und immer negativer gesehen wurde, sogar als Sünderin, Ehebrecherin, gar Prostituierte galt. Übrigens gab es bis 1996 in Irland sogenannte »Magdalenenheime« für »gefallene Mädchen«. In den Apokryphen dagegen blieben die aus den kanonischen Texten verdrängten Frauen erhalten.

Jesus weiß sich ausschließlich zu den Juden gesandt (Mt 10,5 f.), und er weigert sich zunächst, einer Syro-Phönizierin zu helfen (Mt 15,21 ff.; Mk 7,24 ff.).

Die Schar von Wandercharismatikern zeichnete sich durch folgende Merkmale aus: Das Moment der Heimatlosigkeit zeigte sich an der Berufung der ersten Jünger, die Jesus zur Nachfolge aufrief (»Folgt mir nach«, Mk 1,17). Die so Aufgeforderten »folgten ihm nach« (Mk 1,20). Jesus stellte für diese Nachfolge erheblichen Lohn in Aussicht:»Wahrlich, ich sage euch: Es ist niemand, der

Haus oder Brüder oder Schwestern oder Mutter oder Vater oder Kinder oder Äcker verlässt um meinetwillen, der nicht hundertfach empfange [...] und in der zukünftigen Welt das ewige Leben« (Mk 10,29). Von Jüngern, die nach Jesu Tod wieder zum sesshaften Leben zurückgefunden haben, ist nichts zu hören. Zerwürfnisse mit den Familien (Lk 12,51–53) und Verzicht auf ein Familienleben gehörten zu den Erscheinungsformen der erwarteten Endzeit. Jesus war kein Ehegegner, auch wenn er für sich selbst auf die Ehe verzichtete und von »Eunuchen um des Himmelreiches willen« (Mt 19,12) sprach. Die Ehe war für ihn heilig und er untersagte die Scheidung.

Wandercharismatiker führten ein besitzloses Leben und vertrauten auf Gott. Sie verzichteten auf Selbstverteidigung, indem sie dem Bösen »nicht widerstreben«, die linke Wange hinhalten, wenn die rechte geschlagen wird und den Mantel verschenken, wenn »jemand mit dir rechten will und dir deinen Rock nehmen« (Mt 5,39 f.).

Das Volk verehrte Jesus als »Rabbi«, als »Meister« und »Lehrer«, obwohl er kein theologisches Fachstudium absolviert hatte. Jesus verkörperte unterschiedliche Lehrertypen in den Evangelien: Volksschullehrer (Markus), Kirchenlehrer (Matthäus), Weisheitslehrer (Lukas) und den johanneischen Religionslehrer.[14]

Zum Schluss seiner öffentlichen Wirksamkeit zog Jesus anlässlich des Pessachfestes nach Jerusalem.

Das öffentliche Auftreten Muhammads

Zweifel hatten Muhammad dazu geführt, seine Botschaft drei Jahre lang erst im engsten Familienkreis zu verkünden, bevor er öffentlich predigt und seine mekkanischen Mitbürger vor dem künftigen Gericht Gottes warnt. Die Mekkaner bestritten die Echtheit von Muhammads göttlicher Sendung. Sie warfen ihm vor, bloß ein Dichter zu sein, der unter dämonischem Einfluss stände: ein *madschnun*, d. h. ein »von Dschinnen Besessener«, der nicht Gottes-, sondern Menschenwort verkündete. »Euer Landsmann [d. h. Muḥammad] ist [doch] nicht besessen [wörtlich: hat keinen Dschinn [in sich]]. Er ist nichts als einer, der euch vor einer schweren Strafe warnt« (Sure 34,46).

Zunächst forderte Muḥammad die Menschen nicht auf, eine neue Religion anzunehmen, sondern er beschrieb eindringlich die Schrecken des Jüngsten Gerichtes. Zu den Hauptinhalten seiner frühen Predigten zählten der Glaube an den barmherzigen Schöpfergott und sein Aufruf zu einem besseren Lebenswandel.

Die Botschaft fand zunächst wenig Anklang in seiner Heimatstadt. Erste Anhänger waren Chadīdscha, sein junger Vetter ʿAlī, der freigelassene Sklave Zaid ibn Hāritha und Abū Bakr, der spätere erste Kalif. Anschließend folgten jüngere Leute aus vornehmen, zum Teil auch aus weniger einflussreichen Familien. Angehörige der unteren sozialen Schichten, wie freigelassene Sklaven, schenkten ihm ebenfalls Gehör. Die ersten Anhänger Muḥammads gelten als ṣaḥāba, »Prophetengenossen«. »Im Allgemeinen bezeichnet man die Person als ʾṣāḥib, die lange Zeit mit dem Propheten zusammen waren und in seinem Kreis lebte. Später dehnte man den Begriff aus und als Prophetengenossen galten auch diejenigen, die mit Muḥammad nur kurze Zeit zusammenwaren oder ihn nur einmal gesehen hatten.«[15] Innerhalb dieser Personengruppe bestand eine gewisse Klassifizierung: Das größte Verdienst gebührte der Gruppe der ahl as-sābiqa, die sich schon zum Anfang der Offenbarung zum Islam bekannt haben und mit Muḥammad von Mekka nach Medina auswanderten. Es folgen die anṣār (»Helfer« in Medina), dann die späteren »Auswanderer«.[16]

Die Anfeindungen durch seine mekkanischen Zeitgenossen wuchsen immer mehr. Doch werden Muḥammad und seine Anhänger zunächst von seinem Onkel Abū Ṭālib geschützt. Der Hauptgrund für die Ablehnung des Propheten lag in der wichtigen Rolle der Stadt Mekka begründet, die zugleich Handelsmetropole und religiöses Zentrum war. Muḥammads Predigt bedrohte den Polytheismus und die Wallfahrtsfeste. Diese konzentrierten sich um das mekkanische Heiligtum, die Kaaba, und brachten den führenden Familien wirtschaftliche Vorteile. Nach der Rückkehr aus Abessinien nahmen die Verfolgungen in Mekka noch größere Ausmaße an. »Zu Muḥammads Eigenschaft als Gesandter Gottes (*rasūl Allāh*) ist hier nur so viel zu sagen, daß an der subjektiven Ehrlichkeit dieses Selbstverständnisses Muḥammads überhaupt nicht zu zweifeln ist; dafür hat ihm das Bewußtsein seiner Sendung – dies ist in den Quellen noch sehr deutlich spürbar – viel zu viel innere Zerrissenheit und äußere Schwierigkeiten bereitet.«[17] Muḥammad fühlte sich von Gott beauftragt, als »Warner« die von ihm kritisierte Glaubens- und Lebensweise seiner Umwelt zu ändern. Seine Kampfansagen betrafen den Polytheismus, die gesellschaftliche Ungerechtigkeit sowie die Unwissenheit mit all ihren schädlichen Konsequenzen.

Seine früheste Verkündigung zeichnet sich vor allem aus durch die Verwendung von Schwurformeln, Warn- und Weherufen, Verwünschungen und Verfluchungen sowie eschatologischen Schilderungen. Muḥammad hat in dieser Periode noch viele Züge mit dem altarabischen *kāhin,* dem inspirierten Wahrsager, gemeinsam, der in Reimprosa kurze, rhythmisch gebaute Sprüche verkündet, die durch Schwurformeln eingeleitet werden. In der zweiten mekkanischen Phase entwickelt sich Muḥammad mehr und mehr zum religiösen Lehrer, richtet Appelle an die Einsicht in die Wahrheit seiner Verkündigung. Beispiele aus Natur und Geschichte werden als bedeutungsvolle »Zeichen« (*āyāt;* hebräisch *ot*) verstanden. Bilder, Metaphern, Vergleiche und Gleichnisse treten in den Vordergrund. Diese Textsorten sind vielfach in einen eschatologischen Zusammenhang integriert.

Die lehrhafte Tendenz setzt sich in der dritten Mekkanischen Periode fort. Die Sprache ist jetzt prosaisch, und es fallen viele Wiederholungen auf. »Straflegenden«[18], die bereits ab der zweiten Periode aufgetreten sind, erfüllen die Funktion, die Wahrheit der Predigt so plausibel wie möglich zu machen. In dieser Phase finden sich vielgestaltige Erzählungen über Adam, Joseph, David, Salomo u. a.

Muḥammad stellte sich in eine Reihe von Propheten (*nabi;* Plural: *nabīyūn*) und Gesandten (*rasūl;* Plural: *rusul*) wie Abraham, Moses, Jesus u a., die schon immer den Glauben an den einen und einzigen Gott verkündeten. Er verstand sich als letzter *rasūl*, der die im Laufe der Geschichte verfälschte und mit fremden Elementen vermengte ursprüngliche göttliche Offenbarung wiederherstellte. Obwohl die Gefahren für Leib und Seele auf Muḥammad und die Muslime immer bedrohlicher wurden, war eine direkte Attacke nicht zu erwarten. Denn Muḥammad stand unter dem Schutz seines Onkels und Ziehvaters Abū Ṭālib. Hier wirkte das Prinzip der ʿaṣabīya. Erst der Tod von Onkel und Ehefrau lockerte die Schutzverpflichtungen der Quraisch. Diese sahen in Muḥammads Botschaft eine Gefahr für ihren Einfluss und ihre Geschäfte. Muḥammads energische Predigt bedrohte den Polytheismus und die wirtschaftlichen Profite der Wallfahrtsfeste.

Nach dem Tod Abū Ṭālibs nehmen die Schikanen zu. Muḥammad wird verlacht, beschimpft und mit Steinen beworfen. Aus Sure 17,73 kann man schlussfolgern, dass Muḥammad fürchtete, er könne den Anfeindungen nachgeben und seinen Auftrag aufgeben: »Und sie [d. h. die Ungläubigen] hätten dich beinah in Versuchung gebracht, von dem, was wir dir als Offenbarung eingegeben haben, abzuweichen, damit du gegen uns etwas anderes als den Koran aushecken würdest. Dann hätten sie dich sich zum Freund genommen.«

Oft beten die Gläubigen im Geheimen, werden aber von den Mekkanern bis zu ihren Gebetsplätzen verfolgt, aufgelauert und überfallen. Die Quellen berichten anschaulich über die Feindseligkeiten und wie die weniger einflussreichen Muslime geschlagen und misshandelt werden. Es kommt zu Boykottmaßnahmen. Einige Muslime geben ihren Glauben wieder auf. Besonders den muslimischen Sklaven drohte qualvolle Folter. Trotzdem konvertierten immer mehr Menschen zum Islam. Ein Teil der Muslime versuchte, den Ausschreitungen durch zwei Auswanderungszüge nach Äthiopien (615, 617) zu entgehen. Sie wurden vom christlichen Herrscher freundlich aufgenommen. Erst in den Jahren 625, 626 und 629 kehrten sie gruppenweise nach Medina zurück.

Nach der Rückkehr aus Abessinien nahmen die Verfolgungen in Mekka noch größere Ausmaße an. Nachdem die Lage für Muḥammad und seine Getreuen untragbar geworden war, übersiedelte er auf die Aufforderung einiger Stämme hin, die einen Friedensrichter suchten, 622 nach Yathrib, das spätere Madīnat an-Nabī (»Stadt des Propheten«, kurz: Medina). Am 16. Juli 622 fand die Hidschra (»Auswanderung«) in das Exil statt. Dieses Datum wurde zum Beginn der islamischen Zeitrechnung. Dem Beschluss gingen 621 und 622 zwei geheime Treffen medinensischer Vertreter mit Muḥammad in Aqaba nördlich von Mekka voraus, die ihm huldigten. Diese »Huldigung« (baiʿa) wurde später zum Vorbild für Huldigungen bei der Amtseinsetzung von Kalifen und anderen Herrschern.

Die Hidschra Muḥammads und seiner Anhänger bedeutete einen wichtigen Neuanfang, bei dem die Gläubigen aus Gehorsam gegenüber Gott allen Besitz und familiäre Bindungen hinter sich ließen. Das Ausscheiden der jungen muslimischen Gemeinde aus dem mekkanischen Stammesverband war ein folgenschwerer Schritt. Muḥammads Weggefährten wurden schon zur Zeit Muḥammads in Klassen eingeteilt: Die al-muhādschirūn, die »Auswanderer«, waren diejenigen, die mit Muḥammad die Hidschra unternahmen. Als ansār an-nabī, »Helfer des Propheten«, bezeichnete man die Medinenser, die Muḥammad und die Auswanderer unterstützten. In der medinensischen Zeit verlangten zwei Problembereiche nach einer Lösung: die fortgesetzte Verfolgung Muḥammads und seiner Anhänger durch die Mekkaner und der Aufbau einer gut organisierten Umma. Muḥammad gehörte zu den Erbauern der ersten Moschee.

Im März 624 errang ein kleiner Trupp von Muslimen einen strahlenden Sieg bei Badr, dem bald eine herbe Niederlage in der Nähe des Berges Uhud folgte. Die Mekkaner griffen Medina an, konnten aber die Stadt nicht erobern. Bis zwei Jahre vor Muḥammads Tod setzten die Mekkaner ihre Angriffe fort, von denen auch der Koran berichtet. Wenn der Koran die Begriffe qitāl (von qatala: »Krieg führen, töten«) und ḥarb (»Krieg«) verwendet, sind diese Kämpfe mit den Mekkanern gemeint. Der bis heute umstrittene Begriff ›Dschihād‹ dagegen bedeutet allgemein »Anstrengung, Mühe, Einsatz«. Er findet sich schon in den ersten mekkanischen Offenbarungen, als die Kriegsthematik für die junge Muslimgemeinde noch gar nicht aktuell war. Seit dem zweiten Jahr der Hidschra bezeichnet Dschihād die Anstrengung für den Islam schlechthin, wobei der Koran (8,72) auch an den Einsatz von Besitz und Leben denkt. In erster Linie ist damit ein gesellschaftlicher Einsatz gemeint, eine unbeirrte geistige Haltung. Dschihād bedeutet wörtlich weder »Krieg führen« noch »Töten«. Zentrum des Dschihād ist der Gedanke von Uneigennützigkeit und Opferung des eigenen Vermögens für Gott. Deshalb bezieht der Koran ›Dschihād‹ nicht auf konkrete Gefechte, wohl aber gelegentlich auf den kämpferischen Einsatz, der auch in einer Schlacht stattfinden kann.

Auch das Verhältnis zu Gewalt erfuhr in Medina einen Bedeutungswandel. Während es für die Zeit in Mekka in Sure 4,77 heißt: »haltet euch vom Kampf zurück«, wird in Medina die Erlaubnis zum Kampf erteilt: »Denjenigen, die [gegen die Ungläubigen] kämpfen [so nach einer abweichenden Lesart; im Text: die bekämpft werden], ist die Erlaubnis [zum Kämpfen] erteilt worden, weil ihnen [vorher] Unrecht geschehen ist. – Gott hat die Macht, ihnen zu helfen« (22,39).

Muḥammads Ansehen bei den Medinensern gründete sich auf zwei Faktoren: Alle Medinenser, auch die Juden, sahen in ihm eine Autorität. Bei den Muslimen galt er darüber hinaus als Prophet. Als von allen anerkanntes Oberhaupt schloss Muḥammad 623 den Gemeindevertrag von Medina ab, der Juden und Muslime als gleichberechtigte Vertragspartner anerkannte. Im Gemeindevertrag wurde feierlich proklamiert, dass von nun an die Gläubigen untereinander Brüder und die Stammesbindungen aufgehoben seien. Für beide Gemeinschaften schrieb dieser Vertrag das Recht fest, den eigenen Glauben beizubehalten. Damit schuf das Abkommen eine einheitliche Gemeinde, in der – unbeschadet der Einheit – zwei geistige Strömungen gleichberechtigt nebeneinander wirkten. Der einigende Faktor war die Umma: »Die Juden von Banū Aws sind eine *umma* mit den Gläubigen. Die Juden haben ihren Glauben (*dīnahum*) und die Muslime ihren Glauben.«[19] Diese neue Umma gilt Muslimen als Idealbild eines islamischen Staates, in dem Solidarität, Gerechtigkeit und Brüderlichkeit die höchsten Werte sind. Alle am Vertragsabschluss beteiligten arabischen und jüdischen Stämme waren Teil der Umma und zu ihrer Bewahrung und ihrem Schutz verpflichtet. Ein Verstoß dagegen hatte den Bruch aller Vereinbarungen zur Folge. Der Vertrag stellte den gemeinsamen Glauben an einen einzigen Gott in den Mittelpunkt, um die jahrzehntelang schwelenden ökonomischen, sozialen, tribalen und machtpolitischen Differenzen zu überwinden und einen stabilen Frieden zu begründen.

Insgesamt lässt sich die Haltung Muḥammads gegenüber Juden- und Christentum sowie Polytheismus so zusammenfassen: Gegenüber den Polytheisten hebt Muḥammad die Bedeutung von Abraham, Moses und Jesus sowie anderer Propheten und deren Lehre hervor. Mit Blick auf die Juden erwähnte er ausdrücklich die Makellosigkeit Marias und die Gesandtschaft bzw. das Prophetentum Jesu. Der Koran vertritt eine besondere Christologie: ʿĪsā/Jesus steht in einer besonderen Beziehung zu Gott, erleidet aber keinen Kreuzestod. Den Christen gegenüber betont der Koran die hohe Bedeutung alttestamentlicher Propheten, zum Beispiel Mose.

Der Grund für den späteren Streit mit den Juden in Medina lag nicht nur im Prophetentum Muḥammads oder im Glauben der betroffenen Gruppen. Eine wichtige Ursache war die äußerst komplexe arabisch-jüdisch-christliche Geschichte auf der arabischen Halbinsel, die Feindschaft aller gegeneinander – auch Juden gegen Juden, Araber gegen Araber – sowie in der Furcht aller vor ökonomischem und kulturellem Identitätsverlust. Vor allem die Juden, welche zum Teil durch wirtschaftliche Abkommen an die Mekkaner gebunden waren, stellten eine Gefährdung der Gemeinde dar. Muḥammad zwang zwei jüdische Stämme zur Auswanderung, die etwa 800 Männer eines anderen wurden auf den Auftrag eines seiner Gefährten hin getötet, die Frauen und Kinder versklavt. Das Schicksal der Juden in Medina gehört zweifellos zu den dunklen Punkten in der Geschichte des Propheten. Nach der Auseinandersetzung mit den Juden änderte Muḥammad die Gebetsrichtung von Jerusalem nach Mekka. Dort hatte nach der Überlieferung Abraham mit seinem Sohn Ismail die Kaaba erbaut. Anders als in Mekka herrschte in Medina die Tendenz zu einer fortschreitenden Islamisierung der dort lebenden tribalen Gruppen. Organisatorisch übernahmen nach Muḥammads Tod Kalifen, »Stellvertreter, Nachfolger«, im Auftrag der Gemeinde die Hauptverantwortung.

628 versuchte der Prophet, eine Pilgerreise nach Mekka zu unternehmen, wurde aber von den Mekkanern abgewiesen. Diese erklärten sich zu einer zehnjährigen Waffenruhe bereit. Dieser Vertrag mit den Mekkanern wurde jedoch nicht eingehalten.

Aufgrund der Tatsache, dass Muhammad in Medina nicht nur als Prophet, sondern auch als Staatsmann und militärischer Anführer auftrat, haben sich in der gesamten islamischen Geschichte bis in die Gegenwart unterschiedlichste politische, auch gewalttätige Gruppierungen auf sein Vorbild berufen. Die dem islamischen Propheten entgegengebrachte große Verehrung verhindert oft Kritik auch an problematischen Entscheidungen und Handlungen wie zum Beispiel die Vernichtung des jüdischen Stammes.

Die Lehre der Religionsstifter

Einleitung

Buddha, Jesus und Muḥammad stifteten Universalreligionen. Diese gehen von der grundsätzlich unheilvollen Situation *des* Menschen aus, dem sie den Weg zum Heil aufzeigen. Buddha lehrt die Befreiung aus Dukkha mit Hilfe der »vier edlen Wahrheiten« und des »edlen achtfachen Pfades«. Jesus verkündet die Teilhabe am Reich Gottes, und Muḥammad wurde von Gott mit der Huda, der »Rechtleitung«, geschickt. In der Sūra al-fātiḥa, der »Eröffnungssure«, bittet der Gläubige den barmherzigen Gott um Führung auf dem geraden Weg, »nicht den Weg derer, die dem Zorn verfallen sind und irregehen!« (1,7). Alle drei Stifter gehen davon aus, dass es eine weitere Existenz jenseits der diesseitigen Welt gibt.

Wie Juden und Christen sehen Muslime Gott als lebendigen Gott, Schöpfer von Himmel und Erde. Sie loben ihn als ihren Erhalter, preisen ihn als Herrn der Geschichte und zukünftigen Weltenrichter. Christen sind überzeugt, dass Gott die Liebe ist, Muslime sprechen von seiner *rahma*, der »Barmherzigkeit«. Buddha lehrt keinen persönlichen Gott. Jesus und Muḥammad teilen den Glauben an die Propheten, betrachten Abraham als ihren Stammvater. Ebenso verbindet sie die Überzeugung, dass das höchste Ideal die Gemeinschaft mit Gott ist bzw. die »Schau Gottes«. Buddhisten sind überzeugt, dass der historische Buddha weder der erste noch der letzte Buddha ist. Sie vergleichen seine Lehre mit der Wiederentdeckung eines zugewachsenen Pfades im Dschungel, der zu einer alten Stadt führt. Jesus verkündigte das Gottesreich, und Muḥammad, als »Siegel der Propheten«, eine monotheistische Urreligion, die bereits andere Propheten vor ihm offenbart hatten. Buddha, Jesus und Muḥammad stellten vergleichbare, wenn auch nicht identische religiöse Prinzipien auf. Die zehn Gebote und Sure 17,33–36 betonen die Einzigkeit Gottes, fordern dazu auf, Vater und Mutter zu ehren, verurteilen Mord und Ehebruch (Unzucht). Außerdem untersagt der Dekalog Diebstahl, Lüge und sich ein Bildnis von Gott zu machen, fordert die Heiligung des Sonntags, während der Koran eine Abgabe für Arme zur Pflicht macht, Geiz anprangert, die Bereicherung am Gut der Waisen und Hochmut kritisiert sowie den Kaufmann zu rechtem Maß auffordert. Dem stehen im Buddhismus die Willensbekundungen der Gläubigen gegenüber, von Mord, Diebstahl, Unzucht, Lüge und dem Genuss berauschender Getränke Abstand zu nehmen.

Eine weitere Parallele besteht in dem Misstrauen der drei Stifter gegenüber irdischem Besitz. Buddha lehrt, dass das Streben nach vorübergehenden Dingen von Unwissenheit zeugt und nicht zum Glück führt. Jesus warnt davor, dass diejenigen, die auf Erden zu großen Besitz anhäufen, schwer ins Himmelreich gelangen. Der Koran stellt den Glauben an Gott vor die Anhäufung irdischen Reichtums, fordert die Begüterten auf, ihren Besitz mit den Bedürftigen zu teilen.

Deutliche Unterschiede bestehen zwischen der buddhistischen Vorstellung vom Kreislauf der Wiedergeburt und dem linearen Zeit- und Geschichtsverständnis von Christentum und Islam. Während diese an einen Tag des Gerichts glauben, sind Buddhisten überzeugt, dass sie aufgrund des Karmagesetzes von Tat und Tatvergeltung selber ihre zukünftige Existenz bestimmen.

Buddha war aufgrund seiner adligen Herkunft zwar mit Herrschaftsfragen vertraut und hätte ein politisches Amt bekleidet, wenn er nicht infolge seiner Erwachung zum Buddha geworden wäre. Als Jude in einem von den Römern besetzen und verwalteten Land besaß Jesus nicht die Möglichkeit, auf die herrschende Macht einzuwirken. Seine Anspielungen auf das politische Geschehen sind daher eher zurückhaltend, gleichwohl erkennbar. Die römische Obrigkeit nahm ihn als Aufrührer wahr. Von den drei Religionsstiftern besaß nur Muḥammad ein Mitspracherecht in Fragen von Staat und Herrschaft, konnte direkten Einfluss auf die Politik nehmen. Muḥammad verstand sich im Anschluss an die Hidschra nicht nur als Führer einer religiösen Gemeinde, sondern auch als Oberhaupt eines politischen Gemeinwesens. Später entwickelten die Muslime konkrete Vorstellungen über die ideale Herrschaftsform in der Nachfolge Muḥammads. Auch Buddhisten und Christen entwarfen im Lauf der Geschichte Modelle ihres Verhältnisses zur staatlichen Autorität und versuchten, auf diese Einfluss zu nehmen.

Alle drei Stifter kritisieren die bestehende Gesellschaftsordnung und erheben moralische Forderungen. In allen drei Religionen gewann eine Theologie an Bedeutung, die sich an den jeweiligen Stiftern orientierte. Man erblickte in ihrem Leben Orientierungen und Direktiven zu freiverantwortlichem Handeln und zur Parteinahme für Unterdrückte.

Die Lehre Buddhas

Die vier edlen Wahrheiten und der achtfache Pfad

Im Zentrum von Buddhas Lehre steht die Befreiung aller Lebewesen aus einer »generellen und existentiellen Unheilssituation«, *dukkha*. Dieser Begriff wird allgemein mit »Leiden« übersetzt, bedeutet aber weit mehr. Die erste Wahrheit setzt mit der Analyse beim Menschen an, nennt leidvolle Erfahrungen wie Geburt, Alter, Krankheit, Tod. Unsere Individualität ist zusammengesetzt, besteht aus fünf *skandas*, »Gruppen«: Körperlichkeit, Empfindungen, Wahrnehmungen, Triebkräfte, Bewusstsein. Mit diesen Gruppen

»ergreift« jeder Mensch die ihn umgebende Welt. Gruppen heißen sie, weil sie in Einzelelemente zerfallen, etwa freudige, leidvolle oder neutrale Gefühle. *Dukkha* sind die Gruppen, weil sie »drei Merkmale« besitzen: Sie sind leidvoll, vergänglich, nicht das Selbst. *Dukkha* ist mehr als nur körperliches bzw. seelisches Unwohlsein und Leiden; denn »was auch immer empfunden wird, das gehört zu Dukkha«.[1] Freudige Gefühle sind *dukkha,* weil sie bereits den Keim des nachfolgenden Leidens in sich tragen. *Dukkha* geht nicht in normalen sinnlichen Erfahrungen auf: »Das Leiden nicht erkennen [...] wird Nichtwissen genannt.«[2] *Dukkha* ist ein religiöser Begriff, der seinen Ausgang beim körperlich-seelischen Unwohlsein nimmt, darin aber nicht aufgeht. Er steht für die allgemeine menschliche Unheilssituation, sich weiter verkörpern zu müssen. So wie es vor dieser Welt bereits andere Welten gab und nach dieser geben wird, so ist es für einen Buddhisten eine völlig normale, wenngleich fürchterliche Erfahrung, dass er zahllose Male wiedergeboren wird. Dass ein Mensch überhaupt als Mensch wiedergeboren wurde, ist ein außerordentlicher Glücksfall: Nur Menschen besitzen die Möglichkeit, dem ewigen Kreislauf zu entrinnen.

Die zweite Wahrheit nennt die Ursachen, die das Rad der Wiedergeburt in Bewegung halten, nämlich *taṇhā,* »Gier« bzw. »Durst«, – und zwar Durst nach Lust, Werden und Entwerden, womit die Todessehnsucht gemeint ist. Hinzu kommen weitere Ursachen: Hass und Illusion, das heißt die fälschliche Vorstellung, ein ewiges Selbst, eine Art Seele zu besitzen. *Taṇhā* steht für die menschliche Begehrlichkeit, *kāma* (»Sexualität«) auch für das Streben nach Leistung, Einfluss und Macht.

Die dritte edle Wahrheit beschreibt das Heilsziel Nirvāna: die Aufhebung der Gier, das Ende von *dukkha.*

Die vierte edle Wahrheit zeigt den Weg, der aus *dukkha* herausführt, den »edlen achtteiligen Pfad«: rechte Ansicht, rechtes Denken, rechtes Reden, rechtes Handeln, rechtes Leben, rechtes Streben, rechte Wachsamkeit und rechtes Sich versenken.

Aus *dukkha* können weder Götter, Gott noch Buddha befreien. Dieser ist kein Erlöser, sondern verstand sich als »Wegweiser«, der einen Pfad zeigt, den der Mensch selbst gehen muss. Buddhisten sollen und können viel für ihr Heil tun. Doch erfahren sie die Frucht ihrer Bemühungen letztlich als Geschenk.

Der »edle achtteilige Pfad« gliedert sich letztlich in drei Stufen: Die *sila*-Gebote enthalten ethisch-asketische Zucht, darauf folgen Versenkung und Erkenntnis.

Nirvāna ist das Ziel des buddhistischen Strebens. Damit mag das Auslöschen einer Kerze gemeint sein, deren Licht das Unheil und deren Brennstoff *taṇhā*, den Daseinsdurst, symbolisiert. Sobald die Leidenschaften erkalten, verlöscht die Flamme. Doch wird das Feuer nicht einfach zu einem Nichts, sondern geht in einen anderen Daseinszustand über. Nirvāna ist kein ontologisches Nichts, im Gegenteil: Nirvāna ist das *summum positivum,* Inbegriff des Erstrebenswerten. Was es ist, beschreiben Buddhisten symbolisch: Nirgendwo lokalisierbar, befindet sich Nirvāna dort, wo immer es Menschen geschenkt wird. Was immer es ist, macht es die Erwachten glücklich. Man hat Nirvāna auch negativ umschrieben und gesagt, was es *nicht* ist. Paradoxale Formulierungen wollen deutlich machen, dass es mit weltlicher Logik nicht zu erfassen ist. Soviel lässt sich sagen: Nirvāna ist das Ende von *dukkha.*

Einstellung zu Politik und Staat

Die Tradition beschreibt Buddha als Asketen, dessen Hauptanliegen darin liegt, Menschen einen Weg zu zeigen, wie sie sich aus dem Kreislauf der Wiedergeburten befreien können. Mit politischen Interessen scheint dies nur schwer vereinbar zu sein. Ursprünglich war der in einer Adelsfamilie geborene Siddhārta Gautama für ein politisches Amt vorgesehen. Doch er entschied sich für einen anderen Weg, ließ sich nicht durch das Angebot der Würde eines »Weltenherrschers« vom Teufel abhalten, in das Nirvāna einzugehen. Die Struktur und Organisation seines Mönchsordens weist politisch-administratives Geschick auf. Buddha proklamierte die Gleichheit aller Menschen, außerdem erstrebte er eine solidarische »Gemeinschaft«, in der alle Mitglieder in Einigkeit ihre Entscheidung treffen und Pflichten erfüllen. Das unreflektierte Unterwerfen unter Lehrmeinungen verwarf er. Buddha zeigte einen Sinn für politische Realitäten, wenn Menschen mit gehobener gesellschaftlicher Stellung, wie zum Beispiel die Könige von Kosala, bei ihm Rat suchten.[3] Er ermahnte Herrschende, Frieden zu halten, Gesetze zu achten, die Unverletzlichkeit des Einzelnen zu wahren. Der Pali-Kanon beschreibt einen idealen, gerechten Herrscher, der, von religiösen Ratgebern unterstützt, Buddhas Lehre politisch verwirklicht. Staatliches Wohlergehen soll durch das Abhalten von Versammlungen in friedlicher Atmosphäre und Beschlüsse auf der Basis bewährter Gesetze realisiert werden. So wie der Buddha zum Wohle aller Wesen das »Rad der Lehre« in Bewegung setzte, ist es Aufgabe eines Regierungsoberhauptes, Voraussetzungen dafür zu schaffen, dass die Moral gefördert wird und sich die Spiritualität der Untertanen entfalten kann. Ein herausragendes Beispiel für die Verbindung von buddhistischer Lehre und Politik sind König Ashoka (etwa 247–233) und seine berühmten Felsenedikte.[4]

Einstellung zur Wirtschaft

Buddha beschreibt in seinem Gespräch mit dem Mönch Singalaka das Verhältnis zwischen »Herren« und »Knechten«, um darzulegen, dass sie eine auf Gegenseitigkeit beruhende Partnerschaft entwickeln sollen. Der Knecht gehört zum Haus, hat vorgeschriebene Arbeiten zu verrichten, darf aber nicht überfordert werden. Der Herr soll ihn rechtmäßig entlohnen, und der Knecht hat Anspruch auf Fürsorge im Krankheitsfall. Es geht nicht nur um ein auf Produktivität ausgerichtetes Arbeits-, sondern um ein von *ṛta*, »Gerechtigkeit«, *satya*, »Wahrheit« bzw. Dhamma (»Weisung, Disziplin, Wahrheit«) geprägtes Beziehungsverhältnis. Sich *ṛta*- oder *dhamma*-gemäß zu verhalten bedeutet, moralisch einwandfrei im Einklang mit dem Edlen Achtfachen Pfad zu leben. Die kleinste wirtschaftliche Einheit im frühen Buddhismus war die Großfamilie. Dem Vorstand eines Hauses wird geraten, seinen Reichtum auf ehrliche Weise zu erwerben und davon auch den Bedürftigen abzugeben. Auch der gerechte Herrscher ist zum Almosengeben verpflichtet.

Einstellung zu Frieden und Gewalt

Buddha lehrte und lebte Güte und Feindesliebe. Glück und Frieden für jeden: Das ist der Inhalt seiner in der buddhistischen Welt verbreiteten Mettā-Übung der »Güte« und »Freundlichkeit«. Der Wunsch nach Glück und Frieden beginnt bei der eigenen Person, die ihn schrittweise auf Verwandte, Freunde, Fernerstehende, sogar Feinde ausdehnt. Zwietracht und Blutvergießen resultieren aus den drei Grundübeln Gier, Hass und Verblendung.[5] Wie alle anderen Formen aggressiven Verhaltens wird Krieg nach Ansicht Buddhas durch unheilsame Bewusstseinshaltungen verursacht. Diese manifestieren sich in Gedanken, Worten und Taten einzelner Menschen und eskalieren in der Gesellschaft. Einmal in Gang gesetzte militärische Maßnahmen entfalten eine Eigendynamik, die alle zu Opfern macht. Nach der Karma-Lehre ist ein erlittener Angriff das Ergebnis eigenen Fehlverhaltens in der Vergangenheit. Andererseits wird der Angreifer später selber Opfer militärischer Gewalt. Wer Frieden im Sinne Buddhas verwirklichen will, muss nach dem *ahimsa*-Gebot leben: kein Leben zu verletzen bzw. zu zerstören. Die traditionellen Ordensregeln des Vinaya-Piṭaka sind in ihrer Ablehnung von Gewalt eindeutig. In den Anweisungen über den »endgültigen Ausschluss« der Mönche aus dem Orden heißt es: »Welcher Mönch auch absichtlich ein Menschenwesen des Lebens beraubt oder einen gedungenen Mörder dafür aussucht oder den Tod verherrlicht oder (jemanden) zum Sterben aufstachelt [...] er ist ausgestoßen«.[6] Nach mahayanistischen Vorstellungen ist sogar das Töten von Lebewesen allgemein ein schweres Vergehen. Buddha ermahnte auch seine Laienanhänger, sich nicht auf Geschäfte mit Waffen, Fleisch, Betäubungsmitteln und Giften einzulassen, d.h. als Jäger, Tierfänger und Fischer zu arbeiten.[7]

Die Lehre Jesu

Reich Gottes und neue Ethik

Nicht Ritus und Tempel bildeten für Jesus den Mittelpunkt, sondern die Ethik der Gottes- und Nächstenliebe. Radikal reduzierte er die Fülle der Einzelbestimmungen auf das eine, das nottut: Gott und den Nächsten zu lieben. Jesus verkündete die Botschaft vom Reich des nahen Vater-Gottes, wirkte als Exorzist und heilte Kranke meist durch sein Wort. Als charismatischer Prediger hinterließ er bei vielen Zeitgenossen einen starken Eindruck. Der Begriff ›Reich Gottes‹[8] gehört zu den umstrittensten Begriffen des Neuen Testaments. Steht er für eine dynamische Herrschaft Gottes oder bezieht er sich auf einen räumlichen bzw. zeitlichen Bereich? Falls man ihn zeitlich versteht, ist er dann auf die Gegenwart oder Zukunft bezogen? Hat der Mensch Anteil an der Realisierung dieses Reiches, oder ist es ausschließlich Gottes Werk? Allgemein üblich ist die präsentisch-dynamische Interpretation im Sinne einer ›schon jetzt‹ existierenden göttlichen Königsherrschaft.[9] Viele Menschen wünschten sich das Reich Gottes sehnsüchtig herbei. Nationalistische Gruppen verknüpften den Gedanken des Gottesreiches mit der Hoffnung auf die Abschüttelung der römischen Fremdherrschaft. Ein Messias-König werde kommen und die Feinde zerschmettern. Wie das im Einzelnen geschehen mochte, darüber waren die Gruppen uneins. Auch Jesus erwartete das Gottesreich. Mit diesem Gedanken steht er weniger in der apokalyptischen Tradition, die den Termin berechnete und das katastrophale Ereignis konkret ausmalte, als vielmehr in der Linie der Propheten, die das dynamische Element des machtvollen Kommen Gottes unterstreichen. Alles kommt bei Jesus auf die »Umkehr« an, die radikale Gesinnungsänderung. Das Gottesreich war für Jesus nicht von der Beseitigung des Römer-Jochs abhängig. Schon jetzt nämlich bricht das Gottesreich an, nicht erst in Zukunft. Wenn Jesus vom Reich erzählte, verwendete er Bilder, benutzte Vergleiche, Metaphern und Bildworte, sprach in Gleichnissen, Parabeln, Beispielerzählungen und Allegorien. Wie ein Dieb in der Nacht, so kann auch Gottes Reich jeden Augenblick kommen. Auch charakterisiert Jesus das Reich als einen räumlichen Bereich, in den man hineingelangt und wo man mit anderen gemeinschaftlich-heilvoll beisammen ist.

Typisch für Jesu Redeweise sind *Gleichnisse*, die zum »Urgestein der Überlieferung« gehören.[10] Sie stellten aber nicht etwas ganz Neues dar, sondern fügen Jesus als »jüdischen Gleichnisdichter«[11] in das Judentum ein, können aber auch vom Rahmen hellenistisch-römischer Rhetorik her gedeutet werden. Die auf den evangelischen Bibelwissenschaftler und Kirchenhistoriker Adolf Jülicher (1857–1938) zurückgehende Bestimmung von Form bzw. Gattung der Gleichnisse führte zu der Einteilung in Gleichnis im engeren Sinn, Parabel und Beispielerzählung. Neuere Forschungen haben zu Differenzierungen geführt.

Im Kontext des Reich-Gottes-Gedankens ist auch die neue *Ethik* Jesu zu beurteilen, der oberflächlichen Gehorsam anprangert und mit religiösen Ritualgesetzen recht frei umgeht. Die in Mt 5–7 überlieferte »Bergpredigt« preist die Werte der Armen, Leidtragenden, Hungernden, Barmherzigen, die Menschen mit reinem Herzen und die Friedlichen. Entscheidend ist in Jesu Ethik die wahre Gesinnung hinter dem bloß äußerlich korrekten Handeln. Viele Worte Jesu aus der Bergpredigt haben nach den Erkenntnissen heutiger Exegeten vertrauenswürdig seine Verkündigung bewahrt. In Gleichnissen verkündete er die Liebe Gottes, die er selbst verwirklichte, indem er »Zöllner und Sünder« mit einbezog. In Palästina wurden zurzeit Jesu die Markt- und Grenzzölle eines Bezirks wahrscheinlich an den Meistbietenden verpachtet. Dieser stellte seinerseits Unterpächter an, die einen Teil der Einnahme ablieferten, mit dem Zoll jedoch ihre eigenen Taschen füllten. Diese Zöllner waren Juden, doch waren sie wegen ihrer Unehrlichkeit und Bindung an die volksfremde römische Besatzungsmacht sehr verhasst. Man rechnete sie nicht zur jüdischen Gemeinde und vermied nach Möglichkeit jeglichen Kontakt mit ihnen. Unter den »Sündern« verstand man vom jüdischen Milieu her diejenigen, die den »Gerechten« gegenüberstehen, sich nicht ernsthaft um den Gehorsam gegenüber der Tora kümmerten.

Weil Jesus größeren Wert auf die innere Einstellung als auf die strikte Beachtung der jüdischen Gebote und Rituale legte, stieß er auf die Gegnerschaft von Pharisäern und Schriftgelehrten, die ihm vorwarfen, die Autorität der Tora zu untergraben. Besonders kümmert sich Jesus um die Marginalisierten, um Arme, Verachtete, Kranke und Prostituierte. Man sieht, wie er gelegentlich mit »Sündern« gemeinsam an einem Tisch sitzt. Sein offener Umgang mit Prostituierten, Witwen und menstruierenden Frauen führt dazu, dass ihn die Pharisäer ablehnen.

Das zentrale Gebet, das Jesus seine Jünger lehrte, ist das »Gebet des Herrn«, das *Vaterunser*. Bis 1967 wurde es von evangelischen und katholischen Christen unterschiedlich gesprochen. Seither fügen katholische Christen den feierlichen Lobpreis Gottes: »denn dein ist das Reich ...«, dem Vaterunser an. Im Neuen Testament befindet sich das Gebet an zwei Stellen: in der kürzeren Form bei Lukas (11,2–4), in der längeren, die sich bereits in frühchristlicher Zeit in der kirchlichen Gebetspraxis durchgesetzt hat, bei Matthäus (6,9–13).

Mehrere jüdische Gebete aus der Zeit Jesu klingen wie das Vaterunser. So legen einzelne Passagen des Kaddisch- und Achtzehngebets den Eindruck nahe, dass Jesus bei der Zusammenstellung des Vaterunsers aus der jüdischen Gebetstradition geschöpft hat.

Im *Gottesbild* Jesu steht der »himmlischen Vater« im Mittelpunkt. Ganz nahe ist dieser mächtig-heilige Gott den Menschen gekommen. Der »liebe Vater«, der die Sünder sucht: Von diesem Gott spricht Jesus immer und immer wieder in seinen Gleichnissen. Er ist wie jemand, der einem verlorenen Schaf nachläuft und die übrige Herde allein lässt. Gottes Willen erfüllt man, indem man sich den Armen, Zu-Kurz-Gekommenen und Verachteten so zuwendet, wie Gott selbst dies tun würde. So wie Gott alle Menschen liebt, so soll der Mensch auch seine Mitmenschen lieben – auch die Feinde.

Einstellung zu Staat und Politik

Jesus strebte selber keine politische Macht an und besaß ein gespaltenes Verhältnis zu Herrschaft und Staat. Er billigte die Steuer (Röm 13,6 f.), relativierte aber die staatliche Autorität durch die göttliche (Mk 12,13–17). Durch die Abwägung zwischen dem, was dem Kaiser und was Gott zukommt, befürwortet er einerseits die Steuerzahlung an Rom, um die unterworfenen Juden vor Vergeltungsmaßnahmen zu schützen. Anderseits weist er darauf hin, dass es eine andere, höhere Macht als Rom gibt. Auch durch sein Engagement für die von anderen gemiedenen Randgruppen bezog er politisch Stellung. Für die römischen Besatzer war Jesus ein politischer Aufrührer, der mit seinen Anhängern politisch auffällig und in Konflikt mit den politischen Machthabern in Jerusalem geraten war. Die Kreuzestafel »König der Juden« lässt auf einen politischen Grund für die Hinrichtung schließen; denn man warf ihm das Schwerverbrechen vor, einen Aufstand gegen die römische Besatzungsmacht geplant zu haben.[12] Viele erhofften sich damals die baldige Durchsetzung der Gottesherrschaft auf Erden. Jesus predigte, dass dieses Gottesreich bereits begonnen habe, was durchaus als Bezug zur römischen Oberherrschaft und sozialen Ungerechtigkeit gedeutet werden konnte. Zwar äußerte sich Jesus stets politisch vorsichtig, doch scheint er Herodes Antipas, Tetrarch von Galiläa und Peräa, kritisch gesehen zu haben. Auch nach der Hinrichtung Johannes des Täufers hält Jesus an der prophetischen Legitimierung dieses Aufrührers fest. Außerdem vergleicht Jesus Antipas und Johannes, spricht von einem schwankenden Schilfrohr und von in Königpalästen lebenden Menschen in weichen Kleidern. Damit meint er Antipas, der in seinem Palast in Tiberias einen feinen Lebensstil pflegte und das Schilfrohr als Münzsymbol verwendete[13]

Einstellung zur Wirtschaft

Die Bibeltexte geben keine unmittelbaren Antworten auf die komplexen (sozial-)ökonomischen Probleme im Rahmen der heutigen Wirtschaft. Angesichts der biblischen Botschaft von der Heilszu-

sage Gottes an die Menschen haben alle ökonomischen Kategorien im menschlichen Leben nur relative Bedeutung. Jesus stammte
aus einer Handwerkerfamilie und war vermutlich Bauhandwerker. Seine Jünger übten ebenfalls ein Handwerk aus, bevor sie ihm
nachfolgten. Jesu Gleichnisse beziehen sich oft auf die zeitgenössische Arbeitswelt: Hirte, Bauer, Knecht, Winzer, Zöllner, Fischer,
Geldwechsler etc. Die folgende Aussage Jesu schätzt nicht etwa
die Arbeit gering ein, sondern warnt angesichts der erwarteten
Ankunft des Gottesreiches vor maßlosem, übertriebenem Arbeits-
einsatz: »Sorgt euch nicht um euer Leben und darum, dass ihr etwas zu essen habt, noch um euren Leib und darum, dass ihr etwas
anzuziehen habt. [...] Sehet die Vögel des Himmels an: Sie säen
nicht, sie ernten nicht und sammeln keine Vorräte in Scheunen:
Euer himmlischer Vater ernährt sie. Seid ihr nicht viel mehr als
sie?« (Mt 6,25 f.). Die urchristliche Gütergemeinschaft in Jerusalem,
in Erwartung der nahen Gottesherrschaft etabliert, gilt später nur
noch als Beispiel für freiwillige Zusammenschlüsse, zum Beispiel
Orden. Vom biblischen Zinsverbot, das die Kirchenväter noch her-
vorhoben und Thomas von Aquin modifizierte, sind Einsprüche gegen Wucherzinsen übriggeblieben.

Einstellung zu Krieg und Frieden

Jesus verkündete das Reich Gottes als Friedensreich mit der Aufforderung zur Umkehr als Voraussetzung für Vergebung und Heil.
Christliche Friedensethik ist auf das durch den Kreuzestod Christi
verwirklichte ewige Heil ausgerichtet. Jesu Liebe zu den Marginalisierten gilt als Vorbild für Friedfertigkeit und als Gebot der
Nächstenliebe: »Du sollst den Herrn deinen Gott lieben, von ganzem Herzen, von ganzer Seele und von ganzem Gemüt und deinen
Nächsten wie dich selbst« (Mt 22,37 ff.; Lk 10,27). Neben den Wei-
sungen Jesu zu Gewaltverzicht und Feindesliebe in der Bergpredigt
(Mt 5,38 ff.) kennt die christliche Ethik auch die Aufforderung zur
grundsätzlichen Anerkennung der politischen Gewalt (Rö 13,1 ff.).
Aus dieser Anerkennung ergibt sich das bis in die Gegenwart bestehende zwiespältige Verhältnis des Christentums zum Kriegsdienst.

Die Lehre Muḥammads

Der eine und einzige barmherzige Gott

»Die Gläubigen sind nur diejenigen, die an Gott und seinen Gesandten glauben und hierüber keinen Zweifel hegen« (49,15). »Der Gesandte glaubt an das, was ihm von seinem Herrn herab gesandt wurde, ebenso die Gläubigen, sie alle glauben an Gott und an seine Engel und an seine Bücher und an seine Gesandte. Wir machen keinen Unterschied zwischen ihnen« (2,284).

Im Mittelpunkt der islamischen Gotteserfahrung steht der Glaube an den einen und einzigen Gott, der täglich in der Schahāda, dem »Zeugnis«, öffentlich bekannt wird: »Ich bezeuge, dass es keine Gottheit außer Gott gibt, und ich bezeuge, dass Muḥammad der Gesandte Gottes ist.« Der Islam verleiht der Einzigartigkeit Gottes ein solches Gewicht, dass er alles ablehnt, was nur entfernt diesen Gedanken verfälscht: »Sag: Er ist Gott, ein Einziger, Gott, durch und durch. Er hat weder gezeugt, noch ist er gezeugt worden. Und keiner ist ihm ebenbürtig« (112,1–4). Die schwerste Sünde ist Schirk, die darin besteht, Gott andere Wesen »beizugesellen« und damit Tauhid, seine »Einheit und Einzigkeit«, zu beeinträchtigen.

Gott hat die Welt geschaffen, führt sie einem Ziel zu, handelt in und an ihr. Der Mensch kann mit ihm in einen Dialog treten. Der Gott des Korans meint es gut mit seinen Geschöpfen. Mehr als 700 Mal erwähnt der Koran Gottes *raḥma*, »Barmherzigkeit«, und die Muslime erfahren Gott als »barmherzigen Erbarmer«. Gottes weibliche *raḥma* ist sein großzügiges Angebot an die von ihm geschaffenen und umsorgten Menschen. Wichtige Hinweise auf die Barmherzigkeit sind die Schöpfung und die wohltätige Ordnung der Natur, sodann die vielerlei »Zeichen«, die von verständigen Menschen in ihrer symbolischen Beziehung zu Gott entschlüsselt werden. Die Sendung der Propheten und Gesandten versteht der Islam als weiteren Erweis der grundlosen Barmherzigkeit Gottes. Das größte Ereignis des göttlichen Angebotes an die Menschen aber ist der Koran – kein Gesetzbuch, sondern »in gewisser Weise ein gewaltiger Hymnus zu Ehren der göttlichen Schöpfung«.[14]

Ebenso wichtig ist Gottes Gerechtigkeit, die mit Gnade und Erbarmen verbunden ist. Gott ist der Transzendente und Erhabene, den das menschliche Auge nicht erblicken kann (6,103). Er ist der »Erhabene und Gewaltige« (2,255). Gott wird als der Fürsorgende (16,80 f.) und ganz nahe gesehen, der dem Menschen »näher ist als seine eigene Halsschlagader« (50,16). Der Koran spricht von den schönsten Namen Gottes (7,180; 59,24), die von der Tradition auf die Zahl 99 festgelegt wurden. Dabei werden, abgesehen von seiner Einheit und Transzendenz, vor allem sein schöpferisches Wirken, seine Barmherzigkeit, seine Rolle als Friedensstifter, seine Vorhersehung und seine Aufgabe als Richter des Jüngsten Tages beschrieben.

Der Glaube an die Engel. Neben den namentlich erwähnten Engeln Dschibrīl (Gabriel), der Muḥammad den Koran überbrachte, Mikail, Harut und Marut kennt der Koran zwei Gruppen von Engeln, nämlich die »Wächter der Hölle« (74,31) und die »Nahegebrachten« (4,172). Die Engel loben und preisen Gott, bewachen und schützen die Menschen in seinem Auftrag, verzeichnen ihre Taten, nehmen die Seelen der Toten in Empfang. Iblīs, der in Korankommentaren ursprünglich als Engel gilt, wurde aus dem Paradies vertrieben, weil er sich weigerte, vor dem Menschen niederzufallen. Der Mensch steht über den Engeln, weil er im Gegensatz zu ihnen zwischen Gut und Böse wählen kann.

Der Glaube an Gottes Bücher. Gottes Bücher umfassen im Wesentlichen Psalter, Tora, das als ein Buch aufgefasste Evangelium und den Koran: »Ich glaube an all das, was Gott an Schriften herabgesandt hat. Und mir ist befohlen worden, ich soll mit Gerechtigkeit unter euch richten« (42,15).

Der Glaube an Gottes Gesandte. Der Koran erwähnt (3,33; 4,163 ff.; 6,83 ff.) vorislamische Gesandte, die verschiedenen Völkern eine Schrift zur Rechtleitung brachten, zum Beispiel Mūsā (Mose) und ʿĪsā (Jesus). Da die Menschen nicht auf die göttliche Botschaft hören wollten, wurden neue Gesandte geschickt, um die Menschen zu warnen und auf den rechten Pfad zu führen. Muḥammad ist für den Islam der letzte Gesandte. Der Koran erwähnt frühere Propheten wie zum Beispiel Abraham, dem im Islam eine besondere Bedeutung zukommt. Muḥammad ging von der Verwandtschaft der drei »Abrahamsreligionen« Judentum, Christentum und Islam aus und stellte sich in die Reihe der früheren Propheten: Ādam, der Erwählte Gottes; Nuh (Noah), der Prophet Gottes; Ibrāhīm (Abraham), der Freund Gottes; Mūsā, das Wort Gottes und ʿĪsā, der Geist Gottes. Muḥammad selbst verstand sich als »Siegel«, d. h. als Abschluss der Propheten. Alle Gesandte gelten auch als Propheten, jedoch nicht umgekehrt, da Gesandte nur solche Propheten sind, die eine heilige Schrift überbrachten. Abraham wird im Koran als der erste Muslim gesehen, als »Anhänger des reinen Glaubens« (2,135), er gilt als »Vorbild für die Menschen« (2,124) und »Anvertrauter« Gottes. Der Koran bringt Abraham in Verbindung mit Bau (2,127) und Reinigung der Kaaba von Götzen (22,26). Außerdem gilt Abraham als Begründer der Wallfahrt (3,97).

ʿĪsā/Jesus im Islam. Jesus heißt im Koran ʿĪsā (25-mal), ein in der islamischen Welt nicht ungeläufiger männlicher Vorname. 15 Suren erwähnen ihn in über 100 Versen. Sechs gehören zu den mittelmekkanischen Suren, neun zu den späteren medinensischen. Jesus wird entweder sporadisch erwähnt oder in zusammenhängenden Erzählungen. Im Allgemeinen ist der ʿĪsā-Stoff in einen Rahmen von Prophetenerzählungen eingefügt (19,1–41). ʿĪsā trägt zahlreiche Hoheitstitel: āya (»Zeichen« Gottes), ʿabd (»Diener« Gottes), nabī (»Prophet«), rasūl (»Gesandter«), al-Masīḥ (»Messias«), kalima (»Wort Gottes«), rūḥ (»Geist Gottes«), »Erkennungszeichen« (des Gerichts) und Bringer der Schrift, des indschīl (»Evangelium«). Alle Begriffe verraten eine große Nähe zu christlichen Auffassungen, markieren aber zugleich auch Unterschiede. Christen reichen die Titel »Prophet«, »Gesandter« und »Diener« für den »Sohn Gottes« Jesus Christus nicht aus. Mit dem Begriff ʿabd, »Diener«, greift der Koran eine sehr alte christliche Bekenntnisformel auf. ʿAbd hängt mit dem hebräischen Ebed [JHWH] zusammen. Alttestamentliche Exegeten fassen eine Reihe von Liedern, die in das Jesajabuch eingestreut sind, unter dem Oberbegriff »Gottesknechtslieder« (Jes 42,1–4; Jes 49,1–6; Jes 50,4–11; Jes 52,13–53,12) zusammen, wobei das vierte Lied den leidenden Gottesknecht thematisiert. In der Apostelgeschichte (3,13) legt Lukas dem Petrus die Formulierung »Knecht Jesu« in den Mund, um dessen Schicksal als leidender Gottesknecht« zu deuten. Die Formulierung »Gottesknecht« für ʿĪsā rezipiert einen christologischen Würdetitel, ohne den darin enthaltenen Gedanken des auf Deuterojesaja zurückgehenden stellvertretenden Sühneopfers zu übernehmen. Die aus judenchristlichem Milieu stammende Knecht-Gottes-Christologie der Apostelgeschichte stellt uns vor ein Paradox, das der jüdische Religionswissenschaftler Hans-Joachim Schoeps (1909–1980) so beschrieb: »Und somit ergibt sich als Paradox wahrhaft weltgeschichtlichen Ausmaßes die Tatsache, dass das Judenchristentum zwar in der christlichen Kirche untergegangen ist, aber im Islam sich konserviert hat und in einigen seiner treibenden Impulse bis in unsere Tage hineinreicht«.[15] Auch wenn sich die Anwesenheit judenchristlicher Gemeinden auf der arabischen Halbinsel kurz vor der Entstehung des Korans nicht unmittelbar belegen lässt, legt die Ähnlichkeit mancher Koranaussagen über den Propheten ʿĪsā und über die »Nazoräer« eine Nähe zu judenchristlichen Auffassungen nahe.

Gott hat ʿĪsā eine Schrift (Buch, Lehre) gegeben. ʿĪsā segnet, betet, gibt Zakāt, die »Reinigungsabgabe« und spätere Steuer, ehrt seine Mutter, ist friedlich eingestellt, und sein ganzes Leben steht unter dem Heil Gottes (19,33).

Der Koran nennt ʿĪsā »Sohn der Maria« (19,34): »Solcher Art ist Jesus, der Sohn der Maria – um die Wahrheit zu sagen über die sie im Zweifel sind. Es steht Gott nicht an, sich irgendein Kind [*waladun*] zuzulegen. Gepriesen sei er! Wenn er eine Sache beschlossen hat, sagt er zu ihr nur: sei! dann ist sie« (19,34 f.). Der Koran verwendet den Begriff *waladun* im Sinne eines biologischen männlichen oder weiblichen »Kindes«. Die Spitze in diesem Text richtet sich gegen die polytheistischen Araber, nicht gegen die Christen, die ʿĪsā nicht *walad,* sondern *ibn* nennen. ʿĪsā ist nicht »Sohn Gottes«, weil dies gegen den Monotheismus verstößt. Er wird als Zeuge gegen die Christen angerufen: Statt in seiner Botschaft den bereits von anderen Propheten vor ihm verkündeten Monotheismus hervorzuheben, haben die Christen ʿĪsā vergöttlicht und in ihrer Trinitätslehre zu Einem von Dreien gemacht: »O ihr Leute des Buches, übertreibt nicht in eurer Religion und sagt über Gott nur die Wahrheit. Christus Jesus, der Sohn Marias, ist doch nur der Gesandte Gottes und sein Wort, das er zu Maria hinüberbrachte, und der Geist von ihm. So glaubt an Gott und seine Gesandten. Und sagt nicht: Drei. [...] Gott ist doch nur ein einziger Gott« (4,171). ʿĪsā ist gestorben und wurde zu Gott erhöht (3,55), gekreuzigt worden ist er jedoch nicht (4,157 ff.). Wie die anderen Propheten und Gesandten vor ihm hat ʿĪsā den Auftrag, den Dienst der Menschen gegenüber dem einen und einzigen Gott zu verkünden: »Gott ist mein Herr und euer Herr; dient ihm also! Das ist ein gerader Weg!« (19,36; 43, 64 u. ö.). ʿĪsā werden außerordentliche Beschaffenheiten zugesprochen, die in ihrer Gesamtheit im Koran sonst keinem anderen Menschen zugeschrieben werden, nicht einmal Muḥammad. Wie Adam (3,59), so entstand er ohne menschlichen Vater – einfach auf Befehl Gottes. ʿĪsās Mutter Maria wird wegen ihrer »Reinheit« über »die Frauen in aller Welt« gehoben (3,42). Von ʿĪsā werden nicht nur außergewöhnliche *āyāt* (»Zeichen«) – Wundertaten, Heilungen, Totenerweckungen – berichtet. Er selbst gilt als »Zeichen Gottes«, mit dem Gott die Menschen auf sich hinweisen und ihnen mitteilen will, dass er vorhat, ihnen mit Barmherzigkeit zu begegnen. Dieser Zeichencharakter unterscheidet ʿĪsā von allen anderen Propheten, Muḥammad eingeschlossen. Zu den Quellen des koranischen Jesusbildes zählt auch das auf Syrisch verfasste »arabische Kindheitsevangelium« (6. Jh.). Es schildert Jesu Geburt und seine Wunder als Knabe. Zentrales Thema ist der Aufenthalt Jesu und seiner Eltern in Ägypten. Dabei zeigen sich Parallelen zum Protoevangelium des Jakobus, das vermutlich die Grundlage darstellte. Motive wie die jungfräuliche Empfängnis und Geburt stammen wohl ursprünglich aus dem Kindheitsevangelium nach Thomas. Auch sie mochten Muḥammad bekannt sein. Das von vielen Muslimen für das »wahre Evangelium von Jesus« gehaltene Barnabasevangelium – eine Vita Jesu in 222 Kapiteln von seiner Geburt bis zur Kreuzigung –, von dem zwei Fassungen existieren, aber bislang noch kein Original gefunden wurde, stammt von Morisken, zwangsgetauften ehemaligen spanischen Muslimen, und gehört wohl in den Zeitraum vom 14. bis 16. Jahrhundert. Die Zielsetzung des Textes besteht darin, dass Jesus einen Nachfolger ankündigt, nämlich Muḥammad, und Jesus daher ein Vorläufer des Islam sei. »Damit wäre dieser Text so etwas wie ein literarischer Racheakt eines zwangskonvertierten Muslims am Christentum [...] Die muslimische Präsenz in Spanien ist somit als Vollendung der christlichen zu interpretieren«.[16]

Der Glaube an den Jüngsten Tag. Der Glaube an Auferstehung der Toten und Gericht gehört zu den zentralen islamischen Glaubensauffassungen: »Du wirst kein Volk finden, das an Gott und an den Jüngsten Tag glaubt und dabei diejenigen liebt, die sich Gott und seinem Gesandten widersetzten« (58,22). »Wer echt handelt und dabei gläubig ist, hat am Jüngsten Tag weder Unrecht noch Gewalt zu befürchten« (20,112).

Einstellung zu Politik und Staat

Die Ordnung, die Muḥammad nach der Hidschra den muslimischen Auswanderern und den Einwohnern von Yathrib als umfassendes Gemeindewesen zugrunde legte, bildet die Grundlage aller islamischen Diskussionen um Bedeutung und Charakter des Staates sowie der Legitimation politischer Herrschaft. Die polytheistischen Einwohner von Yathrib hatten Muḥammad um Vermittlung in einem langwierigen und blutigen Streit zwischen ihnen gebeten. Gleichzeitig wollte Muḥammad mit diesem Abkommen das Verhältnis zu den in Yathrib lebenden jüdischen Familienverbänden regeln. Nach der Annahme dieses Abkommens durch die Beteiligten wurde Yathrib als Madīnat an-Nabī (»Stadt des Propheten«), bezeichnet. Sie gilt als Vorbild für alle islamischen Gemeinwesen.

Muḥammad galt als Oberhaupt der Auswanderer und stand damit ebenbürtig neben den Häuptern der Klans von Yathrib. Obwohl sie in gemeinsamer Beratung ihre Entscheidungen fällten, besaß er aufgrund seines Charismas eine Führerrolle in religiösen Fragen.[17]

Das Dokument enthält zwei zentrale Begriffe, nämlich Umma (»Nation, gottesdienstliche Gemeinschaft«) und *dīn* (»Religion«). Im Anschluss an die Hidschra schuf Muḥammad eine religiöse und politische Gemeinschaft, welche die alten Stammesbande ersetzte. Diese Umma ist ein Volk bzw. Teil eines oder mehrerer Völker, zu dem Gott Propheten und Gesandte schickte, die diese Gemeinschaft akzeptierte. Der Islam spricht auch von einer jüdischen und christlichen Umma. Die islamische Umma gilt als die beste Umma, die Gott entstehen ließ und die viele verschiedene Völker umfasste. Zentral ist die Einheit dieser Umma als »Gemeinde Gottes«. Bis zur Zeit der Abbasiden (750) bestand sie hauptsächlich aus arabischen Muslimen. Später führte die zunehmende Konversion von Nichtarabern dazu, aus einer Umma der Araber eine Gemeinschaft vieler verschiedener Völker werden zu lassen.

Dīn ist bedeutsam für das islamische Staatsdenken. Zwar ist *dīn* im Koran gleichbedeutend mit Islam, also Hingabe an Gott ohne staatlichen Bezug. Dennoch sind Juden und Muslime keine gleichberechtigten Vertragspartner. Muḥammad wollte sich der Loyalität der Juden versichern. Kam es zu Konflikten, so war aber Muḥammad als Gesandter Gottes oberste Autorität in Streitfragen.

Mit *dīn* [werden] auch die gesellschaftlich relevanten Verordnungen und Gebräuche bezeichnet, die das religiöse Leben bestimmen und die ihre Grundlagen in der Offenbarung, für Muslime also im Koran und der ihn erklärenden Prophetentradition, haben. In dem Abkommen von Medina wird jedoch den Juden ausdrücklich zuerkannt, dass sie ihrer eigenen Religion folgen, so wie die Muslime ihrer Religion. Damit wird ihnen eine eigene gesellschaftliche Ordnung auf der Grundlage ihrer Religion zuerkannt, sie werden nicht der ›*madīna*‹ des Propheten (Muḥammad) einverleibt. Im Unterschied zu der einen *Gemeinde Gottes* (*ummat Allāh*) wird im Bereich der Gesellschaft also eine Pluralität anerkannt: die ›*madīna*‹ (wörtlich: Ort der Religion) ist *madīnat an-nabī*.[18]

Einstellung zur Wirtschaft

Der Islam sieht im Streben nach wirtschaftlichem Erfolg etwas Positives. Muḥammad stammte aus einer Kaufmannsgesellschaft, und zahlreiche Beispiele seiner Lehre sind in diesem Milieu angesiedelt. Diese grundsätzlich positive Sichtweise wirtschaftlichen Handelns ist im koranischen Menschenbild verankert: Dem Menschen als Chalīfa, »Stellvertreter« Gottes (Sure 2,30 u. ö.), ist treuhänderisch die Verfügungsgewalt über die Güter dieser Welt übertragen. Alles, was auf Erden existiert, gehört Gott. Der Besitz des Menschen ist dem untergeordnet. Der Einzelne und die Gemeinschaft besitzen ein Nutzungsrecht, sind aber zugleich Treuhänder des göttlichen Eigentums auf Erden (57,7) und verpflichtet, diese Güter verantwortungsvoll zu verwalten.

Soziale Verantwortung gegenüber Benachteiligten war ein wichtiges Anliegen Muḥammads. Vom Menschen wird kein Leben in Armut verlangt. Arme haben einen religiös sanktionierten Rechtsanspruch auf angemessene Teilhabe am Reichtum der Gesellschaft (30,38). Der Mensch soll bereit sein, einen Teil seines Vermögens den Bedürftigen zu geben und für wohltätige Zwecke zu spenden. Im Islam wurde dieser Forderung in der »Pflichtabgabe« verankert. Die Anhäufung von Besitz wird verurteilt, wenn er nicht durch eigene ehrliche Arbeit erworben wurde oder zum Zweck der Ausbeutung und Verschwendung oder zum Privatbesitz und zur Profiterzielung an die Verantwortung gegenüber der Gemeinschaft gebunden ist (92,5–11) oder zum Ungehorsam gegen Gott verwandt wird.

Da Besitz eine soziale und gemeinschaftserhaltende Funktion hat, ist die Gewinnbeteiligung an Geschäften, die zu sozialen Konflikten führen können, verboten. Der Islam nennt in diesem Zusammenhang Geldspekulationen, Wetten und Glücksspiele. Gewerbetreibende werden ermahnt, sich betrügerischer Methoden zu enthalten und den Arbeitenden einen gerechten Lohn zu zahlen. Rechtmäßig erworbener Privatbesitz wird heute allgemein anerkannt und gilt als schützenswertes Gut. Lediglich bei natürlichen Ressourcen – also Bodenschätzen, aber auch Wasser – sind Einschränkungen möglich, wenn es zum Schutz des »Allgemeinwohls« (*masāliḥ*) notwendig ist. Gewinnerzielung und produktiver Kapitaleinsatz werden nicht nur akzeptiert, sondern genießen einen hohen Stellenwert.[19] Geldverleih gegen Zinsen wird untersagt (12,277 f.). Dies dürfte auf die ungerechten Zinspraktiken jener Zeit zurückzuführen sein. Oft handelte es sich um Notkredite nach einer Missernte, wobei der Schuldkredit vielfach verdoppelt wurde, wenn er zum Fälligkeitstermin nicht zurückgezahlt wurde. Die Meinungen von Rechtsgutachten gehen auseinander, ob der im Koran verankerte Terminus *ribā* mit »Wucher« oder »Zinsen« zu übersetzen ist. Entsprechend dem Zinsverbot arbeiten die in den letzten Jahrzehnten gegründeten islamischen Banken oder Investmentgesellschaften nach dem Prinzip der Geschäftsbeteiligung, wobei der Zinseffekt durch Gewinnausschüttungen erzeugt wird.

Einstellung zu Krieg und Frieden

Bis heute führt der auf Muḥammad zurückgeführte Begriff ›Dschihād‹ für »Anstrengung, Mühe, Einsatz« zu Missverständnissen und Kontroversen. Er wird fälschlicherweise mit »Heiliger Krieg« übersetzt. Extreme islamische Gruppen bedienen sich dieses Begriffs, der sich bereits in den ersten mekkanischen Offenbarungen findet, als das Thema ›Krieg‹ für die junge muslimische Gemeinde noch gar nicht aktuell war. Im Mittelpunkt von Dschihād steht der Gedanke der Selbstaufopferung und der Opferung des eigenen Vermögens für Gott. In Medina gestattet der Koran den Muslimen, sich kämpferisch zu verteidigen, weil sie vorher in Mekka verfolgt wurden.

Der Koran enthält allgemein gültige religiöse Aussagen zu Toleranz und freier Entscheidung. Zwar wird die Religion des Andersgläubigen nicht anerkannt, doch respektiert. Viele Verse beziehen sich auf konkrete historische Situationen. Bis zur Hidschra hatten die Quraisch Muḥammad und seine Getreuen verfolgt und schikaniert. Später versuchten sie, die junge Gemeinde gewaltsam zu vernichten. Der Koran berichtet von diesen Schlachten und nimmt Stellung. Diejenigen, die ihren Besitz und ihr Gut für die Sache

Gottes einsetzen, stehen über denjenigen, die »daheim geblieben sind«. Mit den »Ungläubigen« sind in erster Linie die polytheistischen Mekkaner gemeint, nicht aber Juden und Christen, die als »Schriftbesitzer« gelten.

Die Kämpfe haben vornehmlich defensiven Charakter, und die Kämpfer dürfen sich nicht zu »Übertreibungen« insbesondere gegenüber nicht am Kampf Beteiliger hinreißen lassen. Nach Auffassung islamischer Rechtsgelehrter umfasst dieser Personenkreis Frauen, Kinder, Mönche, Einsiedler und Behinderte. Während eines Kampfes sollten muslimische Soldaten keine Grausamkeiten begehen, zum Beispiel tote Feinde nicht verstümmeln, sondern beerdigen. Auch soll unnötiges Zerstören von Besitz und Eigentum des Feindes vermieden werden.

Nach Muḥammads Tod erhielt Dschihād einen anderen Stellenwert: Weltliche Kämpfe und Kriege um wirtschaftliche und politische Macht erhielten eine religiöse Weihe, wurden den christlichen Kreuzzügen vergleichbar zu einem Dschihād stilisiert. Spätestens seit dem 8. Jahrhundert teilt das islamische Völkerrecht die Welt in *dār al-Islam* (»Gebiet des Islam«) und *dār al-Harb* (»Gebiet des Krieges«) ein. Der weltliche Begriff ›Harb‹ verdeutlicht, dass in erster Linie die Interessen des islamischen Staates betroffen sind. Das »Gebiet des Krieges« konnte zu einem *dār al-Ahd* (»Gebiet des Vertrages«) werden, wobei die ursprüngliche Vorstellung war, ein Waffenstillstand dürfe nicht länger als zehn Jahren dauern. Für manche Muslime gelten bis heute jedoch vorübergehende und befristete Friedenszeiten nur als eine Pause in der Islamisierung der gesamten Welt.

Muḥammad unterschied im Sinne des Korans in einer Überlieferung zwischen dem »kleinen« und »großen Dschihād«. Während die Opferung von Vermögen und Leben als »kleiner Dschihād« gilt, bezeichnet der »große Dschihād« den Kampf gegen das Böse und die eigenen schlechten Eigenschaften. Der afghanisch-deutsche Religionsphilosoph und Islamwissenschaftler Milad Karimi (geb. 1979) interpretiert den Dschihād gegen die Ungläubigen so: »Töte den Unglauben in deinem Herzen«.[20]

Dschihād kann jede große Anstrengung für ein gottgefälliges

Ziel bezeichnen. Seine Bedeutungsvielfalt hat ein ähnliches Spektrum wie das Wort ›Kampf‹: gegen Korruption und Analphabetismus als moralisch hochstehende Handlung; dagegen Kampf um Macht und Alleinherrschaft als nicht gottgefällig. Heutige islamische Autoren unterscheiden gern drei Erscheinungsformen des Dschihād: persönliche Opfer und Kämpfe gegen einen äußeren Feind; Kampf gegen die eigenen schlechten Eigenschaften; Kampf für die Verwirklichung höherer Werte.

Im 20./21. Jahrhundert erfuhr der Begriff neue politische Interpretationen und wurde zum Befreiungskampf gegen Kolonialismus, zum Kampf gegen ungerechte Herrscher und Systeme (eine Deutung, die es in der islamischen Geschichte bereits gab), schließlich zum Einsatz auf wirtschaftlichem und kulturellem Gebiet.

Eine neue Interpretation hat der Dschihād bei Islamisten und dschihadistischen Salafisten. Drei Gruppen salafistischer Gruppierungen lassen sich unterscheiden: Erstens die Puristen, denen es um die reine Lehre und ein gottgefälliges islamkonformes Leben des Einzelnen und der Gesellschaft geht. Zweitens die politischen Salafisten: Sie verbinden die Forderung nach der Einführung der Scharia mit einem auf korrekter Islaminterpretation basierenden islamischen Staat und drittens die dschihadistischen Salafisten, bei denen der bewaffnete Kampf in Form des Dschihād im Mittelpunkt steht, die den Staat und die Rechtsordnung umgestalten wollen und eine islamische Ordnung anstreben, in der westliche Verfassungsprinzipen keine Gültigkeit haben. Diese extremistische Minderheit versteht sich erst durch den gewaltsamen Dschihād als muslimisch.[21]

Die Wunder

Einleitung

Gustav Mensching beginnt seine religionsvergleichende Darstellung über das Wunder mit den Worten des Gelehrten Faust: »Das Wunder ist des Glaubens liebstes Kind« (Faust 1, Nacht). Denn »in erster Linie setzt fraglos das Wunder den Glauben voraus [...] Andererseits ist auch die Umkehrung des Goethe-Wortes religionsgeschichtlich vertreten worden: daß nämlich der Glaube Kind des Wunders sei«.[1] Mensching unterstreicht die »Universalität des Wunderglaubens« in der allgemeinen Religionsgeschichte, wobei gilt: »*Das Göttliche ist das Wunderbare schlechthin*«, und das Wunder »spiegelt den Geheimnischarakter des Göttlichen selbst wider«.[2] Die Religionsstifter haben eine unterschiedliche Einstellung zum Wunder, nur Jesus sieht es positiv. Buddha betrachtet Wunder, wie sie in der Welt der Asketen und Heiligen seiner Zeit üblich sind, »ganz ausdrücklich als zur niederen Zone angehörig«, und es gilt ihm als »bloßes Zauberwissen«.[3] Als Wunder lässt er nur drei zentrale Größen seiner Botschaft gelten: Erwachung/Erleuchtung, Erste Predigt, Eingehen in das Nirvāna. Auch Muḥammad weist Wunder zurück, die frühe Gegner seiner Verkündigung zur Beglaubigung seiner Ansprüche von ihm fordern. Das größte Wunder ist für ihn der Koran, das Buch gewordene göttliche Wort.

Die Wunder Buddhas

Buddha stand Wundern kritisch gegenüber. Wie die Mönche besaß er einerseits »übermenschliche Phänomene«, die sogenannten magischen *iddhi*- (Pali) bzw. *siddhi*- (Sanskrit) Kräfte (»Zauberkraft, Pracht«), die nach Auffassung des Indologen Dieter Schlingloff (geb. 1924) »das Wesen des ältesten Buddhismus«[4] ausmachen. Dabei handelt es sich um psychische Eigenschaften, die sich auf der vierten Stufe der meditativen Versenkung einstellen:

> Wenn jenes bhikkhu Geist also gesammelt ist [...], lenkt und leitet er ihn hin zur Betätigung der verschiedenen übernatürlichen Kräfte. Er übt bald die eine von ihnen, bald die andere aus. Aus einer Person, die er ist, wird er zur Vielheit, aus der Vielheit wird er wieder zu einer Person; bald läßt er sich sehen, bald verschwindet er, ungehemmt geht er durch Wände, Wälle, Berge, als wären sie Luft, er taucht in die Erde ein und wieder empor aus ihr, gleich als wäre sie Wasser, und auf dem Wasser wandelt er, ohne einzusinken, wie auf festem Boden; auf gekreuzten Beinen sitzend, schwebt er durch die Luft, wie der beschwingte Vogel, jene beiden zaubermächtigen (Himmelskörper) Mond und Sonne faßt er mit der Hand an und streichelt sie, ja bis in Brahmas Welt vermag er in leiblicher Gestalt zu gelangen.[5]

Buddha wünschte sich einmal auf die andere Seite des hochwasserführenden Ganges und war augenblicklich dort. Ein bewusst von Brahmanen verstopfter Brunnen speit wieder klares Wasser aus. Die wunderkritische Einstellung Buddhas zeigt sich in seiner Reaktion auf den Wunsch des Bürgers Kevaddha, Buddha möge einen Mönch anweisen, ein Wunder zu tun, weil dann die Bewohner der Stadt an Buddha glauben würden. Buddha lehnt das Ansinnen mit dem Argument ab, dass äußere Wunder keinen echten Glauben an ihn erwecken würden. Die Ungläubigen würden ein solches Wunder allenfalls als Zauberei betrachten.

Buddha werden »zehn Kräfte« zugeschrieben, die zu geistiger Erkenntnis führen, bei denen man die hauptsächlichen Elemente seiner Heilslehre erkennt. »Es ist bezeichnend [...], dass das, was den Buddha von anderen Wesen unterscheidet, nicht die Fähigkeit zu materiellen Wundern ist, die er mit anderen vielmehr gemeinsam hat, sondern die Kraft religiöser Erkenntnis und der Besitz des Heils in Gestalt des ›diesseitigen Nirvānas‹«.[6]

Alle buddhistischen Schulen gehen davon aus, dass Buddha und seine Schüler Wunder vollbracht haben. Die Theravādins waren allerdings davon überzeugt, dass es Ereignisse gebe, »die weder Buddha noch seine Schüler bewirken konnten«[7]: Belaubung von Bäumen, ständiges Blühen und Früchtetragen der Bäume, ständiger Vollmond und Friede, reiche Almosen und ewiger Regen. Auch können Wunder nicht die leidenden Wesen vor Geburt, Alter, Krankheit und Tod bewahren.[8]

Im Buddhismus unterscheidet man zwischen den »drei großen Ereignissen«, nämlich Empfängnis, Geburt und großer Auszug sowie den »drei großen Wundern«: Erwachung, erste Predigt und Eingehen in das Nirvāna. Wunder sind hier keine »zeiträumlichen Begebenheiten [...], sondern ausschließlich Vorgänge rein geistig-religiöser Art, die sich in der Tiefe der menschlichen Existenz vollziehen«.[9] Das größte, einzig von Buddha anerkannte Wunder war das »Wunder der Lehre«.

Die Wunder Jesu

Die Evangelien beschreiben Jesus als Wundertäter und Exorzisten. Er trieb Dämonen aus, heilte Kranke und Aussätzige, war in der Lage, auf dem Wasser zu gehen, verwandelte Wasser in Wein, machte Tausende mit wenigen Broten und Fischen satt. Man hat Jesu Wunder klassifiziert und Exorzismen, Therapien, Normen-, Geschenk-, Rettungswunder und Epiphanien unterschieden.[10] Viele brachten ihre Kranken zu ihm, baten den »Rabbi«, die Krankheitsdämonen zu vertreiben. Diese Wunderberichte von Dämonenaustreibungen und Heilungen spiegeln vermutlich ziemlich getreu das Wirken des historischen Jesus wider. Andere Wunder, zum Beispiel Naturwunder, Speisung- und Weinwunder usw., mögen auf nachösterliche Verklärungen zurückgehen. Jesu »Krafttaten« stehen im Zusammenhang mit dem Gottesreich. Der charismatische Jesus vermittelte Menschen Vertrauen in ihre eigene Heilkraft. Als Textsorte haben die Wundergeschichten alttestamentliche Vorbilder (Elia/Elischa-Geschichten 1 Kön 17; 2 Kön 2–8) und Parallelen aus der Umwelt. Jesus hat wohl nicht nur physische und psychische Kranke geheilt, wobei deren Glaube oft eine wesentliche Bedeutung zukommt, sondern auch Tote erweckt, wie zum Beispiel die Tochter des Jairus (Mk 5,21–24.35–43), den Jüngling von Nain (Lk 7,1–11) und Lazarus (Joh 11). Bei den Totenerweckungen mag es sich um Heilungen Schwerstkranker handeln, die in der hebräischen Bibel bereits als tot galten, oder um die Heilung von Menschen, deren Zustand als todesähnlich gedeutet wurde. Die nachösterliche Perspektive steigerte solche Ereignisse zu Totenerweckungen. Außerdem erzählen Texte davon, dass Jesus Dämonen ausgetrieben, also exorzistisch gehandelt hat. So heilte er einen Besessenen in der Synagoge von Kapernaum (Mk 1,20–28) und in Gerasa (Mk 5,1–20) sowie einen besessenen Knaben (Mk 9,14–29). Jesu Wundertaten werden nicht nur in den Evangelien erzählt, sondern auch in der Briefliteratur und der Apostelgeschichte.

In der Geschichte der wissenschaftlichen Diskussion über die Wunder Jesu gab es verschiedene Phasen und Modelle. Diese waren meist von dem Bemühen geleitet, die Anstößigkeit, Unmöglichkeit, Unvernünftigkeit der Wunder zu beseitigen. So erklärte man sie rationalistisch und in Übereinstimmung mit den Gesetzen der Naturwissenschaft. Man rückte die Wundergeschichten in die Nähe antiker Wunderberichte und deren wundergläubiger Welt. Nach Annette Merz muss jedoch

der weitverbreiteten, aber unhaltbaren Überzeugung widersprochen werden, es gebe in der Literatur der vor- und frühchristlichen Antike viele Wundertäter, die man in Darstellung und überlieferten Taten leicht mit Jesus vergleichen könne. Das Gegenteil ist der Fall: Es gibt, abgesehen von den christlichen Aposteln [...] kaum Personen der Antike, von denen so wie von Jesus zahlreiche verschiedene Wunder in einiger Ausführlichkeit und mit zumindest diskutablem Anspruch auf Historizität berichtet werden.[11]

Schließlich deutete man Wunder psychologisch.[12]

Auch Mensching unterstreicht die Hypothese, dass der Charismatiker Jesus in einem »wundergläubigen Milieu«[13] lebte – Rudolf Otto bezeichnete diese Atmosphäre gelegentlich mit dem arabischen Begriff für »Segenskraft« als Baraka-Milieu –, in dem Heiler auftraten und Wunder taten. Manche Wunder hält Mensching auch für Motivübernahmen »aus fremdem Sagengut«[14] und für Zuschreibungen seiner Gemeinde, »um Jesu Herrlichkeit und Macht einem wundergläubigen Volke anschaulich zu machen«[15]. Jesus kritisierte und bekämpfte die »Wundersucht seiner Zeitgenossen«[16] (Mk 8,12; Mt 12,38 f.; Joh 2,23 f.; Joh 4,48). Zentral sei für Jesus der Gedanke, dass dieser seine Wunder,

> die er in der exousia (Vollmacht) seines himmlischen Vaters vollzieht
> […] in Beziehung zu seiner Verkündigung setzt. Der Hereinbruch des
> Gottesreiches, den er verkündigt, ereignet sich bereits in all dem Wunderbaren, das durch Jesus selbst geschieht. […] Im Ereigniswerden für
> unmöglich gehaltener Dinge bricht das Gottesreich schon jetzt an. Die
> Wunder sind ›mitfolgende Zeichen‹ (Mk 16,20) des sich verwirklichenden Reiches Gottes.[17]

Entscheidend sei »das Sich-Wundern als Anfang und Grundlage des Glaubens, d. h. des Ergriffenseins von numinoser Macht, die in dem beobachteten »Geschehnis gewittert wird«.[18] Mit diesem Element des Sich-Wunderns unterstreicht Mensching, dass es sich bei den Wundererzählungen tatsächlich um wunderliche, unerklärliche, ja letztlich völlig unglaubliche Zumutungen handelt, auf das die umstehenden Menschen mit Reaktionen des Erstaunens und Verwunderns reagieren. Die Heilungswunder enden häufig mit einem sogenannten Chorschluss, der die Reaktion der Umstehenden berichtet, zum Beispiel: »So etwas haben wir noch nie gesehen« (Mk 2,12).

Die Wundergeschichten verstehen sich selbst als Wirklichkeitsberichte, als faktionale, nicht fiktionale Texte. Sie erheben den Anspruch, an der außerliterarischen Wirklichkeit überprüfbar zu sein. Die Wundererzählungen überschreiten die bisherige Erfahrung des Beteiligten bzw. späterer Rezipienten. Man hat diese Texte von der sogenannten »fantastischen Literatur« her interpretiert.[19] Nach dem bulgarisch-französischen Strukturalisten Tzvetan Todorov (1939–2017) liegt die Funktion des Phantastischen in der »Reaktion« des Rezipienten: Das »Übernatürliche bewegt, erschreckt oder hält den Leser in Spannung«[20], unterhält seine »Neugier«. Das Fantastische ist definiert als jene »Ungewissheit«, eine »unheimliche Erscheinung« sowohl aus »natürlichen Ursachen oder aber aus übernatürlichen« erklären zu können.[21] »Das Fantastische ist die Unschlüssigkeit, die ein Mensch empfindet, der nur die natürlichen Gesetze kennt und sich einem Ereignis gegenübersieht, das den Anschein des Übernatürlichen hat.«[22] Die Kenntnis der »natürlichen Gesetze«, die unsere »Realität« ausmachen, wird also zunächst einmal gefordert, damit ein übernatürliches Ereignis die Natürlichkeit dieser (für einen bestimmten Menschen oder *den* Menschen gültigen?) Realität in Frage zu stellen vermag. »Fantastik« ist Literatur, »die die Existenz des Realen, des Natürlichen, des Normalen postuliert, um dann in diese Welt eine Bresche zu schlagen.«[23]

Selbst wenn man mit dem Neutestamentler Bernd Kollmann (geb. 1959) einräumt, dass die Darstellung der Wunder Jesu in den Evangelien »in hohem Maß von magischen Motiven durchzogen« ist, so ist Jesus als »Magier der besonderen Art« zu kennzeichnen. Trotz grundsätzlicher Übereinstimmungen sind an der Klassifikation Jesu als Magier oder Schamane »deutliche Abstriche« vorzunehmen. »Vieles deutet darauf hin, dass Jesus sich ohne Initiation in einer Magierschule in einer Art Berufungsvision (Lk 10,18) seiner besonderen Kräfte bewusst wurde und im Horizont der anbrechenden Gottesherrschaft als Wunderheiler aktiv wurde (Lk 11,20).« Er »vollzog seine Dämonenaustreibungen und Heilungen als Werkzeug Gottes im Horizont der sich Durchbruch verschaffenden Gottesherrschaft. Insoweit war er in der Tat ein Magier der ganz besonderen Art.«[24]

Die Wunder Muḥammads

Muḥammad lehnte die Aufforderung ab, die Wahrheit seiner Sendung wie andere Propheten durch Wunder zu bekräftigen. Er beantwortete dieses Ansinnen mit dem Argument, dass nur Gott die Macht besitze, Wunder zu tun, er selbst allenfalls ein »deutlicher Warner« sei (29,50). Propheten könnten nur »mit Gottes Erlaubnis« Wunder wirken (13,38); außerdem ließen sich »verstockte« Menschen durch Wunder nicht zum Glauben bringen.

Der Koran erwähnt Wunder bei den Propheten, zum Beispiel bei Mose, den Gott »mit unseren Zeichen zu Pharao und seinen Vornehmen« schickte, wo er jedoch abgelehnt wurde (7,103).

Bedeutsam für die mekkanische Phase und bis heute in der islamischen Bilderwelt präsent ist die Geschichte von der Spaltung des Mondes. Nach der islamischen Tradition beziehen sich zwei Koranverse (54,1 f.) auf dieses Ereignis. Je nachdem, wie man diese Texte übersetzt, legen sich historische, eschatologische und metaphorische Deutungen nahe:[25] »Die Stunde (des Gerichts) ist schon nahegerückt, und der Mond hat sich gespalten (bzw. ›wird sich gespalten haben‹ bzw. ›so deutlich wie das Aufscheinen des Mondes‹). Aber wenn sie (d. h. die Ungläubigen) ein Zeichen sehen, wenden sie sich ab und sagen: ›Fortwährend Zauberei‹«. »Durchgesetzt hat sich allerdings eine historische Interpretation, die durch zahlreiche Traditionen von Prophetengefährten und späteren Berichterstattern gestützt wird.«[26] Durch dieses Beglaubigungswunder soll den Mekkanern mit Gottes Hilfe die Wahrheit der Botschaft verdeutlicht werden. Es stellt das einzige in der Überlieferung berichtete Himmelswunder dar: »Die Leute in Mekka fragten den Gottgesandten, ob er sie ein (Wunder)-zeichen sehen lasse, und so ließ er sie den Mond in zwei Hälften gespalten sehen, bis sie (den Berg) Hirā zwischen beiden Hälften sahen.«[27] »Der Mond spaltete sich in Mekka, bis er in zwei Hälften geteilt war. Die Ungläubigen unter den Leuten Mekkas sagten: Ibn Abi Kabsa (d. h. Muḥammad) hat euch mit einem Zauber behext! Fragt also die (Ankommenden) Reisenden: Wenn sie auch gesehen haben, was ihr saht, dann ist Muḥammad wahrhaftig; wenn sie aber nicht gesehen haben, was ihr saht, dann war es ein Zauber, der euch verhext hat. So wurden also die Reisenden befragt, die aus allen Richtungen ankamen, und sie sagten, sie hätten es auch gesehen.«[28]

Ein weiteres wundersames Ereignis aus dem Leben des Propheten stellen die Nachtreise (*al-isra*) und die anschließende Himmelsreise (*mi'rādsch*) dar (s. S. 185 ff.). Das größte Wunder aber ist nach islamischer Auffassung der Koran – so wie für Buddha die Lehre.

> Siehe, WIR ließen IHN niedersteigen zur Herrlichen Nacht.
>
> Kannst du dir ausdenken, was diese herrliche Nacht ist?
>
> Diese herrliche Nacht ist besser als tausend Monde.
>
> Da stiegen die Engel herab und der Geist auf ihres Herrn Geheiß mit der Ganzheit des Wortes. Heilbringend war sie bis zum Aufstieg des Morgenrots.[29]

Navid Kermanis Werk über den Koran hebt nicht nur die Schönheit und Vollkommenheit der arabischen Sprache und die Ästhetik des Buches hervor, der Autor weist auch hin auf Räume, Klänge, Farben, Gerüche und Poesie im Kontext der Heiligen Schrift.[30]

Für gläubige Muslime stellen die sprachliche Schönheit der Koranverse und die Vollkommenheit seiner Verkündigung das größte Bestätigungswunder dar. Der Koran bezeugt seine ästhetische Wirkung, wenn es in Sure 39,23 heißt: »Gott hat herabgesandt die schönste Kunde / Ein Buch, sich ähnlich wiederholend, / Von dem die Haut erschauert derer, / Die fürchten ihren Herrn, dann schmeidigt / Sich ihre Haut und ihre Herzen / Der Mahnung Gottes.«[31] Deutlich kommt zum Ausdruck, dass sich das religiöse Erkennen ästhetisch vermittelt als ein Schauder erregendes Hören einer als schön bezeichneten Rede.

Für den Muslim ist der Koran wichtigster Glaubensinhalt, der die Bedeutung, welche die Bibel für Christen hat, weit übersteigt. Der evangelische Theologe Heinrich Frick (1893–1952) hat einmal die Bedeutung des Korans für den Islam mit der Jesu Christi im Christentum verglichen:

Die heilige Nacht des Christentums ist die Weihnacht, in der Gott in einem Stall Mensch wurde. Im Islam entließ im heiligen Monat Ramadan Gott aus Gnade und Barmherzigkeit ein Buch, den Koran, der von dem göttlichen Gesandten Muḥammad empfangen und den Menschen zur Rechtleitung übermittelt wurde [...] Somit ist der Koran und nicht sein bloßer Überbringer das Bindeglied zwischen Gott und Mensch im Islam.[32]

Sterben und Tod
der Religionsstifter

Einleitung

Von allen drei Stiftern erreichte Buddha mit ungefähr 80 Jahren das höchste Alter, obwohl die ›normale‹ Lebensdauer eines Buddhas sogar 100 Jahre betrug. Zum Zeitpunkt seines Todes hatte er sein Lebensziel erreicht, nämlich die Lehre verbreitet und den Sangha gegründet. Er starb hochgeehrt, friedvoll, im Kreise seiner Bhikkhus. Ganz anders Jesus: Von seinen Jüngern verlassen bzw. von Petrus verleugnet, starb er mit etwas über 30 Lebensjahren nicht auf natürliche Weise, sondern durch einen Akt der Gewalt, nachdem er gerade einmal etwas über ein Jahr öffentlich aufgetreten war. Muḥammad starb im Alter von 62/63 Jahren als religiöses und politisches Oberhaupt der arabischen Halbinsel, nachdem er den Koran überbracht und die islamische Umma errichtet hatte.

Bei Buddha und Muḥammad ging dem Tod eine mehrtägige Krankheit voraus, doch ihr Sterben war friedvoll: Buddha verschied im Kreis seiner Mönche, Muḥammad in den Armen ʿĀʾischas. Buddhas Leichnam wurde nach der Tradition indischer Könige verbrannt. Statt seine Asche wie üblich in einen Fluss zu streuen, wurde sie auf acht Königreiche verteilt und in Stūpas aufbewahrt. »Dreifach heilig« ist das Vesak-Fest, das im Mai begangen wird.

Seit dem 12. Jahrhundert begehen Buddhisten an diesem Tag drei große Ereignisse: Geburt, Erleuchtung und Tod Buddhas. Dieser gilt als freudiges Ereignis, bedeutet sein Verlöschen als Individuum und sein Eingehen in das Nirvāna, wo *dukkha* ein Ende hat. Durch seinen Tod erreichte Buddha das Nirvāna, doch endet damit zugleich seine Bedeutung für die Nachwelt, für die Dhamma und Sangha wichtiger sind als seine nicht mehr greifbare Existenz. Nur im Fall Jesu besitzt der Tod des Stifters selbst eine theologische Funktion, wird zum zentralen Glaubensdogma des Christentums. Die geringste theologische Bedeutung hat der Tod Muḥammads, dessen Muslime nicht an einem besonderen Feiertag gedenken. Gott allein ist unsterblich, Propheten sterben, nachdem sie ihren Auftrag erfüllt haben. Entsprechend der islamischen Lehre von der Totenauferstehung, bei welcher der Körper im Leben nach dem Tod eine Rolle spielt, wurde Muḥammads Leichnam unmittelbar an seinem Sterbeort begraben. Bis heute besuchen muslimische Pilger das Prophetengrab in Medina.

Sterben und Tod Buddhas

Buddha starb nach dem Ende der Regenzeit auf dem Weg nach Sāvatthī in einem Wäldchen bei Kusinara, ein heute unbedeutendes Dorf mit Namen Kasia. Krankheit (Dysentrie/Ruhr mit Koliken) und Tod Buddhas werden auf den Genuss einer verdorbenen Speise zurückgeführt. Als der Erwachte den Tod nahen fühlte, ließ er sich im Wald bei Kusinara sein Sterbelager zwischen zwei Bäumen richten. Nachdem er die letzten Anordnungen getroffen, seine Bhikkhus auf Dhamma und Sangha verwiesen und letzte Worte (»Rüstet euch aus mit Wachsamkeit«) an die Bhikkhus gerichtet hatte, wandte er seinen Geist nach innen, starb während einer tiefen Meditation und ging dabei in das Nirvāna ein. »Bei Buddha handelt es sich um den endgültigen Abschluss des eigenen Erlösungsvorgangs, der nach dem Gewinn des ›diesseitigen Nirvāna‹ nun im ›jenseitigen Nirvāna‹, im Parinirvāna, endet.« Sein Tod hatte für die Bhikkhus »keine religiöse Bedeutung«.[1] Dennoch

> weinten von den Bhikkhus, die von Leidenschaften noch nicht frei wa-
> ren, manche laut, indem sie die Arme ausstreckten, stürzten jähen
> Sturzes zur Erde nieder, wälzten sich hin und her und klagten:»Zu früh
> hat der Erhabene, der Pfadvollender, das Zeitliche gesegnet, zu früh
> ist das Auge der Welt erloschen«. Die aber, die schon von Leidenschaft
> frei waren, nahmen alles besonnen und mit klar urteilendem Geiste
> hin, weil sie sich sagten:»Vergänglich ist alles Erscheinende, wie wäre
> es anders wohl möglich?«[2]

Eine Woche danach wurde Buddhas Leichnam unter Anwesenheit von 500 Bhikkhus eingeäschert und die Asche verteilt. Die Empfänger seiner letzten Überreste setzten diese in »Verehrungshügeln« (Stūpas) bei. Auch wurde sein Tod wunderhaft umrahmt: Bäume blühen zur Unzeit, Blüten fallen vom Himmel herab und bedecken den Leichnam, himmlische Musik erklingt, Erdbeben und Blitze lassen die Menschen erschauern.

Sterben, Tod und Auferweckung Jesu

Die letzte Reise Jesu nach Jerusalem zum Pessachfest endet mit seinem Tod durch Kreuzigung wohl am 7. April des Jahres 30 n. Chr. Die letzte Phase im Leben Jesu gehört zu den am genauesten überlieferten Ereignissen seiner Biographie. Jesus will offensichtlich an diesem zentralen Ort Vertreter ganz Israels, die sich zum höchsten Wallfahrtsfest versammeln, mit seiner Botschaft konfrontieren. Er plant einen abschließenden, entscheidenden Machtkampf zwischen sich und den verschiedenen Interessen. Nachdem er bereits in Galiläa auf Widerstand gestoßen war und seine Gerichtsverkündigung immer schärfer ausfiel, ist vielleicht davon auszugehen, dass er »seinen möglichen Tod bewusst in Kauf genommen oder ihn sogar gewollt« hat. Unter Bezug auf Lk 12,49f. und die Einsetzungsworte zum Abendmahl (Mk 14,22–25) äußert der Neutestamentler Ulrich Luz vorsichtig die Auffassung, »dass Jesus seinen Tod in den Zusammenhang der endzeitlichen Drangsale gestellt hat [...], dass er durch ihn das Kommen des Gottesreichs beschleunigen oder gar herbeiführen wollte« und dass er »durch seinen eigenen Tod stellvertretend seinen Jüngern das Erleiden der endzeitlichen Drangsale ersparen wollte«.[3] Neutestamentler vertreten verschiedene Auffassungen darüber, warum Jesu jüdische Gegner (nicht *die* Juden) eine Anklage vorbereiteten, ihn verhörten und meinten, Jesus zum Tode verurteilen zu müssen. Wahrscheinlich beziehen sich die Anschuldigungen nicht auf einen einzelnen, festumrissenen Tatbestand. Einiges spricht dafür, dass die sadduzäische Priesterschaft bereits Jesu Einzug in Jerusalem wegen seines demonstrativen Charakters als Bedrohung ihres Herrschaftsanspruches verstanden. Nach den drei Synoptikern reitet Jesus auf einem Esel in Jerusalem ein, bejubelt von Menschen, die ihn als König verehren. Das Fass zum Überlaufen bringt sein Auftreten im Tempel, wo er die Verkäufer und Käufer austreibt, die Tische der Geldwechsler und die Stände der Taubenhändler umwirft. Prinzipiell ist Jesus kein Tempelgegner, doch verhält er sich reserviert zu den Reinigungsvorschriften. Der Tempel ist jedenfalls nicht Mittelpunkt seiner Frömmigkeit. Seine massive Kritik richtet sich dagegen, dass aus dem Bethaus eine »Räuberhöhle« gemacht wurde (Mk 11,15.17).

Jesus feiert das Pessachmahl mit seinen Jüngern. Die Hohenpriester und Schriftgelehrten beschließen, ihn »in ihre Gewalt zu bringen, um ihn zu töten« (Mk 14,1), sein von ihm enttäuschter Jünger Judas verrät ihn (Mk 14,10 f.), daraufhin wird Jesus auf dem Ölberg durch den Hoherat gefangengenommen (Mk 14,23–52), Pilatus überstellt und durch diesen verurteilt und schließlich hingerichtet (Mk 15,1–32). Die Angabe bei Markus (14,55) wie auch andere Überlieferungen unterstellen, dass die obersten jüdischen Instanzen die Blutgerichtsbarkeit ausüben durften, was in Wirklichkeit nicht der Fall war. Nur die Römer besaßen das Recht dazu. Es konnte sich daher nur um die Vorbereitung zur Anklage handeln. Üblich war es, dass der römische Präfekt Pontius Pilatus zu großen jüdischen Festen aus seiner Residenz Caesarea nach Jerusalem reiste, um in seinem Palast in der Weststadt von Jerusalem auch Rechtsangelegenheiten zu regeln. Die Tatsache, dass Jesus von Pilatus zum Tod durch Kreuzigung verurteilt wird, lässt darauf schließen, dass man ihn als politischen Aufrührer und Landesfeind betrachtete. Jesus ist nur etwa ein bis maximal zwei Jahre öffentlich in Erscheinung getreten. Sein mutmaßliches Todesdatum ist der 14. Nisan des Jahres 30. Anschließend fliehen die enttäuschten und demoralisierten Jünger nach Galiläa (Mk 14,50). Auch wenn Gekreuzigte üblicherweise nach römischer Praxis gar nicht oder in einem anonymen Massengrab beerdigt wurden, so könnte ihn der heimliche Sympathisant Josef von Arimathäa in einem leeren Felsengrab (Mk 15,46) bestattet haben, dessen Ort die Jerusalemer Gemeinde kannte, den die Forscher aber nicht mehr rekonstruieren können.

Mit Jesu Hinrichtung ist nicht alles aus. Erstaunlicherweise verkünden nämlich die Jünger, dass Jesus lebt, dass er von Gott auferweckt, erhöht wurde. Niemand aus der Urgemeinde behauptete, Jesu Auferstehung mit eigenen Augen gesehen zu haben. Der Vorgang als solcher wird auch nirgendwo beschrieben. Wenn Paulus in 1 Kor 15,1–8 Kephas, die Zwölf und anschließend »mehr als 500 Brüder auf einmal« erwähnt, listet er keine Zeugen des Auferstehungsvorgangs auf, sondern Zeugen der anschließend folgenden Erscheinungen Jesu nach seinem Tod.

Zwei neutestamentliche Überlieferungsstränge wollen die Auferstehung Jesu bezeugen: die Erscheinungsüberlieferung – historisch nicht verifizierbare Erzählungen von Erscheinungen Jesu vor einzelnen Jüngern: Emmaus- (Lk 24,13–35), Thomas- (Joh 20,24–29) und Petrusgeschichte (Joh 21,15–23); Erzählungen von Erscheinungen vor dem gesamten Jüngerkreis (Mt 28,16–20; Lk 24,36–53; Joh 20,19–23) – und die davon wohl anfangs getrennt überlieferte Leere-Grab-Tradition (Mk 16,1–8). Ohne die Tradition des leeren Grabes, welches die Frauen am Wochenanfang vorfinden und über das die Jünger in Jerusalem sprechen, wäre die Attraktivität der Auferstehungsbotschaft schwer erklärlich.

Das Neue Testament malt das Auferstehungs- bzw. Auferweckungsereignis sowie die Himmelfahrt nicht aus. »Auch die altchristliche und frühmittelalterliche Ikonographie [...] kennt keine

Darstellungen des Auferstehungsvorgangs.«[4] Um die Jahrtausendwende bildet sich der Typus des »entschwindenden Christus« heraus, von dem nur noch die untere Körperhälfte beziehungsweise die Füße sichtbar sind. Wenn man die Auferstehungsbilder aus dem 12. bis 16. Jahrhundert insbesondere unter körpersprachlichen Aspekten analysiert, so lassen sich verschiedene Körperposituren Christi unterscheiden: stehend, gehend, sitzend und emporschwebend. Erstmalig als Bewegung dargestellt wird der Auferstehungsvorgang in einem Bildtypus, der den nach vorn aus dem Sarkophag heraus schreitenden Christus zeigt, der in der linken Hand die Kreuzfahne beziehungsweise den Kreuzstab hält und seine rechte zur Segensgeste erhebt. Dieser Christus, wie er auf dem Evangelistar aus Groß St. Martin in Köln dargestellt ist, erscheint als siegreich-zurückkehrender Held, als Triumphator, der die Todesmächte besiegt hat. Von diesem Auferstehungstypus unterscheidet sich deutlich der heimlich dem Grab entsteigende oder der mit aufgeworfenen Armen nach oben empor schwebende oder ins Licht hinein schwebende Christus.

Ob die Auferweckung – ein Glaube, mit dem der christliche Glaube steht und fällt – ein historisches Faktum war, ist theologisch nicht erst heute umstritten. Zur Zeit des Rationalismus entstanden Betrugs- und Scheintodhypothesen, in der liberalen Theologie deutete man den Vorgang psychologisch als Ergebnis subjektiver Visionen. Für Rudolf Bultmann war die Auferstehung kein historisches Ereignis, sondern mythischer »Ausdruck der Bedeutsamkeit des Kreuzes« Jesu, der dadurch Gottes befreiendes Gericht über die Welt bringe, das die Todesmacht überwinde. Die Rückkehr eines Toten hielt Bultmann für unglaubwürdig, verwarf daher die neutestamentlichen Texte vom leeren Grab, die Zeugenliste des Paulus (1 Kor 15,5–8) und Jesu leibliche Erscheinungen nach seinem Tod. Historisch greifbar ist für ihn nur der Osterglaube der ersten Jünger.[5]

Das urchristliche Auferstehungsbekenntnis hielt der Neutestamentler Willi Marxsen (1919–1993) für eine nachträgliche Deutung der Seherlebnisse der Jünger in den damaligen Vorstellungen der jüdischen Apokalyptik.[6] Für Marxsen ist Jesus in das Kerygma seiner Zeugen auferstanden: »Die Sache Jesu geht weiter.«[7] Sein Kollege Herbert Braun (1903–1991) sah in der Auferstehung »eine altchristliche Ausdrucksform, und zwar eine umweltbedingte Ausdrucksform, für die Autorität, die Jesus über jene Menschen gewonnen hat. Wir heute werden diese Ausdrucksform nicht als für uns verbindlich empfinden können. Die mit dieser Ausdrucksform gemeinte Autorität Jesu kann für uns aber sehr wohl verbindlich werden.«[8]

Die kontroverse Diskussion um die Faktizität der Auferstehung[9] wurde unlängst um den ungewöhnlichen Ansatz des nicht unumstrittenen südafrikanischen Neutestamentlers Pieter F. Craffert in Auseinandersetzung mit der jüngeren Geschichtswissenschaft und der historischen Jesusforschung erweitert. In beiden Wissenschaften werde ein »ontologischer Monismus« vertreten bzw. eine »monophasische Kultur«, deren gemeinsame Realität die antike und moderne Welt verbindet. »Polyphasische Kulturen« dagegen würden von dieser Warte aus als mythologisch, fiktional und primitiv abgewertet. Wundersame Heilungen und paranormale Erscheinungsformen werden in monophasischen Kulturen wie unserer westlichen auf der Grundlage der *einen* Wirklichkeit gedeutet. Das vorherrschende Weltverständnis der modernen Welt beurteilt Wunder usw. als unhistorisch. Für Craffert ist Jesus ein »galiläischer Schamane«, der sich in den Zustand von ASC-Erfahrungen (*altered states of consciousness* = veränderter Bewusstseinszustand) versetzen, heilen, Geister kontrollieren, Todes- und Wiedergeburtserfahrungen erleben kann. Seine Taufe und seine Erfahrungen von Geistbesessenheit, sein charismatisches Lehren, (apokryphe) Kindheitsgeschichten, Erzählungen über die Ostererscheinungen – diese Ereignisse demonstrieren nach Craffert Jesu moduliertes Bewusstsein. Seine außergewöhnlichen Erlebnisse und Erscheinungen seien Ausdruck realer ASC-Erfahrungen, nicht aber theologischer Konstruktionen späterer Glaubensgemeinschaften.[10]

Sterben und Tod Muḥammads

Im Jahre 628 versuchte Muḥammad vergeblich, eine Wallfahrt in seine Heimatstadt Mekka zu unternehmen. Schließlich kehrte er 630 anlässlich eines Beduinenstreits nach Mekka zurück, wo ihm wenig Widerstand geboten wurde. Die meisten seiner ehemaligen Gegner behandelte er mit großer Nachsicht. Doch blieb er nicht in seiner ursprünglichen Heimatstadt, sondern kehrte wieder in sein Haus nach Medina zurück.

Nachdem 631 Muḥammad Abū Bakr beauftragt hatte, den ersten Haddsch nach Mekka zu unternehmen und alle heidnischen Haddsch-Elemente untersagte, leitete der Prophet 632 die Reise selbst. Geschickt verband er die vorislamischen Elemente der Umra mit der Umrundung der Kaaba, den siebenfachen Lauf zwischen den Hügeln Safa und Marwa, das stehende Gebet in der Ebene von ʿArafāt, das Werfen der Steine sowie das Tieropfer zum Gesamtkunstwerk des islamischen Haddsch, bezog ihn auf den muslimischen Stammvater und Erbauer der Kaaba, Abraham. So entstand die Pilgerfahrt als fünfte islamische Grundpflicht.

Seine Abschiedspredigt, die er während des Haddsch 632 n. Chr. am neunten Tag des Dhū l-Hiddscha in der Ebene von ʿArafāt vor »zahllosen Muslimen« gehalten haben soll, stellt gewissermaßen sein Testament dar. Diese Predigt gleicht einer Verfassung und befasst sich im Wesentlichen mit den Rechten und Freiheiten des Individuums, den Rechten der Frauen und der rechtlichen und sozialen Gleichheit unter den Menschen. Thematisiert werden der Respekt vor Besitz, die fünf Säulen, die Gefahren des Satans, das Verbot von Wucher und Blutrache, die persönliche Verantwortung des Menschen sowie Ablehnung von Rassismus. Der Dschihād wird nicht erwähnt. Muḥammad ist davon überzeugt, dass die Offenbarung und sein Auftrag abgeschlossen sind. Dreimal fragt er die Versammelten, ob er als Gesandter Gottes die göttliche Botschaft richtig übermittelt hat und erhält dafür die Bestätigung der Gemeinde. Nach seiner Abschiedspredigt geschieht die Offenbarung von Sure 5,3: »Heute habe ich euch eure Religion vervollkommnet und meine Gnade an euch vollendet und euch den Islam zum Glauben erwählt ...«.

Ibn Isḥāq zufolge starb Muḥammad nach kurzer Krankheit in den Armen ʿĀ'ischas. Zu diesem Zeitpunkt war er politisches und religiöses Oberhaupt fast der gesamten arabischen Halbinsel. Abū Bakrs Worte an die Versammelten nach Muḥammads Tod verdeutlichen seine Bedeutung als Prophet und Mensch: »Muḥammad ist nur ein Gesandter gewesen, der eine Botschaft überbracht hat. Ihr Menschen. Wenn ihr Muḥammad anbetet, muss ich euch sagen: Muḥammad ist tot. Wenn ihr aber Gott anbetet, so sage ich euch: Gott lebt und wird nie sterben.«

Muḥammad wurde nicht auf dem Friedhof neben seinen Gefährten bestattet, sondern dort, wo er starb. An der Stelle dieses Hauses wurde die Prophetenmoschee errichtet. Bei der Diskussion um seine Nachfolge wollten einige medinensische Muslime Saʿd ibn ʿUbāda als Nachfolger durchsetzten, um ihre Rolle als »Helfer« bei der Aufnahme des Propheten und seiner Anhänger herauszustellen. Doch setzte sich die Fraktion der ausgewanderten Muslime mit ihrer Forderung nach einem Nachfolger aus dem Stamm der Quraisch durch, und Abū Bakr wurde zum ersten Kalifen gewählt.

Himmelsreise, Aufstieg in den Himmel, Himmelfahrt

Einleitung

D er Traum vom Fliegen ist menschheitsgeschichtlich sehr alt, und der rumänisch-amerikanische Religionswissenschaftler Mircea Eliade (1907–1986) glaubte, dass die Motive ›Himmelfahrt‹ und ›magischer Flug‹ auf allen archaischen Kulturstufen belegt werden können. Hintergrund der im Einzelnen oft unterschiedlichen Reiseunternehmungen durch die Himmelswelten seien die menschlichen Grunderfahrungen von Transzendenz und Freiheit. Mögen diese Begriffe dem archaischen Menschen zwar unbekannt sein, so gehöre die Sehnsucht, »sich von seinen Begrenzungen zu befreien«, den erfahrenen »Verlust« zu beheben, »zu den spezifischen Kennzeichen des Menschen«.[1]

Nach dem amerikanischen Religionshistoriker Alan F. Segal (1945–2011) ist die Himmelsreise »die dominante mythische Konstellation der späten klassischen Antike«.[2] Betrachtet man die als Himmelsreise, Himmelfahrt oder Entrückung zusammengebrachten Beispiele, so fällt ihr unterschiedlicher Charakter auf und man erhält verschiedenartige Antworten auf die Fragen: wer, wohin, womit und aus welchem Grund eine Reise in den bzw. die Himmel antritt. Auch wenn solche Reisen in der Religionsgeschichte vielfach bezeugt sind – im alten Ägypten, in Sibirien oder China, in Buddhismus, Hinduismus und Daoismus – so kristallisiert sich ein Schwerpunkt in der iranischen und hellenistischen Kulturwelt heraus. Wilhelm Bousset vertrat die These, dass der Ursprung »jener bunten Phantasien und jener ekstatischen Mystik«[3] im Iran zu suchen sei und über die Mithras-Religion dem Westen vermittelt wurde. Die These vom iranischen Ursprung des Himmelsreisen-Motivs stellt bis heute eine Herausforderung an die Forschung dar und wird »vermutlich nie zufriedenstellend gelöst«.[4] Bousset unterschied zwei Vorstellungsreihen: Es handelt sich um

> die Lehre, dass die Seele nach ihrer Loslösung vom Leibe durch den Tod die Himmelsregionen durchwandert, um vor den Thron Gottes zu gelangen, zweitens aber auch um eine mystisch ekstatische Lehre, daß dem Gläubigen und Frommen der Aufstieg zum höchsten Gott schon in diesem Leben möglich sei, und eine daran sich anschließende bestimmte Praxis der Ekstase. Beide Vorstellungsreihen sind eng miteinander verbunden. Die Ekstase, vermöge deren man sich durch den Himmel zum höchsten Gott erhebt, ist ja nichts anderes als eine Anticipation der Himmelsreise der Seele nach dem Tode des Menschen.[5]

Während der Typus der Himmelsreise primär am Vorgang des Reisens interessiert ist und ihn samt allen seinen Etappen und Gefährdungen schildert[6], liegt der Fokus der »Entrückungen«, wie sie von Romulus, Herakles und Apolonius von Tyana erzählt wurden, auf der Wegnahme des ganzen leiblichen Menschen, nicht nur seiner »Seele« – aus dem Diesseits in ein Jenseits vorzugsweise von Bergen, Hügeln, Scheiterhaufen. Oft werden Menschen im Sturm, durch Wolken oder einen Adler entrückt.

Die »unsterbliche Seele« des Menschen, sein über den Tod hinaus fortdauerndes Ich-Bewusstsein, heißt im alten Iran »Urvan«/»Ruvan«. Das mittelpersische »Buch von Arda Viraz« schildert, wie die Seele eines ausgewählten Menschen mit Hilfe von Rauschmitteln zeitweilig in die Jenseitswelt geschickt wird, um von dort wichtige religiöse Auskünfte für die Gemeinde zu erhalten.

Auf das Ganze gesehen bietet die hebräische Bibel wenige Anhaltspunkte für den Gedanken leiblicher Entrückungen und seelischer Himmelsreisen. Zwar kommen Begegnungen mit Gott oder Engeln vor, doch sind sie gefahrvoll, tragen den Charakter des Überraschenden und vollziehen sich im kultischen Bereich. Die zwischen Gott und Mensch von der hebräischen Bibel aufgerichtete Grenze wird nur gelegentlich von solchen Menschen durchbrochen, die Gott besonders nahestehen. Mose erblickt auf dem Sinai Gottes Angesicht (Ex 33,18 ff.). Gen 5,24 erwähnt kurz Henochs Entrückung. 2 Kön 2,1–15 erzählt zwar die »Himmelfahrt des Elia«, der vor den Augen seines Propheten-Nachfolgers Elisa auf einem Wagen mit feurigen Rossen im Sturmwind himmelwärts entrückt wird. Doch liegt die Betonung weniger auf der im Übrigen nicht näher beschriebenen Himmelfahrt als auf dem Gedanken der legitimen Nachfolge des Propheten Elisa.[7] Die jüdisch-hellenistische Literatur bietet einige Zeugnisse von Himmelsreisen und Entrückungen (Himmelfahrt Henochs, Levis und Abrahams).

Im 3./4. Jahrhundert n. Chr. setzte in der jüdischen Esoterik ein Prozess der Ritualisierung ein, in dessen Folge eine »ritualistisch-magisch-theurgische Praxis« entstand. Im Kreis um Rabbi Aqiba sowie Rabbi Jischmael spielte die Himmelsreise eine wichtige Rolle. Sie wurde ritualisiert und »zu einer Art Kultakt«. Rituelle Reinheit und Fastenübungen waren ebenso wichtige Voraussetzungen für einen erfolgreichen Aufstieg wie der richtige Umgang mit dem Gottesnamen. Die Esoteriker glaubten, einen wirklichen Aufstieg in den Himmel zu unternehmen.[8]

Im Gnostizismus spielt der Gedanke der Himmelsreise eine wichtige Rolle. In den gnostizistischen Systemen ist von einer »Abwärts- und Aufwärtsbewegung«[9] des dem Menschen innewohnenden göttlichen Funkens die Rede. Der befreiende Aufstieg zur göttlichen Lichtheimat ist in das Bild der Himmelsreise gekleidet. Die Himmelsreise des Selbst ist ein gefährliches Unternehmen, bei dem magisch-kultische Praktiken angewendet werden, um sich gegen die feindlichen, an die Mächte des Welthaften kettenden Widersacher zu behaupten.

Als Himmelsreisende par excellence gelten die Schamanen.[10] Umstritten sind die zeit-räumliche Fixierung dieses religiösen Phänomens, die Aufgabenbestimmung des Schamanen, die Art seiner Ekstase.[11] Oft werden Schamanen mit Medizinmännern, Priestern, Zauberern, Magiern, Ekstatikern, Mystikern, Propheten und anderen verglichen. Größere Einmütigkeit besteht bei der Frage nach der spezifischen Ekstaseform der Schamanen: Besessenheitstrance oder Seelenflugtrance, gelegentlich beide zugleich. Eliade deutet Schamanismus als ein Religionsphänomen »archaischer Gesellschaften«, stellt dabei die Seelenflugtrance in den Mittelpunkt, die er im Gegensatz zur nicht-schamanischen Besessenheit für urtümlicher hält. Schamanismus ist für ihn eine »archaische Ekstasetechnik«, bei der die menschliche Seele den Körper verlässt, um in den Himmel, aber auch in die Unterwelt zu reisen. Himmelsaufstiegsrituale haben eine große Bedeutung im Schamanismus, die nach Eliade – keineswegs aber nach allen übrigen Schamanismusforschern – einen besonderen Platz einnehmen. Heilige Bäume – oft sind es drei, sieben, neun oder manchmal auch nur einer, die den kosmischen Baum oder die *axis mundi,* die »Weltachse«, symbolisieren – werden mit Kerben versehen und während der Séance von den Schamanen stufenweise erklettert. Oft wird die Himmelsreise durch Gesänge und Gebärden veranschaulicht. Mit jedem Erklimmen einer neuen Sprosse erreicht der Schamane symbolisch eine weitere Himmelsschicht. Tiere, zum Beispiel Gänse, spielen dabei eine besondere Rolle; der Schamane besteigt sie und setzt auf ihnen seine Reise in immer höhere Himmelsschichten fort.[12]

Für Buddha ist die Thematik nicht relevant; denn von ihm erzählen buddhistische Quellen weder eine Himmelfahrt noch -reise.

Jesu Himmelfahrt

Der US-amerikanische Historiker und Theologe Morton Smith (1915–1991) versuchte zu beweisen, dass Jesus zu Lebzeiten Aufstiegstechniken verwendet habe, die aber von den Evangelisten geheim gehalten wurden.[13] Von einer postmortalen Himmelfahrt Jesu erzählen nur Lukas und der wohl von ihm abhängige

*Abb. 5: Christi Himmelfahrt (Bauernmalerei von Gottfried Scheucker
und Johann Georg Walter in der Dorfkirche von Reinhardtsdorf, vollendet 1711,
© Rainer Oettel/zb/picture alliance)*

Markus (16,19). Vers 19 gehört zu den nicht zum ursprünglichen Bestand des Markustextes zählenden Versen 9–20 und wurde im 2. Jahrhundert als sogenannter sekundärer Markusschluss hinzugefügt. Ob der Text mit Vers 8 oder einem verlorengegangenen Schlussteil endete, ist strittig. Lukas lagen drei verschiedene Überlieferungen über die Himmelfahrt vor: eine am Tag der Auferstehung (Lk 24,50–53), zeitlich danach (Apg 13,31), 40 Tage danach (Apg 1,3). Am Schluss des Lukasevangeliums geht Jesus mit seinen Jüngern von Jerusalem zum Ölberg, segnet sie wie am Ende des Gottesdienstes der Hohepriester: »Und es geschah, da er sie segnete, schied er von ihnen und fuhr auf gen Himmel« (24,50). Die Jünger fallen vor ihm nieder, beten ihn an. Wenn sie schließlich »mit großer Freude« (24,52) nach Jerusalem zurückkehren, dann deshalb, weil sich bei ihnen angesichts der Vergöttlichung Jesu keine Trauerstimmung verbreitet.

In der Apostelgeschichte (1,9–11) berichtet Lukas von einer Wolke, die den auferstandenen Jesus vor den Augen der Jünger hinweg nahm, die ihm auf dem Ölberg nachsahen, »wie er gen Himmel fuhr« – von wo er dereinst wieder zurückkommen wird. Von ihrem Typus her handelt es sich um eine Entrückung: Die Geschichte wird aus der Perspektive der Zuschauer erzählt und thematisiert das Ende des irdischen Lebens Jesu. Kennzeichnend ist auch die Szenerie: Berg, Wolke, himmlische Bestätigung durch Engel usw. Die Himmelfahrtsgeschichte stammt wohl von Lukas selbst, der auf keinen Erzählstoff zurückgreifen konnte.

Was die künstlerische Darstellung betrifft, so gibt es den »passiven« Typus, bei dem Christus von den Engeln zum Himmel getragen wird, und den in den Himmel hinein schreitenden Auferstandenen. Dabei greift er entweder nach der ihm entgegen gestreckten Hand Gottes, oder er schwebt mit ausgestrecktem rechtem Arm über Maria und den Aposteln. Aus dem schwebenden Christus in Gebetshaltung entwickelt sich die Darstellung des aus eigener Kraft sich emporschwingenden Christus.[14]

Nacht- und Himmelsreise Muḥammads

Mit dem Entrückungskonzept geht der Koran sehr sparsam um, erwähnt nur die Entrückung von Idris/Henoch und ʿĪsā/Jesus. Die Entrückung des Elias wird nicht erwähnt. Idris, der *nabī* (»Prophet«) und *siddiq* (»Wahrhaftige«), wurde »an einen hohen Ort erhoben« (19,56–57), was meist als Entrückung gedeutet wird. Im Kontext von ʿĪsā/Jesus spricht der Koran von abberufen und »aufnehmen, erhöhen« (3,55). In 4,157–158 ist die Rede davon, dass Gott ʿĪsā »zu sich erhoben« habe.

Von zwei Fahrten Muḥammads in den Himmel erzählen erst nachkoranische Traditionen. Der schwedische Religionshistoriker Geo Widengren (1907–1996) interpretierte den Aufstieg des Propheten vor dem Hintergrund eines alt-nahöstlichen »Mythos-und-Ritus-Schemas«.[15]

Folgendermaßen spielt der Koran auf die »Nachtreise« an: »Preis sei dem, der des Nachts seinen Knecht von der heiligen Kultstätte zur entferntesten Kultstätte reisen ließ, deren Umgebung wir gesegnet haben! Wir wollen ihn von unseren Wunderzeichen schauen lassen!« (17,1). Hier wird Gott gepriesen, der seinen Diener von Mekka nach Jerusalem – wie die »entfernteste Kultstätte« meist gedeutet wird –, reisen ließ. Detaillierteres weiß der Prophetenbiograph Ibn Isḥāq, der Muḥammads »Nachtreise« wie auch seine unmittelbar darauf folgende »Himmelsreise« erzählt, die oft miteinander verbunden werden:

> Dem Propheten wurde Burāq gebracht. Dies ist das Reittier, auf dem auch die Propheten vor ihm geritten waren und das seinen Huf bei jedem Schritt so weit setzt, wie sein Blick reicht. Er wurde auf das Reittier gehoben und Gabriel begleitete ihn, wobei er die Wunder zwischen Himmel und Erde sah, bis er nach Jerusalem gelangte. Da traf er Gottes Freund Abraham, Moses und Jesus inmitten anderer Propheten, die sich für ihn versammelt hatten, und betete mit ihnen.[16]

Einer anderen Überlieferung zufolge schlief Muḥammad in der Kaaba und wurde von Gabriel auf Burāq gesetzt, der mit ihm zusammen die Nachtreise nach Jerusalem unternahm.

*Abb. 6: Muḥammads nächtliche Himmelsreise auf dem Reittier Buraq
(Islamische Miniatur, Gouache auf Papier, Süleymaniye-Bibliothek Istanbul, 17. Jh.,
© Roland and Sabrina Michaud/akg-images)*

Vor allem um die Himmelsreise des Propheten, die jährlich am 27. Radschab gefeiert wird, entfaltete sich eine ausgedehnte Literatur. »Nachdem ich in Jerusalem gebetet hatte, wurde mir eine Leiter gebracht, so schön, wie ich noch nie etwas gesehen hatte. Es war die Leiter, auf die die Todgeweihten ihre Augen richten, wenn das Ende naht. Gabriel ließ mich auf ihr hinaufsteigen, bis er mich zu einem der Himmelstore brachte, das man das Hütertor nennt.«

Muḥammad steigt den siebenfach geschichteten Himmel hinauf, begegnet auf jeder Himmelsebene einem seiner Prophetenvorgänger: Adam, den beiden »Vettern« Jesus und Johannes, Joseph, Idris, Aaron, Moses, schließlich im sechsten Himmel dem »Vater Abraham«. Endlich betritt der Gesandte den siebten Himmel und sieht im Paradies Gott von Angesicht zu Angesicht. Gott erlegt den Muslimen täglich 50 Gebete auf; auf Anraten Moses handelt der Prophet sie jedoch schrittweise auf die heute üblichen fünf herunter.

Ob man die Himmelsreise als körperliches oder visionäres Ereignis zu verstehen habe, war Thema theologischer Auseinandersetzungen. Die persische und persisch beeinflusste Dichtung beschrieb die Himmelsreise mit immer neuen fantastischen Bildern. Zunehmend trat das Motiv der Leiter in den Hintergrund gegenüber dem mythischen Fabelwesen, der Stute Buraq. In immer neuen Variationen ist die Reise auf dem Burāq Thema islamischer Miniaturmalerei.

Besonders beliebt war das Motiv der Himmelsreise bei den Sufis. So wie einige Mystiker die Hidschra des Propheten von Mekka nach Medina als Symbol für die innere Auswanderung der Seele zur göttlichen Heimat und von dort wieder zurück betrachteten, dienten auch Himmelsleiter und Himmelsreise als Bilder für den inneren Aufstieg. Der nordiranische Mystiker Bāyazīd Bistāmī (gest. 874) gilt mit den visionären Schilderungen seines Himmelsfluges als einer der ersten Sufis, der die Himmelfahrtssymbolik für das mystische Aufstiegserlebnis verwendet. Die Entrückung Muḥammads legitimiert auch den Anspruch auf den ḥaram asch-scharīf (»Tempelplatz«) in Jerusalem als drittwichtigstes Heiligtum der islamischen Welt.

Das Bild der Religionsstifter im Glauben ihrer Gemeinde

Buddha im Glauben seiner Gemeinde

Buddhisten bezeichnen Buddha als Erlösten, Wissenden, Lehrenden, Erlöser, mitleidigen Helfer, höchstes Wesen in der Welt, reines und edles Wesen, Anführer und Lenker, Held, Zaubermächtigen. Man nennt ihn *muni* (»Schweiger, Weiser«) bzw. Shākyamuni, den »Weisen aus dem Geschlecht der Shākya«. Er selbst bezeichnet sich als Tathagata, »So-Gegangener« bzw. »So-Gekommener«. Buddha wird *bhagavat* genannt, »Erhabener, Göttlicher, Seliger, Ehrwürdiger«. Wie seine erwachten Anhänger, so bezeichnet er sich als Arhat, »Ehrwürdiger, Heiliger«. Auch der im Jainismus gebräuchliche Titel *jina* (»Sieger« über das Leid) wird für Buddha, insbesondere in den in Versform geschriebenen Texten, verwendet. Schließlich findet sich *sugata*, »Wohlgegangener«.[1]

Texte des Hīnayāna-Buddhismus[2] sehen Buddha als Mensch, aber als einen außergewöhnlichen. »Aufgrund eines Restes der Wirksamkeit seiner früheren Taten unterliegt er noch dem Gesetz der Krankheit, des Alters und des Todes«[3], er kann seine Lebensdauer aber selbst bestimmen, seine Macht reicht über den Tod hinaus, und er gilt nach einigen Texten als allwissend. Früh wird seine Außergewöhnlichkeit hervorgehoben: Sein Körper weist wie der voraufgegangener Buddhas die 32 klassischen Merkmale eines »großen Mannes« auf. Dabei werden seine körperliche Stärke, seine Wirkung auf Mitmenschen, seine moralische Größe, seine besonderen Fähigkeiten in der Unterweisung der Lehre und seine *siddhi*-Kräfte erwähnt, von denen im Kapitel über die Wunder Buddhas die Rede war.

Entwicklungen im Mahāyāna-Buddhismus

Mahāyāna ist eine Selbstbezeichnung, denn in dieser Schule des Buddhismus steht nicht der sich nur auf sein eigenes Heil konzentrierende Einzelne im Mittelpunkt, sondern das Heil der vielen. Das Mahāyāna ist die eigentliche buddhistische Weltreligion geworden. Die Mahayanins hielten ihre Religion nicht nur für bedeutender und größer, weil sie Befreiung für viele bringt, sondern auch, weil sie hochbedeutsame Schriften gefunden zu haben behaupteten. Diese gehen angeblich auf Buddha selbst zurück und wurden bislang verborgen gehalten. Sie geben sich als Sutren, also als Reden Buddhas aus, in denen Buddha bereits Mahāyāna-Gedanken geäußert habe. Man versteckte die Schriften so lange, weil die Menschen noch nicht zu ihrem Verständnis reif genug waren.

Das Mahāyāna gab sich mit der Person des historischen Buddha nicht zufrieden, auch nicht mit dessen Vorläufern in vergangenen Weltzeitaltern sowie dem zukünftigen Buddha Maitreya. Das Mahāyāna kennt viele weitere Buddhas und Bodhisattvas, die in eigenen Paradieseswelten bzw. unter den irdischen Lebewesen wirken. Man lehrte, dass Buddha aufgrund seiner außerordentlichen Fähigkeiten mehr als ein normaler Mensch war. Sein Körper wird zum Abbild eines kosmischen Buddhas. Während die noch nicht Erwachten nur seine materielle Erscheinungsform sehen, sind die bereits erwachten, aber noch nicht in das Nirvāna eingegangenen Bodhisattvas in der Lage, ihn als transzendentes Wesen wahrzunehmen.

Die *trikāya*-Lehre von den »drei Körpern« Buddhas wurde ansatzweise schon im Hīnayāna entwickelt, gewinnt aber ihre hauptsächliche Bedeutung im Mahāyāna. Dharmakāya (»Lehrleib«) steht für die ewige, formlose, aus sich selbst existierende kosmische Buddhanatur. Der Dharmakāya wirkt durch den mit menschlichen Sinnen nicht wahrnehmbaren transzendenten Sambhogakāya (»Genussleib«). Darunter wird die Gestalt verstanden, die Buddhas als Bodhisattvas annehmen. Avalokiteshvara ist zum Beispiel der Sambhogakāya des Buddha Amitābha. Die Frommen ersuchen dieses überirdische Wesen um Fürbitte für eine bessere Wiedergeburt. Buddha Amithāba (Amitāyus – oder Amida in Japan) ist ein solcher transzendenter Buddha. Sambhogakāyas sind die Lehrer der Bodhisattvas, die im Mahāyāna zu großer Bedeutsamkeit und Volkstümlichkeit gelangten. Nirmānakāya (»grobstofflicher Leib«) ist die »konkrete Materialisierung eins Erleuchtungswesens auf Erden«[4], zum Beispiel der historische Siddhārta Gautama.

Der Bodhisattva-Weg

Ein Bodhisattvas ist im Mahāyāna ein »Wesen«, sattva, das sich entweder systematisch um *bodhi* bemüht bzw. diese schon erreicht hat. Ein Bodhisattva verzichtet so lange auf den Eingang in das Nirvāna, bis er alle leidenden Wesen erlöst hat. Im Zentrum steht nicht mehr der »einsam wie ein Rhinozeros« seine Straße ziehende *arhat* des frühen Buddhismus, sondern der mit anderen Menschen mitleidende Bodhisattva. Es gibt transzendente und menschliche Bodhisattvas. Bei den himmlischen handelt es sich um spirituelle Wesen, Heilandgottheiten, die von den Gläubigen in allen Lebenslagen angerufen werden. Ein Bodhisattva nimmt die Last allen Leidens auf sich, duldet und erträgt alles, ist mutig, wenn es darum geht, Menschen zu retten. Aufgrund seines Gelübdes, alle Wesen aus dem Strom des Samsara zu retten, durchlebt er viele Elendslagen, sogar die Schmerzen der Hölle. Der ostasiatische Buddhismus kennt berühmte Bodhisattvas, insbesondere den volkstümlichen, mit elf Köpfen und tausend helfenden Armen dargestellten Bodhisattva Avalokiteshvara (Sanskrit: »Im Stande der höchsten Erkenntnis zu erreichen«). Dieser ist vor der vollen Ausprägung des Mahāyāna in der Gandhāra-Region (heute Nord-Pakistan, Ost-Afghanistan) schon früh bekannt. Er wurde zum Inbegriff des Gnade spendenden und barmherzigen Heilands. In China wird er als Kuan Yin verehrt, die weibliche Göttin der Barmherzigkeit. Schiffer und Fischer, auch Frauen, die Kindersegen und Heilung von Krankheiten begehren, rufen ihn an. Als Göttin Kwannon wird sie in Japan, als Tschenresi bei den Tibetern verehrt. Zum Dank für erfahrene Hilfe sollen die Geretteten selbst Bodhisattvas werden, um ihre Mitmenschen vom Leiden zu befreien.

Buddha als Sozialreformer

Der erneuerte politisch-aktive Buddhismus brachte bei seiner Auseinandersetzung mit dem kolonialistischen Westen noch andere, neue Sichtweisen Buddhas hervor. Er wurde gelegentlich als »Häretiker« und »Rebell«, als revolutionärer Kämpfer gegen die Brahmanen gedeutet. Andere unterstreichen Buddhas Rolle als »Vorkämpfer« einer Haltung »autonomer Erkenntnis«, als modernen Naturwissenschaftler.

Im 20. Jahrhundert orientierten sich manche Buddhisten bei ihrem antikolonialistischen Kampf am Vorbild Buddhas, behaupteten, dass einige für die Gesellschaft notwendigen Reformen bereits im Urbuddhismus angelegt seien: Buddhas Kritik an der Kastenordnung, Priorität von rechter Gesinnung gegenüber Askese und Opfer. Sie deuteten Buddha als Sozialreformer und wollten seine Vorschriften auf die heutige Gesellschaft übertragen. Das Nirvāna interpretierten sie als ideale Gesellschaftsordnung und bezogen Buddhas Lehre zur Überwindung des Leidens auf gesellschaftliche Probleme:

> Der Buddha [...] war der erste, der gegen die Tyrannei der Brahmanen revoltierte. Er leugnete, dass die Götter im Himmel mit blutigen Opfern versöhnlich gestimmt werden könnten. Er leugnete, dass die Brahmanen die Schlüssel zum Himmel besäßen [...] Alle Menschen waren für ihn gleich [...] Die Revolte des Buddha war so allumfassend wie sie umstürzlerisch für die religiöse und soziale Ordnung jener Zeit war. Das Hauptmerkmal seiner Lehre war der Dienst am Menschen; verglichen damit hielt er alles andere für zweitrangig [...].[5]

Buddhistische Intellektuelle haben Parallelen zwischen Buddhas Lehre und modernen Konzeptionen von Sozialstaatlichkeit und Sozialismus gesehen. Der birmanische Denker U Nu (1907–1995) betrachtete die Illusion über den Wert des Eigentums als eine Ursache des Klassenkampfs. Er forderte eine neue Bewertung im Sinne buddhistischer Ethik, um den Unterschied zwischen Herren und Knechten aufzuheben und das Nirvāna auf Erden zu verwirklichen.

Jesus im Glauben seiner Gemeinde

Wie wurde aus dem historischen Reich-Gottes-Prediger Jesus von Nazareth der »Christus des Glaubens« und der Kirche? »Wir stellen fest, dass kurze Zeit nach der Hinrichtung Jesu eine Explosion verschiedener Aussagen über ihn auftaucht, die ihm alle doch eine entscheidende (messianische) Bedeutung zuschreiben. Sie werden relativ schnell in umfassende theologische Entwürfe integriert«.[6] Welche Ansatzpunkte für spätere Christologien bietet das Leben Jesu? Die Christen bezeichneten sich zunächst nicht nach ihm, sondern als Nachfolger des (jüdischen) »Weges«, den Jesus beschritten und vorgelebt hatte.

Jesus als Messias

Jesus besaß ein ausgeprägtes Selbstbewusstsein, dessen Grund in seinem besonders engen Gottesverhältnis lag. Mit seiner Exousia (»Vollmacht«) berief er sich unmittelbar auf Gott. So ist sein sechsmaliges »Ich aber sage Euch« aus den Antithesen der Bergpredigt (Mt 5,21–48) typischer Ausdruck seines prophetischen Selbstbewusstseins, das seine eigene Autorität jener der Tora entgegenstellt. Selbstsicher betont Jesus die Vollmacht seiner Worte gegenüber den Schriftgelehrten im Gleichnis vom Hausbau. Wer auf sein Wort hört, ist klug; wer dies dagegen nicht tut, wird als töricht abgekanzelt (Mt 7,24–28).

Seine Wunder verstand Jesus als Anfang des Gottesreiches:

»Wenn ich aber durch Gottes Finger die bösen Geister austreibe, so ist ja das Reich Gottes zu euch gekommen« (Lk 11,20).

Jesus verstand sich nicht nur als Verkündiger der Gottesherrschaft, sondern als ihr Repräsentant. Bemerkenswert sind die Einleitungen mancher Jesus-Reden mit einem vorangestellten »Amen, ich sage euch«, wobei das hebräische 'āmen ein Verbaladjektiv der Wurzel 'mn ist und »fest, zuverlässig, sicher sein« bedeutet. Wenn Jesus diese Wendung benutzt, spricht er mit hochgradiger Geltungskraft und Autorität.

Theologen unterscheiden eine implizite bzw. indirekte Christologie von einer expliziten. Mit impliziter Christologie drücken sie aus, dass sich Jesus zwar nicht selbst ausdrücklich als Christus/Messias bezeichnete, aber zumindest so gesprochen und gehandelt habe, dass darin sein Selbstverständnis als Messias impliziert sei. Nach Ostern entstand eine explizite Christologie. »Die singulare Qualität des vorösterlichen Jesus ist ein wesentlicher Grund, warum nach Ostern eine explizite Christologie ausgebildet wurde. Jesus erhob bereits vorösterlich einen einzigartigen Anspruch, der durch die Auferstehung und die Erscheinungen nachösterlich verändert und zugleich noch verstärkt wurde«.[7]

Die nachösterliche »explizite« Christologie der Urgemeinde drückt sich in zahlreichen Würdetiteln für Jesus aus: Messias/Christos/Gesalbter – Herr/Kyrios – Prophet – Sohn Davids – Sohn Gottes – Menschensohn – Retter – Logos (nur im Prolog des Johannesevangeliums 1,1–18). Diese meist aus der jüdischen Tradition und der hellenistischen Umwelt stammenden Titel fassen den Glauben der frühen Christen bekenntnisartig zusammen. Ob Jesus diese Titel selbst für sich in Anspruch genommen hat[8], ist umstritten, wird mehrheitlich aber wohl verneint. Möglicherweise haben Anhänger schon zu Lebzeiten Jesu solche Hoheitstitel für ihn verwendet. Manche neigen zu der Annahme, dass Jesus sich den Ausdruck »Menschensohn«, der über 20 Mal in den synoptischen Evangelien vorkommt, zugelegt haben könnte, »eine Bezeichnung von rätselhafter Mehrdeutigkeit«[9] mit eschatologischem Klang. Juden erwarteten ihn als eine himmlische Gestalt. Möglicherweise ist »Sohn des Menschen« gar kein Titel, sondern Name für »eine partikulare Person, in diesem Fall Jesus. Und zwar bezieht er sich auf Jesus in der Weise, dass er ihn als ein *menschliches Wesen* (›human being‹) anspricht [...] Freilich ist zu beachten, dass dieser Ausdruck in der ›Diskurswelt‹ der Evangelien das menschliche Wesen Jesu in einem Kontext betont, in dem seine ›intrinsische Göttlichkeit‹ immer schon vorausgesetzt wird«.[10]

Bei der Erforschung des frühchristlichen Christuszeugnisses setzen neuerdings manche Forscher[11] nicht bei den Bekenntnisformeln bzw. Christustiteln an, sondern bei der Frömmigkeitspraxis der frühen Judenchristen. Die frühe Christus-Verehrung entstand demnach im Kontext des jüdischen Monotheismus. Hinweise darauf sind die »Akklamationen des Namens Jesu im Gottesdienst, aber auch Heilungen und Exorzismen unter Anrufung seines Namens sowie die Transformation der Johannestaufe in eine Taufe auf den Namen Jesu (d. h. ebenfalls unter Anrufung seines Namens)«.[12] Diese frühe *devotion to Jesus* bezogen Juden in die gottesdienstliche Verehrung des Gottes Israels mit ein. Die frühe Christus-Verehrung im Jüngerkreis kurz nach der Kreuzigung gab dem jüdischen Monotheismus einen *binitarian shape*: durch Christus-Hymnen, Gebet zu Jesus, die Verehrung des Namens Christi, das Herrenmahl, das Bekenntnis sowie von dem Erhöhten abgeleitete Prophetie. Die Verehrung Jesu als Kyrios ist nicht das Produkt einer frühen Hellenisierung des Christentums. Bereits der vorösterliche Jesus sei von seinen Anhängern als »Herr« (aramäisch: *mar*) angeredet worden.

Juden unterstellen sich der Herrschaft Jesu und rufen sein Kommen zum Gericht herbei. Dies geschah innerhalb der gottesdienstlichen Verehrung des einen Gottes Israels, ja wurde als dessen notwendige Ergänzung angesehen – »zur Ehre Gottes des Vaters« (Phil 2,11)! Für eine solche Einbeziehung eines anderen Wesens neben Gott in die gemeinschaftlichen und gottesdienstlichen (!) Vollzüge einer innerjüdischen Gruppierung fehlt uns bisher jede echte Parallele.[13]

Jesus als Sozialreformer

Seit den 1960er Jahren konstruierten Theologen einen Jesus, der sich kritisch mit der Gesellschaft auseinandersetzte und mit dem Argument »Der Sabbat ist für den Menschen da« (Mk 2,27), blinden Gesetzesgehorsam ablehnte. Er setzte sich über gesellschaftliche Vorurteile hinweg und erklärte sich mit Dirnen, Zöllnern und anderen Unterprivilegierten solidarisch. Er verkündete einen Gott der Liebe, suchte in Brüderlichkeit verbundene Nachfolger. Christen entwickelten vor allem in Lateinamerika eine Befreiungstheologie, die sich als »Stimme der Armen« verstand und zu ihrer Befreiung von Ausbeutung, Entrechtung und Unterdrückung beitragen wollte. Aus dem Blickwinkel benachteiligter Bevölkerungsgruppen legte diese Theologie biblische Texte gesellschaftskritisch aus, setzte sich für eine basisdemokratische und sozialistische Gesellschaftsordnung ein. Außerdem traten die Befreiungstheologen offen gegen die in Südamerika weit verbreiteten diktatorischen Regimes auf, was zahlreiche Geistliche das Leben kostete. Das bekannteste Opfer war der 1980 ermordete Erzbischof von El Salvador, Oscar Romero. Als sich die zweite allgemeine lateinamerikanische Bischofskonferenz in Medellin auf die Seite der Armen stellte, wurde diese Richtung 1968 einer breiteren Öffentlichkeit bekannt. Den Namen gab ihr das 1971 erschienene Buch *Teología de la liberación* von Gustavo Gutierrez (geb. 1928). Der brasilianische Erzbischof Dom Hélder Câmara (1909–1999) kritisierte die soziale Ungerechtigkeit in Lateinamerika und forderte einen gewaltlosen reformistischen Dritten Weg zur Befreiung. Angeregt durch die Enzyklika *Populorum Progressio* (»Der Fortschritt der Völker«, 1967) von Papst Paul VI., machte der gesamte lateinamerikanische katholische Episkopat mit Zustimmung des Papstes die Option für die Armen zur Leitlinie der kirchlichen Position. Die überwiegend katholische Befreiungstheologie erhielt Anregungen vom Zweiten Vatikanischen Konzil (1962–1965), beeinflusste die Ökumene und den sozialkritischen Protestantismus. Eine »schwarze Theologie« der Befreiung entwickelte sich in den USA als Folge der Bürgerrechtsbewegung und in Südafrika eine christlich motivierte Protestbewegung gegen die Apartheid.

Muḥammad im Glauben seiner Gemeinde

Obwohl sich Muḥammad als bloßer Mensch verstand, dem aber der Koran offenbart wurde, verweisen einige Koranverse auf seine herausragende Bedeutung. Er wurde als Barmherzigkeit für die »Menschen in aller Welt« gesandt (21,107) und als »gewichtige Persönlichkeit« (68,4) gesehen. Die spätere Prophetenverehrung findet u. a. ihre Begründung in der mehrfach im Koran wiederholten Anweisung: »Gehorcht Gott und seinem Gesandten!« (8,1). In der popularen Frömmigkeit entwickelte sich der Brauch, Muḥammad anzubeten, ihn darum zu ersuchen, bei Gott Fürbitte einzulegen. Die Muḥammad-Verehrung des Volkes ging so weit, dass sie den islamischen Grundgedanken, dass nicht ein Mensch, sondern der Koran im Mittelpunkt steht, beeinträchtigte.

Die Verehrung Muḥammads

Fromme Muslime ehren und verehren Muḥammad, nennen oder schreiben nie seinen Namen, ohne eine Eulogie, ein »gutes Wort« bzw. einen Segenswunsch, hinzuzufügen. Grundlage ist der Koranvers: »Gott und seine Engel sprechen den Segen über den Propheten. Ihr Gläubigen! Sprecht den Segen über ihn und grüßt, wie es sich gehört« (33,56). »Gott segne ihn und schenke ihm Heil!« ist die heute allgemein verwendete Eulogie nach Muḥammads Namen. Weitere typische Formen sind: »Gott segne ihn und sein Erbarmen sei mit ihm«, »Heil sei über ihm!«, insbesondere auch für frühere Propheten und Erzengel. Muslime schwören bei seinem Namen, benennen mit Vorliebe die eigenen Kinder nach ihm. In Anlehnung an das Christentum begehen viele auch feierlich den Geburtstag des Propheten.

Ein wichtiger Bezugspunkt der Muḥammad-Verehrung ist der Besuch seines Grabes in Medina – für viele Muslime Höhepunkt des Haddsch. Muḥammad soll gesagt haben, dass der Bereich zwischen seinem Grab und der Kanzel der in der Nähe liegenden Moschee ein Paradiesgarten sei. Der Besuch seines Grabes hat Jahrhunderte lang die islamische Literatur beeinflusst. Insbesondere im Maghreb entstand eine »Sehnsuchtsdichtung«, die das Heimweh westlicher Muslime zu den Wirkungsstätten Muḥammads besingt. Der ägyptische Dichter an-Nawādschī (gest. 1455) verfasste jedes Jahr ein Prophetenlob, das er Pilgern mitgab, damit sie es am Prophetengrab vortrugen.

Ein weiterer Zweig der Literatur widmete sich den körperlichen und charakterlichen Eigenschaften Muḥammads (*shamāʿil*), wobei harmonische Mittelwerte bevorzugt wurden: So galt Muḥammad weder als groß noch klein, weder hell noch dunkelhäutig. Poetische Worte beschreiben seine Schönheit, wobei der Mond häufig als Vergleich herangezogen wird. So wird der Prophet als leuchtender Vollmond, »Erleuchter der Dunkelheit«, »Beseitiger der vorislamischen Unwissenheit« gepriesen. Da bildliche Darstellungen Muḥammads im Islam verboten sind, gestalten die Gläubigen durch ihre Schilderung seines Äußeren sprachliche Ikonen:

Sowohl die Schilderung von Muḥammads irdischer Schönheit als auch seine symbolische Identifizierung mit Adam, der bemerkenswerterweise im Koran nicht mit dem Propheten, sondern mit Jesus in Beziehung gebracht wird (3,59), führen zur Vorstellung von Muḥammad als »vollkommenen Menschen« (al-insān al-kāmil). In einem berühmten Hadīth werden Muḥammad die Worte zugeschreiben: »Ich wurde geschaffen«, oder in einer anderen Version: »Ich wurde als Prophet entsandt«, »als Adam noch unbeseelter Ton war«.[14]

Ein wichtiges Werk der Prophetenverehrung ist das »Buch der Heilung« (*kitāb ash-shifā*) des ʿIyād ibn Mūsā al-Yahsubī (gest. 1149). Es dient den Muslimen Nordafrikas als Vorlage für Amulette mit Schutz- und Heilwirkung. Sätze werden auf Papier geschrieben und die Tinte als Getränk in Wasser aufgelöst. Der im Titel enthaltene Begriff »Heilung« bedeutet, dass der Leser von falschen bzw. unorthodoxen Lehren über Muḥammads Leben und Wirken »geheilt« werden soll. ʿIyād definiert die Anrechte Muḥammads gegenüber den Gläubigen. Er stellt dar, was Muḥammad zugeschrieben werden muss, um als Prophet Gottes zu gelten, und thematisiert die Pflichten der Gläubigen gegenüber Muḥammad, nachdem sie diese Rechte erkannt haben. Teil I umfasst Gottes Lob für Muḥammad nach dem Zeugnis des Korans, die Genealogie Muḥammads, seine körperlichen und charakterlichen Eigenschaften, seine Himmelsreise und die Besonderheiten seines Prophetentums. Teil II beschreibt die Pflichten der Gläubigen gegenüber Muḥammad, den rechten Glauben an und Gehorsam gegenüber dem Propheten, die Liebe der Gläubigen zu Muḥammad und die Ehrerbietung, welche die Prophetengenossen und frühen Muslime Muḥammad gegenüber gezeigt haben, den Segenswunsch für Muḥammad und den Besuch seines Grabes in Medina. Teil III expliziert die theologisch hervorgehobene Stellung Muḥammads, seine Sündlosigkeit (*isma'*) und seine menschliche Natur. Drei Abschnitte von Teil IV beschäftigen sich mit der Beleidigung des Propheten und angemessenen Strafen für dieses Vergehen und für das Delikt der Blasphemie, der Beleidigung Gottes, der Engel und der früheren Propheten.[15]

Seit dem 13. Jahrhundert entwickelte sich die spezielle Form des »Prophetenlobs«, eine sprachlich anspruchsvolle, von Poeten und Gelehrten gepflegte, im Westen wenig erforschte Dichtkunst. Ein bedeutendes Gedicht dieser Gattung ist die »Mantel-Ode« des ägyptischen Dichters Muḥammad Ibn-Saʿīd Būṣīrī (gest. um 1294), die das Leben des Propheten darstellt. Der Text wurde bereits 1761 ins Lateinische, später in weitere europäische Sprachen übersetzt. In diesem 160 Verse umfassenden Gedicht beschreibt al-Būṣīrī auch umstrittene Begebenheiten, die von der Hadīth-Wissenschaft nicht anerkennt werden. Seinen Namen verdankt das Gedicht seiner Entstehung, als der schwerkranke Dichter das Lobgedicht zu Ehren des Propheten verfasste. Dem Dichter erschien daraufhin Muḥammad im Traum und legte al-Būṣīrī aus Dank und Anerkennung für das Gedicht seinen Mantel um die Schulter. Das Mantelmotiv stammt aus der frühislamischen Zeit. Damals schrieb der ehemalige Gegner Muḥammads Abū Lailā Kaʿb ibn al-Ašra nach seiner Bekehrung ein Lobgedicht und wurde mit dem Mantel des Propheten belohnt. Das Mantel-Motiv setzt sich bis in die Moderne fort. So verfasste der ägyptische Dichter Ahmad Schawqi (1868–1932) das Lobgedicht »Im Stil des Mantels«, das Berühmtheit erlangte, weil es von der berühmten ägyptischen Sängerin Umm Kulthūm (vermutlich 1904–1975) vorgetragen wurde. Prophetenlobgedichte wurden auch am Ende von Vorträgen in islamischen Hochschulen und bei Festen und Feiern oft mit musikalischer Begleitung vorgetragen. Man kann Rezitatoren von Prophetenlobgedichten als Festredner buchen. Ein besonderer Anlass zum Rezitieren des Prophetenlobs ist der Geburtstag Muḥammads, der seit dem 11. Jahrhundert im fatimidischen Ägypten begangen und später auch in der sunnitischen Welt trotz der Einwände orthodoxer Gelehrter bis heute gefeiert wird.

Muḥammad als Sozialreformer

Im politischen Bereich gilt Muḥammad als Ideal des gerechten Führers. Islamische Denker deuteten ihn als Sozialreformer, manche gar als Sozialisten – zumindest als Verfechter einer gerechteren Gesellschaftsordnung.

Der islamischen Überlieferung zufolge kritisierte Muḥammad die religiöse und kommerzielle Ordnung der mekkanischen Gesellschaft, ihren Polytheismus und das einseitige Profitstreben. Er setzte sich für die bessere Behandlung von Frauen, Witwen und Waisen ein, untersagte das Aussetzen weiblicher Neugeborener und erklärte das Freilassen von Sklaven für religiös verdienstvoll. Auch erstrebte er eine religiöse und politische, von Brüderlichkeit geprägte Umma. Muḥammad verkündet einen Gott der Barmherzigkeit, der sich allen Menschen, selbst den Niedrigsten, zuwendet.

Im 20. Jahrhundert beriefen sich einige Muslime beim Widerstand gegen Fremdeinflüsse und Kolonialismus auf Muḥammad und bei der Forderung nach sozialer Verantwortung auf ihre Tradition. In diesem Zusammenhang betrachtete man Muḥammad als einen frühen Sozialreformer:

> [Muḥammad] schuf eine solide Grundlage für die Idee der sozialen Gerechtigkeit. Er betonte, dass das religiöse Gesetz (Scharia) es weder zulässt noch anerkennt, dass der Mensch seinen Bruder, den Menschen ausbeutet [...] Muḥammad [...] hinterließ den Muslimen Beispiele und Vorbilder, die er in seinem Leben gelebt hat und Leh-

ren, die ihm offenbart wurden. Wenn immer die Muslime daran festhalten, begehren sie auf und werden zu Vorkämpfern gegen Unterdrückung und Ausbeutung in allen Teilen der Welt. Sie stellen sich
dann ganz auf die Seite der Verfolgten und Unterprivilegierten und
derer, die ihre gerechte Sache verteidigen. Die Lehren Muḥammads
[...] stehen auf der Seite der Revolutionäre und all derer, die mit ihnen solidarisch sind. Sie lehnen ideologische und politische Will-
kür ab, sind gegen die Konzentrierung des Besitzes, gegen Mono-
pole und die Ausbeutung des Menschen durch seinen Bruder, den
Menschen. Die von Muḥammad verkündete Gesellschaft ist eine Gesellschaft der gegenseitigen Bürgschaft, Solidarität und Brüderlichkeit, in der die Arbeit gelobt und als Ursprung aller Werte betrachtet wird. Ihr Herrscher ist verpflichtet, die Rechte der Allgemeinheit
zu verteidigen.[16]

In den 1950/60er Jahren schufen einige Länder – Algerien, Syrien,
Ägypten und Libyen – einen eigenen islamischen Sozialismus, der
seine sozialen Impulse teilweise aus der Religion schöpfte und
Atheismus ablehnte. Mustafā as-Sibāʿī[17] (1915–1964) gehörte zu den
bekanntesten Führern und Publizisten der 1928 von dem Ägypter
Hasan al-Bannā (1906–1949) gegründeten Muslimbruderschaft. Bereits 1929 veröffentlichte der Syrer Muhsin al-Barāzī (1904–1949)
sein in französischer Sprache verfasstes Werk *Islamisme et Socia-
lisme.* Ebenso wie die 1970/80er Jahre im Zeichen der Re-Islamisie-
rung standen, spielte in den 1950/60ern vor allem die Nationalis-
mus- und Sozialismusdebatte eine wichtige Rolle. Trotz konzep-
tioneller Unterschiede galt für den islamischen Sozialismus, dass
er sich häufig als »dritter Weg« zwischen Kapitalismus und Kom-
munismus verstand, eher religiös als materialistisch, eher national
als international eingestellt war. Nicht die Klassengesellschaft an
sich, sondern die Widersprüche zwischen den Klassen sollten ab-
geschafft werden. Ein zentraler Begriff war *al-taʾawun* (»Koopera-
tion, Genossenschaft«), wobei an die Zusammenarbeit aller Mitglieder der Gesellschaft zum Wohl des Ganzen gedacht war. Die
Muslimbrüder besaßen genossenschaftlich geführte Betriebe. Sie
betonten auch deshalb den islamischen Charakter ihres Sozialismus, weil die nicht-islamische sozialistische Bewegung der Baath-

partei immer mehr an Einfluss gewann und die Sozialismusversion Dschamāl ʿAbd an-Nāṣirs (Nasser) (1918–1970) sich erst nachträglich um eine islamische Rechtfertigung bemüht hatte. Mustafā as-Sibāʿī stellte den Begriff *takāful* (»gegenseitige Verantwortung«) in den Mittelpunkt seines Ansatzes. Er zählte fast 30 Takāful-Gesetze auf, zum Beispiel die Aufforderung zu Verantwortung auf religiösem, sozialem, kulturellem und politischem Gebiet, Nächstenliebe und politische Toleranz, Gastfreundschaft, die Verpflichtung, andere an seinem Besitz teilhaben zu lassen. Armut war für ihn die Beraubung der angeborenen Rechte auf Leben und Erhaltung der Gesundheit, politische, religiöse, soziale und moralische Freiheit, Erziehung, Bildung und Besitz.

Bereits einer der Pioniere der Islamwissenschaft, Hubert Grimme, deutete in seinem *Muḥammad* (1892–1895) den Propheten als Sozialreformer, der die religiösen und sozialen Missstände seiner Vaterstadt Mekka abschaffen wollte. Zu diesem Zweck drohte er den Reichen mit dem Jüngsten Gericht und verlangte die Pflichtabgabe für die Armen.

Der französische Islamwissenschaftler Maxime Rodinson (1915–2004) interpretierte in seinem *Mohammed* (1975) die Stiftung des Islam individualpsychologisch und sozialgeschichtlich. Die Entstehung des Islam zeigt für Rodinson, wie die individuellen Bedürfnisse Muḥammads, insbesondere dessen Vatersehnsucht, ihn zu einem allmächtigen Gott führten. Muḥammad fühlte sich als Waise zum Verteidiger der Unterprivilegierten berufen. Außerdem war die Epoche von dem Bedürfnis nach einer einheitlichen arabischen Ideologie geprägt. Nach marxistisch-leninistischer Theorie spiegelt der von Muḥammad gestiftete neue Glaube das gesellschaftliche Idealbild der damaligen Oberschicht wider und dient der Aufrechterhaltung der Machtverhältnisse.[18]

Fazit

Bei Buddha, Jesus und Muḥammad handelt es sich um außergewöhnliche Persönlichkeiten, die über Jahrtausende nachhaltig das Leben ihrer Anhänger geprägt haben. Darüber hinaus hat ihr Wirken Niederschlag in religiösen Spaltungen, Ordensgründungen, Ethik, Politik, Wirtschaft, Kunst und Literatur gefunden. Trotz großer Unterschiede bezüglich der Zeit ihres Auftretens, ihres geographischen Umfelds, ihres sozialen Hintergrunds und ihrer religiösen Botschaft bestehen erstaunliche Parallelen. Alle drei waren die einzigen und erstgeborenen Söhne ihrer Mütter. Über ihre Empfängnis und Geburt werden wundersame Geschichten erzählt. Bereits während ihrer Kindheit und Jugend weisen Weisheitslehrer auf ihre zukünftige Bedeutung hin. Der zu ihrem religiösen Auftritt führende Wendepunkt tritt im mittleren Alter auf, als die Stifter zum Teil bereits selber eine Familie gegründet haben. Ob Jesus verheiratet war, wissen wir nicht. Alle drei sammeln im Zuge der Verbreitung ihrer Lehre Anhänger um sich. Alle drei gerieten in Konflikt zu der religiösen Tradition, in der sie aufwuchsen, waren Zweifel und Versuchungen ausgesetzt. Buddha, Jesus und Muḥammad wollten ihre Anhänger aus einer existentiellen und generellen Situation des Unheils befreien, ihnen einen Weg zum Heil zeigen. Auf ihrem Weg waren sie Anfeindungen und Versuchungen ausgesetzt. Auch wenn sie selbst nur Menschen waren und wohl auch nichts anderes sein wollten, so erhoben die Gläubigen sie nach ihrem Tod in göttliche Sphären. Zwar wurde Muḥammad nicht vergöttlicht, aber seine Verehrung steht bisweilen nur sehr geringfügig unter der Gottes.

Aufgrund der Quellensituation stellt sich bei allen drei Stiftern die Frage, welche Daten historisch verlässlich sind, bei welchen es sich um spätere Ausschmückungen handelt. Denn die Biographen mussten sich vorwiegend an Quellen orientieren, die aus den jeweiligen religiösen Traditionen stammen.

Bis heute orientieren sich die Gläubigen an den Vorbildern ihrer Stifter, begehen Festtage, die an deren Geburt, Verkündigung und Tod erinnern. Dennoch wäre es ein Trugschluss zu behaupten, dass alle Buddhisten, Christen und Muslime in allen ihren Alltagshandlungen die von den Stiftern geforderte Ethik befolgen. Trotz der vom Buddha geforderten ›Mettā‹ beteiligten sich auch Buddhisten an Gewaltaktionen, haben sich zu Gier, Neid und Missgunst verleiten lassen. Viele Ereignisse im Verlauf der christlichen Kirchengeschichte pervertieren die Lehre Jesu. Besonders ausgeprägt erscheint dies heute beim Propheten Muḥammad. Das liegt zum einen daran, dass dieser, abgesehen von seiner Rolle als Prophet, auch Politiker und Staatsmann war und dass umfangreiche Prophetenüberlieferungen zu einer großen Themenvielfalt vorliegen. Eine andere Ursache liegt in der ausgeprägten Prophetenverehrung, die keine Auseinandersetzung mit den Glaubenslehren ohne Berücksichtigung der Prophetentradition zulässt. Dies führt dazu, dass Gläubige Muḥammad für diverse politische Anliegen missbrauchen.

Mehr als die beiden anderen Stifter war Muḥammad in die unterschiedlichsten irdischen Verhältnisse eingebunden, zu denen er auch pointiert Stellung bezog. Angesichts der weltpolitischen Situation übersieht man leicht, dass bedeutende Strömungen im Islam bis zum heutigen Tag überhaupt nicht weltzugewandt sind. Viele sind meditativ, asketisch und mystisch ausgerichtet, nicht aber auf politisches Engagement fokussiert.[1] Kritische Beobachter heben aus dem facettenreichen Leben des Propheten immer wieder frauenfeindliche und gewalttätige Äußerungen hervor. Diese einseitige Sicht wird durch die Realität in einigen islamischen Ländern und das Verhalten insbesondere islamistischer Gruppen bestätigt – auch wenn dies nicht die ganze Wahrheit ist.

Doch man darf nicht übersehen: Eine große Zahl von Traditionsschriften sind reich an Aussagen zu Versöhnung, Sozialverantwortung, Frieden sowie weiteren positiv besetzten ethischen Themen.

Anmerkungen

Einleitung

1 Nathan Söderblom: Einführung in die Religionsgeschichte. Leipzig ²1928, S. 124.

2 Romano Guardini: Der Herr. Betrachtungen über die Person und das Leben Jesu Christi. Würzburg ⁶1950, S. 355 f.

3 Gustav Mensching: Buddha und Christus. Ein Vergleich [Stuttgart 1978]. Hg. von Udo Tworuschka. Freiburg i. Br. 2001.

4 Hans-Joachim Schoeps: Die großen Religionsstifter und ihre Lehren. München 1967. – Peter Antes (Hg.): Große Religionsstifter: Zarathustra, Mose, Jesus, Mani, Muḥammad, Nanak, Buddha, Konfuzius, Lao Zi. München 1992 (Neuausgabe Augsburg 2002). – Mark W. Muesse: Four Wise Men. The Lives and Teachings of Confucius, Buddha, Jesus, and Muḥammad. Eugene 2017.

5 Vgl. Gustav Mensching: Leben und Legende der Religionsstifter [Darmstadt 1960]. Hg. von Peter Parusel. Augsburg 1990. Auf die Publikation von Paul Gwynne: Buddha, Jesus and Muḥammad. A Comparative Study, Chichester 2014 sind wir erst kurz vor Abschluss unseres eigenen Buches aufmerksam geworden.

6 Ina-Maria Greverus: Thema, Typus und Motiv. Zur Determination in der Erzählforschung. In: Leander Petzoldt (Hg.): Vergleichende Sagenforschung (= Wege der Forschung Bd. CLII). Darmstadt 1969, S. 396.

7 Udo Tworuschka: Methodische Zugänge zu den Weltreligionen. Frankfurt a. M./München 1982.

8 Ninian Smart: The Religious Experience of Mankind. New York 1969 (⁷1977), S. 15–25.

9 Jacques Waardenburg: Official and Popular Religion in Islam. In: Social Compass XXV (1978), S. 315–341.

10 Nach Harald Weinrich: Linguistik der Lüge [1966]. München ⁷2007, S. 15 ff.

11 Ludwig Wittgenstein: Philosophische Untersuchungen [1953]. Kritisch-genetische Edition. Hg. von Joachim Schulte. Frankfurt a. M. 2001, § 43.

12 Weinrich, Harald: Linguistik der Lüge [1966]. München ⁷2007, S. 17.

13 Ebd., S. 20.

14 Rudolf Otto: West-östliche Mystik. Überarbeitet von Gustav Mensching. München ³1971, S. 191.

Buddha und Muḥammad im Westen

1 Volker Mertens: Die Rezeption des Buddhismus im Mittelalter: http://www.ces.in.th/PDF/BPaper-Mertens%20German.pdf (Zugriff: 5. 5. 2018).

2 Nikolaus Engel (Hg.): Roger Bacon, Opus maius. Hamburg 2017, S. XV.

3 Immanuel Kant's Schriften zur Naturwissenschaft. Zweite Abtheilung: Zur physischen Geographie (Immanuel Kant's Werke. Gesammtausgabe in 10 Bänden, Bd. 9). Leipzig 1839, S. 407.

4 Johann Gottfried Herder: Ideen zur Philosophie der Geschichte der Menschheit. Darmstadt 1966, S. 288 f.

5 Partiturseiten aus Richard Wagners Tristan (Isoldes Liebestod, Schluss).

6 Friedrich Nietzsche: Der Antichrist. Fluch auf das Christentum, Kap. 20. Werke in drei Bänden. Hg. von Karl Schlechta. Darmstadt 1977, S. 1179 (drei Zitate).

7 Ebd., Kap. 22, S. 1182.

8 Ebd., S. 151.

9 Hermann Hesse: 20-bändige Ausgabe Sämtlicher Werke. Frankfurt a. M. 2001–2005, Bd. XVIII, S. 349 ff.

10 Karl-Josef Kuschel: Rilke und der Buddha. Die Geschichte eines einzigartigen Dialogs. Gütersloh 2010, S. 114.

11 Ebd.

12 Thomas von Aquin: Summa contra gentiles (Lateinisch und deutsch), Buch I, Kap. 6 (Die Zustimmung zu dem, was Glaubenssache ist usw.). Walberberg 1937, S. 21 f.

13 Johannes Ehmann: Luther, Türken und Islam. Eine Untersuchung zum Türken- und Islambild Martin Luthers (1515–1546). Gütersloh 2008, S. 159 f.

14 Martin Brecht: Luther und die Türken. In: Bodo Guthmüller/Wilhelm Kühlmann (Hg.): Europa und die Türken in der Renaissance. Tübingen 2000, S. 10.

15 Thomas Kaufmann: Türckenbüchlein. Zur christlichen Wahrnehmung »türkischer Religion« in Spätmittelalter und Reformation. Göttingen 2008, S. 42.

16 Hartmut Bobzin: »Ein kisten aller kätzerien«. Über den Koran im Zeitalter der Reformation. Studien zur Frühgeschichte der Arabistik und Islamkunde in Europa. Unveröffentlichte Habilitationsschrift, Universität Erlangen 1986.

17 Manfred Köhler: Melanchthon und der Islam. Leipzig 1938, S. 36–39.

18 Johann Adam Möhler: Ueber das Verhältniß des Islams zum Evangelium [1830]. In: Dr. J. A. Möhler's gesammelte Schriften und Aufsätze. Hg. von Joh. Jos. Ign. Döllinger, Bd. 1. Regensburg 1839, S. 370.

19 Islamwissenschaftliche Muḥammad-Biographien stammen außerdem von Rudi Paret, Tilman Nagel, Hartmut Bobzin, Marco Schöller u. a.

20 Dies trifft allerdings auch zu auf das Muḥammad-Buch des niederländischen Islamwissenschaftlers Hans Jansen: Mohammed. München 2008. Islamische Quellen über das Leben Muḥammads werden in ihrer Glaubwürdigkeit karikiert. »In Kolumnen, Interviews und Talkshows kritisierte Jansen den Islam und den Umgang mit dem Thema Islam. Er beriet Geert Wilders und trat für ihn als Zeuge und Gutachter in Prozessen zur Verteidigung der Meinungsfreiheit auf. Bei der Europawahl 2014 wurde Jansen für Wilders Partij voor de Vrij-

heid ins Europäische Parlament gewählt« (Wikipedia-Artikel »Hans Jansen« [Arabist] https://de.wikipedia.org/
wiki/Hans_Jansen_(Arabist).

Die Quellen

1 Gwynne, Paul: Buddha, Jesus and
Muḥammad. A Comparative Study.
Chichester 2014, S. 17.

2 Ebd., S. 18.

3 Emile Senart: Essai sur la Légende
du Buddha son Caractère et ses origins.
Paris 1875.

4 Hermann Oldenberg: Buddha. Sein
Leben, seine Lehre, seine Gemeinde.
München 1961 (Berlin 1881).

5 Étienne Lamotte: Histoire de
Bouddhisme Indien. Louvain 1958.

6 Oliver Freiberger/Christoph Kleine:
Buddhismus. Handbuch und kritische
Einführung. Göttingen 2015, S. 34.

7 Bryan Geoffrey Levman: Linguistic Ambiguities, the Transmissional
Process, and the Earliest Recoverable
Language of Buddhism, Diss. Toronto
2014.

8 I, 129, zitiert bei: Hans Joachim
Klimkeit: Der Buddha. Leben und
Lehre. Stuttgart 1990, S. 38.

9 Bruno Bauer, Albert Kalthoff, Ar-
thur Drews, Peter Jensen, Karlheinz
Deschner, Hermann Raschke, Hermann
Detering und in unseren Tagen, vor
allem in Kanada und den USA, Earl
Doherty, Richard Carrier, R. Joseph
Hoffmann.

10 Klaus Wengst: Der wirkliche
Jesus? Eine Streitschrift über
die historisch wenig ergiebige und
theologisch sinnlose Suche nach
dem »historischen« Jesus. Stuttgart
2013.

11 Jesus Handbuch. Hg. von Jens
Schröter/Christine Jacobi. Tübingen
2017.

12 James D. G. Dunn: Jesus Remembered. Christianity in the Making, Bd. 1.
Grand Rapids 2003, S. 130.

13 Martin Kähler: Der sogenannte
historische Jesus und der geschichtliche, biblische Christus. Leipzig 1892,
S. 7 f.

14 Forscher beurteilen das Ausmaß
seiner Kenntnisse über die Jesustradition unterschiedlich. Vgl. Christine
Jacobi: Jesusüberlieferung bei Paulus?
Analogien zwischen den echten Paulusbriefen und den synoptischen Evangelien. Berlin/Boston 2015.

15 Udo Schnelle: Einleitung in das
Neue Testament. Göttingen ⁹2017, S. 44.

16 Andere Wissenschaftler halten
diese Aussage jedoch für »äußerst unwahrscheinlich«: Wolfgang Stegemann:
War der Apostel Paulus ein römischer
Bürger? In: Zeitschrift für die neutestamentliche Wissenschaft 78 (1987),
S. 200–229, hier S. 229.

17 Markus Tiwald: Hebräer von
Hebräern. Paulus auf dem Hintergrund
frühjüdischer Argumentation und
biblischer Interpretation. Freiburg i. Br.
u. a. 2008.

18 Schnelle, Udo: Einleitung in das
Neue Testament. Göttingen ⁹2017,
S. 204 f.

19 In seinem Buch *Jesus and the
Eyewitnesses. The Gospels as Eyewitness
Testimony* (2008), vertritt der englische
Neutestamentler Richard Bauckham

(geb. 1946) gegenüber dem theologischen Mainstream die These, dass die Evangelien doch auf zuverlässig tradierten Augenzeugenberichten beruhen.

20 Johannes Weiß: Die Predigt vom Reiche Gottes. Göttingen 1892.

21 Albert Schweitzer: Geschichte der Leben-Jesu-Forschung [1906/1913]. Stuttgart ⁹1984.

22 Auch in unseren Tagen gibt es Theologen, zum Beispiel den Neutestamentler Eckhard Rau (1938–2011), der das Erbe der Leben-Jesu-Forschung nicht einfach schlechtredet, sondern in ihr neben Zeitbedingtem auch Weiterführendes findet: Perspektiven des Lebens Jesu. Plädoyer für die Anknüpfung an eine schwierige Forschungstradition. Hg. von Silke Petersen. Stuttgart 2013.

23 Karl Ludwig Schmidt: Der Rahmen der Geschichte Jesu. Literarkritische Untersuchungen zur ältesten Jesusüberlieferung. Berlin 1919, S. V.

24 Sie wird durch Namen wie Willi Marxsen (1919–1993), Hans Conzelmann (1915–1989), Günther Bornkamm (1905–1990) u. a. repräsentiert.

25 Walter Schmithals: Evangelien, synoptische. In: Theologische Realenzyklopädie 10, 1982, S. 570–626, hier S. 610.

26 Rudolf Bultmann: Jesus. Tübingen 1926.

27 Günther Bornkamm: Jesus von Nazareth [1956]. Stuttgart 1995.

28 Rudolf Bultmann: Theologie des Neuen Testaments. Tübingen ⁵1968, S. 43. – Jesus Christus begegne dem Menschen nur im Kerygma, und hinter das Kerygma könne man nicht zurückgehen. Bultmann unterscheidet zwischen »historisch« und »geschichtlich«. »Historisch« bezieht sich auf eine zeitlich vergangene Faktizität, wohingegen »geschichtlich« auf die gegenwärtige Bedeutsamkeit eines Geschehens abzielt. Das Vergangene ist für Bultmann wesentlich in seiner Gegenwartsbedeutung, nicht in seiner historischen Faktizität. Bultmanns erwähntes 600-Seiten-Werk thematisiert auf ganzen 5 % der Seiten die Lehre Jesu, wobei es sich hauptsächlich um paulinische Theologie handelt.

29 Joachim Jeremias: Der gegenwärtige Stand der Debatte um das Problem des historischen Jesus. In: Helmut Rüstow/Karl Matthiae (Hg.): Der historische Jesus und der kerygmatische Christus. Berlin 1960, S. 18.

30 Wolfgang Stegemann: Jesus und seine Zeit. Stuttgart 2010.

31 Christliche Autoren aus dem späten ersten und der ersten Hälfte des 2. Jahrhunderts.

32 Gerd Theißen/Annette Merz: Der historische Jesus. Ein Lehrbuch. Göttingen ⁴2011, S. 29.

33 David S. du Toit: Der unähnliche Jesus. Eine kritische Evaluierung der Entstehung des Differenzkriteriums und seiner geschichts- und erkenntnistheoretischen Voraussetzungen. In. Jens Schröter/Ralph Brucker (Hg.): Der historische Jesus. Berlin 2002, S. 89–129, hier S. 116.

34 Rau, Eckhard: Perspektiven des Lebens Jesu. Plädoyer für die Anknüpfung an eine schwierige Forschungstradition. Hg. von Silke Petersen. Stuttgart 2013, S. 27.

35 Lukas Bormann: Theologie des Neuen Testaments. Grundlinien und wichtigste Ergebnisse der internationalen Forschung. Göttingen 2017, S. 84.

36 Ebd., S. 84 f.

37 Oscar Cullmann: Der johanneische Kreis. Zum Ursprung des Johannesevangeliums. Tübingen 1975.

38 Jörg Frey/Jens Schröter: Einleitung. In: Jesus in apokryphen Evangelienüberlieferungen (Einführung). Beiträge zu außerkanonischen Jesusüberlieferungen aus verschiedenen Sprach- und Kulturtraditionen. Hg. von Jörg Frey/Jens Schröter. Tübingen 2010, S. 9.

39 Nach dem terminologischen Vorschlag des Gnosis-Kongresses von Messina (1966) sollte man – statt von Gnosis – von Gnostizismus sprechen, wenn man die »Gruppe von Systemen des 2. Jahrhunderts nach Christus« meint. Demgegenüber bezeichnet ›Gnosis‹ allgemein das »Wissen um göttliche Geheimnisse, das einer Elite vorbehalten ist« (Karl-Wolfgang Tröger: Art. Gnosis, Gnostizismus. In: Wörterbuch des Christentums. Gütersloh/Zürich 1988, S. 423 f.). Mit Gnostizismus bezeichnen die Forscher eine philosophisch-religiöse Bewegung, die bis in das 3. Jahrhundert der große Gegner des Christentums war. Manche neutestamentliche Schrift (Paulus, johanneische Texte) spiegelt diese Gegnerschaft wider. Als Mischung vorchristlich-philosophischer (platonischer), jüdischer und christlicher Gedanken vertritt der Gnostizismus grob vereinfacht folgende Grundauffassung: Erlösung besteht in der Befreiung der unkörperlich gedachten guten menschlichen Seele aus der bösen Materie. Diese Erlösung geschieht durch Mittlerwesen, von denen Jesus für die christlich-gnostizistischen Gruppen der wichtigste ist.

40 Markus Tiwald: Die Logienquelle. Text, Kontext, Theologie. Stuttgart 2016.

41 Christopher Tuckett: From the Sayings to the Gospels. Tübingen 2014. – Andreas Lindemann (Hg.): The Sayings Source Q and the Historical Jesus. Leuven 2001.

42 Gerd Theißen: Die Jesusbewegung. Sozialgeschichte einer Revolution der Werte. Gütersloh 2012.

43 Ivan Havener: Q. The Sayings of Jesus. Wilmington 1987, S. 71; zitiert bei Leonard Swidler: Der umstrittene Jesus. Stuttgart 1991, S. 22.

44 Des Flavius Josephus Jüdische Altertümer. Übers. und mit Einleitung und Anmerkungen versehen von Dr. Heinrich Clementz, Bd. II. Köln 1959 (Nachdruck der Ausgabe von 1899), XVIII 3,3 § 63 f., S. 515 f.

45 Ebd., XX 9,1 § 199 f., S. 667.

46 Einige von Ohligs vorgelegten ›Beweisen‹ für seine Thesen wie arabische Münzen mit christlichen Symbolen lassen sich entkräften. So argumentiert der Hamburger Islamwissenschaftler und Numismatiker Stefan Heidemann, dass die Muslime in der »Frühzeit« oft christliche Münzen kopierten.

47 Dieser Name ist ein Pseudonym, hinter dem sich ein christlicher Geistlicher aus dem Irak verbergen mag.

48 Tilman Nagel: Mohammed – Leben und Legende. München 2008. – Ders.: Allahs Liebling. Ursprung und Erscheinungsformen des Moḥammedglaubens. München 2008.

49 Kurt Bangert: Muḥammad. Eine historische kritische Studie zur Entstehung des Islams und seines Propheten. Wiesbaden 2016.

50 Navid Kermani: Gott ist schön. Das ästhetische Erleben des Koran. München ⁵2015, S. 19.

51 Marco Schöller: Mohammed. Leben, Werk, Wirkung. Frankfurt a. M. 2008.

52 Hoyland, Robert G.: Seeing Islam As Others Saw It. A Survey and Evaluation of Christian, Jewish and Zoroastrian Writings on Early Islam (Studies in Late Antiquity and Early Islam). Princeton/New Jersey 1997, S. 11.

53 Gudrun Krämer: Geschichte des Islam. München ³2013, S. 12.

54 Johann Wolfgang von Goethe: Mahomet. In: Noten und Abhandlungen zu besserem Verständnis des West-östlichen Divans, 1819. http://www.zeno.org/Literatur/M/Goethe,+Johann+Wolfgang/Gedichte/West-östlicher+Divan/Noten+und+Abhandlungen+.../Mahomet (Zugriff: 16. 8. 2018).

55 *Corpus Coranicum* an der Berlin-Brandenburgischen Akademie der Wissenschaften in fünf Bänden: https://corpuscoranicum.de (Zugriff: 16. 8. 2018).

56 Angelika Neuwirth: Der Koran als Text der Spätantike. Ein europäischer Zugang. Berlin 2010, S. 53 f.

57 Angelika Neuwirth in einem Interview mit der *Welt* https://www.welt.de/print/die_welt/kultur/article10956621/Moses-war-Muhammads-Vorbild.html (Zugriff: 20. 4. 2018).

58 Zitiert nach al-Nawawī: Vierzig Hadithe. Aus dem Arabischen von Ahmad von Denffer. Islamic Foundation. Leicester 1979, S. 80.

59 Adel Theodor Khoury: Art. Rechtssystem. In: Adel Theodor Khoury/Ludwig Hagemann/Peter Heine (Hg.): Islam-Lexikon. Freiburg/Basel/Wien, 1991, S. 634–641, hier S. 635.

Die Umwelt

1 Gwynne, Paul: Buddha, Jesus and Muhammad. A Comparative Study. Chichester 2014, S. 39.

2 Upanishad bedeutet auf Sanskrit »dabeisitzen«, meint das Sitzen der lernenden Schüler um den lehrenden Guru, bezieht sich also auf die ehrwürdige Lehrer-Schüler-Tradition.

3 Gwynne, Paul: Buddha, Jesus and Muhammad. A Comparative Study. Chichester 2014, S. 41. Salomon soll im 10. Jahrhundert v. Chr. den ersten Tempel in Jerusalem errichtet haben. Dieses prachtvolle Gebäude wurde 587/586 v. Chr. zerstört. In seinem Heiligtum befanden sich der siebenarmige Leuchter (Menora), die Bundeslade und der Opferaltar. Der zweite Tempel entstand 520 bis 516 v. Chr. Herodes (73–4 v. Chr.) jedoch ließ ihn zum größten Tempelkomplex der Antike umbauen und mit Gold schmücken. Die Römer zerstörten den Tempel 70. n. Chr. Damit fand der von den Priestern veranstaltete Tempelkult sein Ende. Wenn der Messias kommt, soll der dritte Tempel erbaut werden.

4 Gustav Mensching: Die Religion. Erscheinungsformen, Strukturtypen und Lebensgesetze. Stuttgart 1959, S. 65–77.

5 Louis Wirth: On Cities and Social Life. Chicago 1964, S. 3 f.

6 Émile Durkheim: Le suicide. Etude de sociologie. Paris 1897.

7 Ebd., S. 254.

8 Trevor Ling: The Buddha. Buddhist Civilization in India and Ceylon [1973]. Harmondsworth 1976, S. 96.

9 Markus Tiwald: Das Frühjudentum und die Anfänge des Christentums. Ein Studienbuch. Stuttgart 2016.

10 Ebd., S. 31.

11 Oberste politische, juristische und religiöse Körperschaft der jüdischen Bevölkerung Palästinas bis 425 n. Chr.

12 Theißen 2012.

13 Christoph Riedo-Emmenegger: Prophetisch-messianische Provokateure der Pax Romana. Jesus von Nazareth und andere Störenfriede im Konflikt mit dem Römischen Reich. Göttingen 2005.

14 William Montgomery Watt/Alford T. Welch: Der Islam I: Mohammed und die Frühzeit – Islamisches Recht – Religiöses Leben (= Die Religionen der Menschheit, Bd. 25,1). Stuttgart 1980, S. 42.

15 François de Blois: The ›Sabians‹ (sabi'un) in Pre-Islamic Arabia. In: Acta Orientalia 56 (1995), S. 39–61.

16 Früher nannte man sie Ghassaniden.

17 Eusebius von Caesarea, h. e. 3, 5, 3.

18 Lehrbuch der Dogmengeschichte, Bd. 2. Tübingen ⁴1909, Neudruck: Darmstadt 1964, S. 529–538.

Empfängnis, Mutter und Geburt der Religionsstifter

1 Hertha Neumann: Die Mutter des Religionsstifters. Stuttgart 1935, S. 71.

2 Ebd., S. 71 f.

3 Christiane Eilrich: Marienfrömmigkeit im Protestantismus. In: Handbuch der Religionen (HdR). Hg. von Michael Klöcker/Udo Tworuschka. München 13. Ergänzungslieferung, 2006, II – 2.1.2.8.

4 Bei Patrick Franke: Are the Parents of the Prophet in Hell? Tracing the History of a Debate in Sunni Islam. In: Lale Behzadi u. a. (Hg.): Bamberger Orientstudien. Bamberg 2014, S. 135–158, hier S. 140. Unsere Darstellung der Āmina-Problematik beruht auf diesem Aufsatz.

5 Ebd.

6 Ibn Hischām, zitiert bei Gustav Weil: Mohammed. Der Prophet, sein Leben und seine Lehre [1843]. Stuttgart 2010.

7 Zacharias P. Thundy: Buddha & Christ. Nativity Stories & Indian Traditions (= Studies in the History of Religions, vol. LX). Leiden/New York/Köln 1993, S. 75 ff.

8 Christian Strecker: Jesus als Schamane? Anmerkungen zur kulturanthropologischen Jesusforschung. In: Petra von Gemünden/David G. Horrell/Max Küchler (Hg.): Jesus – Gestalt und Gestaltungen. Rezeptionen des Galiläers in Wissenschaft, Kirche und Gesellschaft. Göttingen 2013, S. 537–568, hier S. 562.

9 Klaus Berger, zitiert in einem Interview von Franz Rohleder: Weihnachtsgeschichte der Bibel: Was passierte

wirklich bei Jesu Geburt? https://www.
merkur.de/welt/weihnachtsgeschichte-
bibel-geburt-jesus-interview-professor-
klaus-berger-5959232.html (Zugriff:
20. 4. 2018).

10 Tor Andrae: Die Person
Muhammeds in Lehre und Glauben
seiner Gemeinde. Stockholm 1917,
S. 29.

11 Mensching, Gustav: Leben und
Legende der Religionsstifter [1960].
Hg. von Peter Parusel. Augsburg 1990,
S. 119.

12 Andrae, Tor: Die Person Muhammeds in Lehre und Glauben seiner
Gemeinde. Stockholm 1917, S. 62.

13 Ebd., S. 32.

14 Ebd., S. 29.

15 Ebd., S. 32.

Kindheit, Jugend und frühe Jahre der Religionsstifter

1 Es gibt eine Anzahl neutestament-
licher Motive, deren Abhängigkeit
vom Buddhismus während des letzten
Drittels des 19. und des ersten Drittels des 20. Jahrhunderts lebhaft diskutiert wurde. Nach Ansicht von Norbert
Klatt (1949–2015) lässt sich wohl nur
bei den Wasserwandelgeschichten eine
Abhängigkeit wahrscheinlich machen.
Norbert Klatt: Literarkritische Beiträge
zum Problem christlich-buddhistischer
Parallelen. Köln 1982.

2 Zum Beispiel Anguttara-Nikāya
(I, 145).

3 Die katholische Lesart, nach der es
sich um Halbbrüder bzw. -schwestern
oder Cousins und Cousinen gehandelt habe, verrät dogmatische Vorein-
genommenheit.

4 Judith Hartenstein: Kindheitsevangelium nach Thomas. In: WibiLex
(= Wissenschaftliches Bibellexikon im
Internet): http://www.bibelwissenschaft.
de/stichwort/51906/ (Zugriff: 20. 4. 2018).

5 Originalausstrahlung 2001.

6 Andrae, Tor: Die Person Muhammeds in Lehre und Glauben seiner
Gemeinde. Stockholm 1917, S. 34.

7 Ibn Saʿd, zitiert bei Mensching,
Gustav: Leben und Legende der
Religionsstifter [1960]. Hg. von Peter
Parusel. Augsburg 1990, S. 147.

8 Hartmut Bobzin: Mohammed.
München ²2002, S. 69.

9 So Marco Frenschkowski: Heilige
Schriften der Weltreligionen und religiösen Bewegungen. Wiesbaden 2012,
S. 131. Der angehende Schamane erlebt
visionär, wie sein gesamter Körper
zerstückelt bzw. Fleisch von seinen
Knochen geschabt wird.

10 Der Kirchenvater Tertullian um
200 n. Chr. bezeichnet Jesus als »Siegel
der Propheten«, vgl. Josef van Ess: Das
Siegel des Propheten. Die Endzeit und
das Prophetentum im Islam. In: Matthias Riedl/Tilo Schabert (Hg.): Propheten und Prophezeiungen. Prophets and
Prophecies. Würzburg 2005, S. 53–76,
hier S. 53. – Vgl. schon Carsten Colpe:
Das Siegel der Propheten. Historische Beziehungen zwischen Judentum,
Judenchristentum, Heidentum und frühem Islam. Berlin 1989.

Die Wende im Leben der Religionsstifter

1 Gwynne, Paul: Buddha, Jesus and Muḥammad. A Comparative Study. Chichester 2014, S. 80.

2 Auch: Bodhi-Baum, Bo-Baum; botanisch: Ficus religiosa: »Pappelfeige«.

3 Hans Wolfgang Schumann: Auf den Spuren des Buddha Gotama. Eine Pilgerfahrt zu den historischen Stätten. Olten/Freiburg 1992, S. 60. Er stammt in seinen ältesten Teilen aus dem 1. Jahrhundert. Im 8. Jahrhundert wurde er vergrößert, im 13. Jahrhundert beschädigt, zum Teil aber wieder aufgebaut. Seit dem 18. Jahrhundert stand der Tempel unter hinduistischer Leitung. Nachdem Indien 1949 unabhängig geworden war, wurde ein Komitee aus vier Hindus und vier Buddhisten beauftragt, die Verwaltung des Heiligtums zu beaufsichtigen. Seit 1973 besteht das Buddha Gaya Temple Advisory Board aus 21 Mitgliedern. Die UNESCO nahm 2002 den Tempel in die Liste des Weltkulturerbes auf.

4 Vgl. Ernst Windisch: Mara und Buddha. Leipzig 1895 – James W. Boyd: Satan and Mara. Christian and Buddhist Symbols of Evil. Leiden 1975. – Kerby Goff: An Analysis of the Temptation Narratives of Siddhārta Gautama Buddha and Jesus Christ: https://www.academia.edu/30320975/Temptation_of_Buddha_and_Jesus (Zugriff: 22. 4. 2018). – Ānanda W. P. Guruge: The Buddha's Encounters with Mara the Tempter. Their Representation in Literature and Art: https://www.accesstoinsight.org/lib/authors/guruge/wheel419.html (Zugriff: 22. 4. 2018).

5 Suttanipata 425 ff. Zitiert bei Mensching, Gustav: Leben und Legende der Religionsstifter [1960]. Hg. von Peter Parusel. Augsburg 1990, S. 234.

6 Ebd., S. 235.

7 Udo Tworuschka: Die Einsamkeit. Eine religionsphänomenologische Untersuchung. Bonn 1974, S. 186–188.

8 Jens Schröter: Annäherungen an Jesus aus exegetisch-historischer Perspektive. http://www.ev-akademie-boll.de/fileadmin/res/otg/641210-Schroeter-f.pdf (Zugriff: 22. 4. 2018).

9 Jeffrey B. Gibson: The Temptations of Jesus in Early Christianity. London/New York 1995.

10 Ebd., S. 95–108.

11 Andrew Schmutzer: Jesus' Temptation: A Reflection on Matthew's Use of Old Testament Theology and Imagery. In: Ashland Theological Journal 2008: https://biblicalstudies.org.uk/pdf/ashland_theological_journal/40-1_015.pdf (Zugriff: 28. 4. 2018).

12 Gerd Theißen: Lokalkolorit und Zeitgeschichte in den Evangelien. Ein Beitrag zur Geschichte der synoptischen Tradition. Freiburg, Schweiz/Göttingen 21992.

13 Paul Hoffmann: Die Versuchungsgeschichte in der Logienquelle. Zur Auseinandersetzung der Judenchristen mit dem politischen Messianismus. In: Biblische Zeitschrift 13 (1969), S. 207–223.

14 Sīra Bd. 1, S. 238, zitiert bei: Schöller, Marco: Mohammed. Leben, Werk, Wirkung. Frankfurt a. M. 2008, S. 34.

Das öffentliche Auftreten

1 Gustav Mensching: Soziologie der Religion. Bonn ²1968, S. 222.

2 Max Scheler: Vorbilder und Führer. In: Ders.: Zur Ethik und Erkenntnislehre (Schriften aus dem Nachlass, Bd. 1). Berlin 1933, S. 151 ff.

3 Ebd., S. 221.

4 Ebd., S. 223 (im Original kursiviert).

5 So bereits Hermann Oldenberg: Buddha. Sein Leben, seine Lehre, seine Gemeinde [1881]. München 1961, S. 143.

6 Digha-Nikāya XVI, zitiert bei Mensching, Gustav: Leben und Legende der Religionsstifter [1960]. Hg. von Peter Parusel. Augsburg 1990, S. 206.

7 Ebd.

8 John Dominic Crossan: Der historische Jesus. München 1994.

9 Ed Parish Sanders: The Historical Figure of Jesus. London 1993.

10 Überblick bei Bernd Kollmann: Jesus und die Christen als Wundertäter. Studien zu Magie, Medizin und Schamanismus in Antike und Christentum. Göttingen 1996.

11 Rau, Eckhard: Perspektiven des Lebens Jesu. Plädoyer für die Anknüpfung an eine schwierige Forschungstradition. Hg. von Silke Petersen. Stuttgart 2013.

12 Craig A. Evans in dem Interview mit David Hulme: »Ist die Bibel glaubwürdig?« In: http://www.visionjournal.de/visionmedia/Bibel-glaubw%C3%BCrdig/71195.aspx (Zugriff: 22. 4. 2018).

13 Schröter, Jens: Annäherungen an Jesus aus exegetisch-historischer Perspektive (2010). In: http://www.evakademie-boll.de/fileadmin/res/otg/641210-Schroeter-f.pdf (Zugriff: 22. 4. 2018).

14 Thomas Söding: Jesus, der Lehrer. Didaktische Dimensionen der Christologie, in: http://www.kath.ruhr-uni-bochum.de/imperia/md/content/nt/nt/aktuellevorlesungen/vorlesungsskriptedownload/vlskriptess2013/skript_jesus_der_lehrer_ss_2013.pdf) (Zugriff: 22. 4. 2018).

15 Miklos Muranyi: Die Prophetengenossen in der frühislamischen Geschichte. Bonn 1973, S. 12.

16 Ebd., S. 32 ff.

17 Albrecht Noth: Früher Islam. In: Ulrich Haarmann (Hg.): Geschichte der arabischen Welt. München 1987, S. 18.

18 Begriff von Josef Horovitz: Koranische Untersuchungen. Berlin/Leipzig 1936, S. 10 ff.

19 Nr. 25 des Gemeindevertrages von Medina, zitiert bei: Abdoldjavad Falaturi/Udo Tworuschka: Der Islam im Unterricht. Beiträge zur interkulturellen Erziehung in Europa [1991]. Braunschweig ³1996 (1991), S. 27.

Die Lehre der Religionsstifter

1 Samyutta-Nikāya 36,11,3. Zitiert in: Gustav Mensching: Buddhistische Geisteswelt. Vom Historischen Buddha zum Lamaismus. Darmstadt 1955, S. 48.

2 Majjhima-Nikāya I, 54. Zitiert in: Ebd.

3 Heinz Bechert: Die Ethik der Buddhisten. In: Peter Antes u. a.: Ethik in nichtchristlichen Kulturen. Stuttgart 1984, S. 114–135.

4 Frank Usarski: Art. Herrschaft, Politik, Staat [Buddhismus]. In: Klöcker/Tworuschka 2005, S. 141–143.

5 Frank Usarski: Art. Krieg und Frieden [Buddhismus]. In: Klöcker/Tworuschka 2005, S. 177–179, hier S. 177.

6 Aus dem Pātimokkha der Theravādin.

7 Frank Usarski: Art. Wirtschaft/Globalisierung [Buddhismus]. In: Klöcker/Tworuschka 2005, S. 280 f., hier S. 280.

8 Der Begriff Reich Gottes kommt vor allem bei den Synoptikern vor.

9 Volker Gäckle: Das Reich Gottes im Neuen Testament. Auslegungen – Anfragen – Alternativen. Göttingen 2018.

10 Joachim Jeremias: Die Gleichnisse Jesu. ¹¹1998, S. 7.

11 Bernd Kollmann: Jesus als jüdischer Gleichnisdichter. In: New Testament Studies 50 (2004), S. 457–475.

12 Stefan Schreiber: Der politische Jesus. Die Jesusbewegung zwischen Gottesherrschaft und Imperium Romanum. In: Münchener Theologische Zeitschrift 64 (2013), S. 174–194, hier S. 174. – Einen solchermaßen blutig niederge-schlagenen Aufruhr hatte zum Beispiel Judas Galilaios veranlasst. Als Quirinius, Statthalter der Provinz Syria, eine Steuerschätzung durchführen ließ, forderte Judas Galilaios, diese zu verweigern. König über Israel sei allein der Gott Israels. Für jeden Juden sei es daher eine religiöse Pflicht, auch an der Verwirklichung von Gottes Königsherrschaft mitzuwirken.

13 Ebd., S. 180.

14 Toshihiko Izutsu: God and Man in the Quran [1964]. Petaling Jaya ²2008, S. 127 f.

15 Hans-Joachim Schoeps: Theologie und Geschichte des Judenchristentums. Tübingen 1949, S. 342 f.

16 Franz Winter: Jesus, ein Prophet Muḥammads? Das »Evangelium des Barnabas« oder: religiöse Kreativität in Zeiten des Religionsverbots«. In: https://www.feinschwarz.net/jesus-ein-prophet-muhammads-das-evangelium-des-barnabas-oder-religioese-kreativitaet-in-zeiten-des-religionsverbots (Zugriff: 16. 8. 2018).

17 Olaf Schumann: Art. Herrschaft, Politik, Staat [Islam]. In: Klöcker, Michael/Tworuschka, Udo (Hg.): Ethik der Weltreligionen. Ein Handbuch. Darmstadt 2005, S. 145 f.

18 Ebd., S. 146.

19 Klaus Hock: Art. Wirtschaft/Globalisierung [Islam]. In: Klöcker, Michael/Tworuschka, Udo (Hg.): Ethik der Weltreligionen. Ein Handbuch. Darmstadt 2005, S. 283 f., hier S. 283.

20 http://www.fnp.de/lokales/hochtaunus/usinger-land/Hochschul-Professor-stoesst-kontroverse-Diskussion-im-katholischen-

Gemeindezentrum-an;art48706,2989155
(Zugriff: 16.8.2018).

21 Guiseppe Marranci: Jihad beyond Islam. Oxford/New York 2006, zit. bei Rüdiger Lohlker: Djihadismus und isla-

misches religiöses Denken. In: Michael Klöcker/Udo Tworuschka (Hg.): Handbuch der Religionen. München 2012, IV, 1.4.1, S. 1.

Die Wunder

1 Gustav Mensching: Das Wunder im Völkerglauben. Amsterdam/Leipzig 1942, S. 5.

2 Ebd., S. 6.

3 Ebd., S. 24.

4 Dieter Schlingloff: König Ashoka und das Wesen des ältesten Buddhismus. In: Saeculum 36 (1985), H. 4, S. 326–333.

5 Zitiert bei Friedrich Heiler: Die buddhistische Versenkung. Eine religionsgeschichtliche Untersuchung. München 1922, S. 35.

6 Gustav Mensching: Das Wunder im Glauben und Aberglauben der Völker. Leiden 1957, S. 34 f.

7 Claudia Weber: Wesen und Eigenschaften des Buddha in der Tradition des Hīnayāna-Buddhismus. Wiesbaden 1994, S. 49.

8 Ebd., S. 96.

9 Mensching, Gustav: Das Wunder im Glauben und Aberglauben der Völker. Leiden 1957, S. 37.

10 Theißen, Gerd/Merz, Annette: Der historische Jesus. Ein Lehrbuch. Göttingen ⁴2011, S. 256 ff.

11 In: Ruben Zimmermann (Hg.): Kompendium der frühchristlichen Wundererzählungen, Bd. 1: Die Wunder Jesu. Gütersloh 2013, S. 108.

12 Nach Ruben Zimmermann: Faszination: Wundererzählungen. Von exegetischen Zähmungsversuchen und

dem didaktischen Potenzial der Texte. In: Religion 5–10, H. 12 (2013), S. 4–7.

13 Mensching 1957, S. 27.

14 Ebd.

15 Ebd.

16 Ebd.

17 Ebd., S. 27 f.

18 Ebd., S. 29.

19 So schon Alex Stock: Die matthäische Ostergeschichte. In: Alex Stock/Manfred Wichelhaus: Ostern in Bildern, Reden, Riten, Geschichten und Gesängen. Zürich/Einsiedeln/Köln 1979, S. 179–200, hier S. 192–196.

20 Tzvetan Todorov: Einführung in die fantastische Literatur. München 1972, S. 144.

21 Ebd.

22 Ebd., S. 26.

23 Ebd., S. 154.

24 Bernd Kollmann: Die Wunder Jesu im Licht von Magie und Schamanismus. In: Zimmermann 2013, S. 124–139, hier S. 137 f.

25 Andreas Görke: Die Spaltung des Mondes in der modernen Koranexegese und im Internet. In: Die Welt des Islams 50 (2010), S. 60–116, hier S. 78.

26 Ebd., S. 79.

27 Nach Anas ibn Mālik, zitiert im ṣaḥīḥ al-Buchārī.

28 Nach Ibn Masʿūd, zitiert bei: Schöller, Marco: Mohammed. Leben, Werk, Wirkung. Frankfurt a. M. 2008, S. 37.

29 Sure 97 in der Übersetzung von Claus Schedl: Muḥammad und Jesus. Die theologisch relevanten Texte des Korans, neu übersetzt und erklärt. Wien u. a. 1978, S. 111.

30 Kermani 2015.

31 Sure 39,23 zitiert in: Ebd., S. 25.

32 Heinrich Frick: Vergleichende Religionswissenschaft. Berlin/Leipzig 1928, S. 68 ff.

Sterben und Tod der Religionsstifter

1 Mensching 2001, S. 75.

2 Digha-Nikāya XVI (Mahāparinibbāna-Sutta), zitiert in: Mensching, Gustav: Leben und Legende der Religionsstifter [1960]. Hg. von Peter Parusel. Augsburg 1990, S. 206.

3 Ulrich Luz: Warum zog Jesus nach Jerusalem? In: Schröter, Jens/ Brucker, Ralph (Hg.): Der historische Jesus. Berlin 2002, S. 409–428, hier S. 427.

4 Alex Stock: Auferstehungsbilder. Eine ikonographisch-theologische Studie. In: Stock, Alex/Wichelhaus, Manfred: Ostern in Bildern, Reden, Riten, Geschichten und Gesängen. Zürich/Einsiedeln/Köln 1979, S. 9–32, hier S. 10. Die folgenden Ausführungen folgen Stocks ikonographischer Analyse.

5 Rudolf Bultmann: Neues Testament und Mythologie. Das Problem der Entmythologisierung der neutestamentlichen Verkündigung [1941]. München 1985.

6 So Willi Marxsen: Die Auferstehung Jesu von Nazareth [1968]. Gütersloh 1985.

7 Willi Marxsen: Die Sache Jesu geht weiter. Gütersloh 1982.

8 Herbert Braun: Jesus – der Mann aus Nazarethh und seine Zeit. Stuttgart 1969, S. 123 f.

9 https://damiantony.wordpress.com/ tag/john-dominic-crossan (Zugriff: 16. 8. 2018).

10 Pieter F. Craffert: The Life of a Galilean Shaman. Jesus of Nazareth in Anthropological Perspective. Eugene 2008. – Speziell zur Auferstehung: »I ›witnessed‹ the raising of the Dead«: Resurrection Accounts in a Neuroanthropological Perspective. In: Neotestamentica 45, 1 (2011), S. 1–28.

Himmelsreise, Aufstieg in den Himmel, Himmelfahrt

1 Mircea Eliade: Mythen, Träume und Mysterien. Salzburg 1961, S. 154.

2 Alan F. Segal: Heavenly Ascent in Hellenistic Judaism, Early Christianity and their Environment. In: Hildegard Temporini/Wolfgang Haase (Hg.): Aufstieg und Niedergang der römischen Welt, Bd. II. Berlin u. a. 1980, S. 1333–1394, hier S. 1388.

3 Wilhelm Bousset: Die Himmelsreise der Seele. In: Archiv für Religionswissenschaft 4 (1901), S. 136–169 und 229–273, hier S. 169.

4 Segal, Alan F.: Heavenly Ascent in Hellenistic Judaism. Early Christianity and their Environment. In: Hildegard Temporini/Wolfgang Haase (Hg.): Aufstieg und Niedergang der römischen Welt, Bd. II. Berlin u. a. 1980, S. 1342.

5 Bousset, Wilhelm: Die Himmelsreise der Seele. In: Archiv für Religionswissenschaft 4 (1901), S. 136.

6 Johann Maier: Das Gefährdungsmotiv bei der Himmelsreise in der jüdischen Apokalyptik und »Gnosis«. In: Kairos 5 (1963), S. 18–40.

7 Mary Dean-Otting: Heavenly Journeys. A Study of the Motif in Hellenistic Jewish Literature. Frankfurt a. M. u. a. 1984.

8 Maier, Johann: Das Gefährdungsmotiv bei der Himmelsreise in der jüdischen Apokalyptik und »Gnosis«. In: Kairos 5 (1963), S. 28 f., 32, 39.

9 Vgl. Kurt Rudolph: Die Gnosis. Wesen und Geschichte einer spätantiken Religion. Göttingen 1977, S. 65.

10 Harald Motzki: Schamanismus. Als Problem religionswissenschaftlicher Terminologie. Köln 1977. – Über die wichtigsten Aspekte des Schamanismus informiert knapp Klaus E. Müller: Schamanismus. Heiler, Geister, Rituale. München 1997.

11 Manche Forscher betrachten Schamanismus als eine geschichtlich und räumlich klar abgrenzbare Größe, beschränken ihn auf die Hocharktis, die sibirischen Völker bzw. Nordeurasien. Andere weiten die räumlichen Grenzen aus, binden den Schamanismus an bestimmte Kulturstufen (archaisch-mutterrechtliche Kulturen, Jägerkulturen, »archaische Gesellschaften«). Wieder andere deuten den Schamanismus als ein universal verbreitetes Phänomen.

12 Mircea Eliade: Schamanismus und archaische Ekstasetechnik. Zürich/Stuttgart 1957.

13 Morton Smith: Jesus der Magier. München 1981. – Ders.: Ascent to the Heavens and the Beginning of Christianity. In: Adolf Portmann/Rudolf Ritsema (Hg.): Aufstieg und Abstieg. Eranos Jahrbuch 1981, S. 403–429.

14 Art. Himmelfahrt Christi. In: Lexikon der christlichen Ikonographie, Bd. 2. Freiburg i. Br. 1968, Sp. 268–276.

15 Geo Widengren: Muḥammad, the Apostle of God, and his Ascension. Uppsala 1955, S. 80–114.

16 Ibn Isḥāq, zitiert in: Magdy Elleisy: Die Seele im Islam. Zwischen Theologie und Philosophie. Hamburg 2013, S. 42.

Das Bild der Religionsstifter im Glauben ihrer Gemeinde

1 Weber, Claudia: Wesen und Eigenschaften des Buddha in der Tradition des Hīnayāna-Buddhismus. Wiesbaden 1994, S. 10 f.

2 Texte aus den Theravāda-, Sarvāstivāda und Mūlasarvāstivāda-Schulen.

3 Weber, Claudia: Wesen und Eigenschaften des Buddha in der Tradition

des Hīnayāna-Buddhismus. Wiesbaden
1994, S. 40.

4 Karl-Heinz Golzio: Tibetischer Buddhismus im Westen. Missverständnisse und Adaptionsprobleme. In: https://info-buddhismus.de/Dalai-Lama-Golzio.html (Zugriff: 26. 4. 2018).

5 D. C. Vijayavardhama: Dharma Vijaya (Triumph of Righteousness) or The Revolt in the Temple. Colombo 1953, S. 39–44.

6 Petr Pokorný: Art. Jesus als Christus. In: Die Religion in Geschichte und Gegenwart. Tübingen ⁴2001, Bd. 4, Sp. 467–470, hier Sp. 468.

7 Udo Schnelle: Die ersten 100 Jahre des Christentums 30–130 n. Chr. Die Entstehungsgeschichte einer Weltreligion. Göttingen 2015, S. 101.

8 Einige seltene Texte der Synoptiker legen dies nahe, während dies bei Johannes häufiger vorkommt.

9 Jürgen Roloff: Jesus. München ⁴2007, S. 119.

10 Wolfgang Stegemann: Jesus und seine Zeit. Stuttgart 2010, S. 35.

11 Dieser Ansatz ist mit dem Namen des schottischen Exegeten Larry W. Hurtado (geb. 1943) verbunden. Vgl. Lord Jesus Christ. Devotion to Jesus in Earliest Christianity. Grand Rapids 2005.

12 Hans-Ulrich Weidemann: Der Jüngerkreis bekennt: Jesus ist der Herr. In: welt und umwelt der bibel 2/2013, S. 18–25. Der Autor präsentiert u. a. einschlägige Thesen des schottischen Neutestamentlers Larry Hurtado, der zu einer Gruppe von Neutestamentlern an britischen Universitäten gehört, die sich seit den 1990er Jahren scherzhaft als »Early High Christology Club« bezeichnet.

13 Ebd., S. 20.

14 Schöller, Marco: Mohammed. Leben, Werk, Wirkung. Frankfurt a. M. 2008, S. 111.

15 Ebd., S. 116 ff.

16 Ch. Muhyi ad-Din: Muḥammad und die soziale Gerechtigkeit (arab.). In: Muḥammad. Eine zeitgenössische und neue Theorie. Hg. von der Arabischen Vereinigung für Studien und ihre Verbreitung. Beirut 1972, S. 46 f. (mit Auslassungen).

17 As-Sibais Hauptwerk trägt den Titel Ishtirākiyya al-islām (»Islamischer Sozialismus«).

18 Daniel Cyranka: Mahomet. Repräsentationen des Propheten in deutschsprachigen Texten des 18. Jahrhunderts. Göttingen 2018.

Fazit

1 Schöller, Marco: Mohammed. Leben, Werk, Wirkung. Frankfurt a. M. 2008, S. 8.

Ausgewählte Literatur

Al-Nawawī: Vierzig Hadithe. Aus dem Arabischen von Ahmad von Denffer. Islamic Foundation. Leicester 1979.

Andrae, Tor: Die Person Muhammeds in Lehre und Glauben seiner Gemeinde. Stockholm 1917.

Antes, Peter (Hg.): Große Religionsstifter: Zarathustra, Mose, Jesus, Mani, Muḥammad, Nanak, Buddha, Konfuzius, Lao Zi. München 1992 (Neuausgabe Augsburg 2002).

As-Sibai: Ishtirākiyya al-islām (»Islamischer Sozialismus«). Damaskus 1959.

Bangert, Kurt: Muḥammad. Eine historische kritische Studie zur Entstehung des Islams und seines Propheten. Wiesbaden 2016.

Bauckham, Richard: Jesus and the Eyewitnesses. The Gospels as Eyewitness Testimony. Grand Rapids 2008.

Bechert, Heinz: Die Ethik der Buddhisten. In: Peter Antes u. a.: Ethik in nichtchristlichen Kulturen. Stuttgart 1984, S. 114–135.

Bobzin, Hartmut: »Ein kisten aller kätzerien«. Über den Koran im Zeitalter der Reformation. Studien zur Frühgeschichte der Arabistik und Islamkunde in Europa. Unveröffentlichte Habilitationsschrift, Universität Erlangen 1986.

Bobzin, Hartmut: Mohammed. München ²2002.

Bormann, Lukas: Theologie des Neuen Testaments. Grundlinien und wichtigste Ergebnisse der internationalen Forschung. Göttingen 2017.

Bornkamm, Günther: Jesus von Nazareth [1956]. Stuttgart 1995.

Bousset, Wilhelm: Die Himmelsreise der Seele. In: Archiv für Religionswissenschaft 4 (1901), S. 136–169, 229–273.

Boyd, James W.: Satan and Mara. Christian and Buddhist Symbols of Evil. Leiden 1975.

Braun, Herbert: Jesus – der Mann aus Nazareth und seine Zeit. Stuttgart 1969.

Brecht, Martin: Luther und die Türken. In: Bodo Guthmüller/Wilhelm Kühlmann (Hg.): Europa und die Türken in der Renaissance. Tübingen 2000.

Bultmann, Rudolf: Jesus. Tübingen 1926.

Bultmann, Rudolf: Theologie des Neuen Testaments. Tübingen ⁵1968.

Bultmann, Rudolf: Neues Testament und Mythologie. Das Problem der Entmythologisierung der neutestamentlichen Verkündigung [1941]. München 1985.

Colpe, Carsten: Das Siegel der Propheten. Historische Beziehungen zwischen Judentum, Judenchristentum, Heidentum und frühem Islam. Berlin 1989.

Craffert, Pieter F.: The Life of a Galilean Shaman. Jesus of Nazareth in Anthropological Perspective. Eugene 2008.

Craffert, Pieter F.: »I ›witnessed‹ the raising of the Dead«: Resurrection Accounts in a Neuroanthropological Perspective. In: Neotestamentica 45/1 (2011), S. 1–28.

Crossan, John Dominic: Der historische Jesus. München 1994.

Cullmann, Oscar: Der johanneische Kreis. Zum Ursprung des Johannesevangeliums. Tübingen 1975.

Cyranka, Daniel: Mahomet. Repräsentationen des Propheten in deutschsprachigen Texten des 18. Jahrhunderts. Göttingen 2018.

De Blois, François: The ›Sabians‹ (sabiʿun) in Pre-Islamic Arabia. In: Acta Orientalia 56 (1995), S. 39–61.

Dean-Otting, Mary: Heavenly Journeys. A Study of the Motif in Hellenistic Jewish Literature. Frankfurt a. M. u. a. 1984.

Des Flavius Josephus Jüdische Altertümer. Übers. und mit Einleitung und Anmerkungen versehen von Dr. Heinrich Clementz. Bd. II. Köln 1959 (Nachdruck der Ausgabe von 1899).

Du Toit, David S.: Der unähnliche Jesus. Eine kritische Evaluierung der Entstehung des Differenzkriteriums und seiner geschichts- und erkenntnistheoretischen Voraussetzungen. In: Schröter/Brucker 2002, S. 89–129.

Dunn, James D. G.: Jesus Remembered. Christianity in the Making, Bd. 1. Grand Rapids 2003.

Durkheim, Émile: Le suicide. Etude de sociologie. Paris 1897.

Ehmann, Johannes: Luther, Türken und Islam. Eine Untersuchung zum Türken- und Islambild Martin Luthers (1515–1546). Gütersloh 2008.

Eilrich, Christiane: Marienfrömmigkeit im Protestantismus. In: Handbuch der Religionen (HdR). Hg. von Michael Klöcker und Udo Tworuschka, 13. EL, 2006, II – 2.1.2.8.

Eliade, Mircea: Schamanismus und archaische Ekstasetechnik. Zürich/Stuttgart 1957.

Eliade, Mircea: Mythen, Träume und Mysterien. Salzburg 1961.

Elleisy, Magdy: Die Seele im Islam. Zwischen Theologie und Philosophie. Hamburg 2013.

Engel, Nikolaus (Hg.): Roger Bacon, Opus maius. Hamburg 2017.

Evans, Craig A.: Interview mit David Hulme: »Ist die Bibel glaubwürdig?« In: http://www.visionjournal.de/visionmedia/Bibel-glaubw%C3%BCrdig/71195.aspx (Zugriff: 22. 4. 2018).

Falaturi, Abdoldjavad/Tworuschka, Udo: Der Islam im Unterricht. Beiträge zur interkulturellen Erziehung in Europa [1991]. Braunschweig ³1996.

Franke, Patrick: Are the Parents of the Prophet in Hell? Tracing the History of a Debate in Sunni Islam. In: Lale Behzadi u. a. (Hg.): Bamberger Orientstudien. Bamberg 2014, S. 135–158.

Freiberger, Oliver/Kleine, Christoph: Buddhismus. Handbuch und kritische Einführung. Göttingen 2015.

Frenschkowski, Marco: Heilige Schriften der Weltreligionen und religiösen Bewegungen. Wiesbaden 2012.

Frey, Jörg/Schröter, Jens: Einleitung. In: Dies. (Hg.): Jesus in apokryphen Evangelienüberlieferungen (Einführung). Beiträge zu außerkanonischen

Jesusüberlieferungen aus verschiedenen Sprach- und Kulturtraditionen. Tübingen 2010.

Frick, Heinrich: Vergleichende Religionswissenschaft. Berlin/Leipzig 1928.

Gäckle, Volker: Das Reich Gottes im Neuen Testament. Auslegungen – Anfragen – Alternativen. Göttingen 2018.

Gibson, Jeffrey B.: The Temptations of Jesus in Early Christianity. London/New York 1995.

Goethe, Johann Wolfgang von: Noten und Abhandlungen zu besserem Verständnis des West-östlichen Divans. Stuttgard 1819.

Görke, Andreas: Die Spaltung des Mondes in der modernen Koranexegese und im Internet. In: Die Welt des Islams 50 (2010), S. 60–116.

Goff, Kerby: An Analysis of the Temptation Narratives of Siddhārta Gautama Buddha and Jesus Christ. In: https://www.academia.edu/30320975/Temptation_of_Buddha_and_Jesus (Zugriff: 22. 4. 2018).

Golzio, Karl-Heinz: Tibetischer Buddhismus im Westen. Missverständnisse und Adaptionsprobleme. In: https://info-buddhismus.de/Dalai-Lama-Golzio.html (Zugriff: 26. 4. 2018).

Greverus, Ina-Maria: Thema, Typus und Motiv. Zur Determination in der Erzählforschung. In: Leander Petzoldt (Hg.): Vergleichende Sagenforschung (= Wege der Forschung Bd. CLII). Darmstadt 1969.

Guardini, Romano: Der Herr. Betrachtungen über die Person und das Leben Jesu Christi. Würzburg ⁶1950.

Guruge, Ānanda W. P.: The Buddha's Encounters with Mara the Tempter. Their Representation in Literature and Art. In: https://www.accesstoinsight.org/lib/authors/guruge/wheel419.html (Zugriff: 15. 8. 2018).

Gwynne, Paul: Buddha, Jesus and Muhammad. A Comparative Study. Chichester 2014.

Harnack, Adolf: Lehrbuch der Dogmengeschichte, Bd. 2. Tübingen ⁴1909 (Neudruck Darmstadt 1964).

Hartenstein, Judith: Kindheitsevangelium nach Thomas. In: WibiLex (= Wissenschaftliches Bibellexikon im Internet), http://www.bibelwissenschaft.de/stichwort/51906/ (Zugriff: 20. 4. 2018).

Havener, Ivan: Q. The Sayings of Jesus. Wilmington 1987.

Heiler, Friedrich: Die buddhistische Versenkung. Eine religionsgeschichtliche Untersuchung. München 1922.

Herder, Johann Gottfried: Ideen zur Philosophie der Geschichte der Menschheit. Darmstadt 1966.

Hesse, Hermann: Sämtliche Werke in 20 Bänden. Frankfurt a. M. 2001–2005, Bd. XVIII.

Hock, Klaus: Art. Wirtschaft/Globalisierung [Islam]. In: Klöcker/Tworuschka 2005, S. 283 f.

Hoffmann, Paul: Die Versuchungsgeschichte in der Logienquelle. Zur Auseinandersetzung der Judenchristen mit dem politischen Messianismus. In: Biblische Zeitschrift 13 (1969), S. 207–223.

Horovitz, Josef: Koranische Untersuchungen. Berlin/Leipzig 1936.

Hoyland, Robert G.: Seeing Islam As Others Saw It. A Survey and Evaluation of Christian, Jewish and Zoroastrian Writings on Early Is-

lam (Studies in Late Antiquity and
Early Islam). Princeton/New Jersey
1997.

Hurtado, Larry W.: Lord Jesus Christ.
Devotion to Jesus in Earliest Christianity. Grand Rapids 2005.

Immanuel Kant's Schriften zur Naturwissenschaft. Zweite Abtheilung:
Zur physischen Geographie (Immanuel Kant's Werke. Gesammtausgabe
in 10 Bänden, Bd. 9). Leipzig 1839.

Izutsu, Toshihiko: God and Man in the
Quran [1964]. Petaling Jaya ²2008.

Jacobi, Christine: Jesusüberlieferung
bei Paulus? Analogien zwischen den
echten Paulusbriefen und den synoptischen Evangelien. Berlin/Boston
2015.

Jansen, Hans: Mohammed. München
2008.

Jeremias, Joachim: Der gegenwärtige
Stand der Debatte um das Problem
des historischen Jesus. In: Helmut
Rüstow/Karl Matthiae (Hg.): Der
historische Jesus und der kerygmatische Christus. Berlin 1960.

Jeremias, Joachim: Die Gleichnisse Jesu.
Göttingen ¹¹1998.

Kähler, Martin: Der sogenannte historische Jesus und der geschichtliche,
biblische Christus. Leipzig 1892.

Kaufmann, Thomas: Türckenbüchlein.
Zur christlichen Wahrnehmung
»türkischer Religion« in Spätmittelalter und Reformation. Göttingen
2008.

Kermani, Navid: Gott ist schön. Das
ästhetische Erleben des Koran. München ⁵2015.

Khoury, Adel Theodor: Art. Rechtssys-
tem. In: Ders./Ludwig Hagemann/
Peter Heine (Hg.): Islam-Lexikon.
Freiburg/Basel/Wien 1991, S. 634–641.

Klatt, Norbert: Literarkritische Beiträge
zum Problem christlich-buddhistischer Parallelen. Köln 1982.

Klimkeit, Hans Joachim: Der Buddha.
Leben und Lehre. Stuttgart 1990.

Klöcker, Michael/Tworuschka, Udo
(Hg.): Ethik der Weltreligionen. Ein
Handbuch. Darmstadt 2005.

Köhler, Manfred: Melanchthon und der
Islam. Leipzig 1938.

Kollmann, Bernd: Jesus und die Christen als Wundertäter. Studien zu
Magie, Medizin und Schamanismus
in Antike und Christentum. Göttingen 1996.

Kollmann, Bernd: Jesus als jüdischer
Gleichnisdichter. In: New Testament
Studies 50 (2004), S. 457–475.

Kollmann, Bernd: Die Wunder Jesu
im Licht von Magie und Schamanismus. In: Zimmermann 2013,
S. 124–139.

Krämer, Gudrun: Geschichte des Islam.
München ³2013.

Kuschel, Karl-Josef: Rilke und der
Buddha. Die Geschichte eines einzigartigen Dialogs. Gütersloh 2010.

Lamotte, Étienne: Histoire de Bouddhisme Indien. Louvain 1958.

Levman, Bryan Geoffrey: Linguistic
Ambiguities, the Transmissional
Process, and the Earliest Recover-
able Language of Buddhism. Diss.
Toronto 2014.

Lindemann, Andreas (Hg.): The Sayings
Source Q and the Historical Jesus.
Leuven 2001.

Ling, Trevor: The Buddha. Buddhist
Civilization in India and Ceylon
[1973]. Harmondsworth 1976.

Luz, Ulrich: Warum zog Jesus nach
Jerusalem? In: Schröter/Brucker 2002,
S. 409–428.

Maier, Johann: Das Gefährdungsmotiv bei der Himmelsreise in der jüdischen Apokalyptik und »Gnosis«. In: Kairos 5 (1963), S. 18–40.

Marxsen, Willi: Die Auferstehung Jesu von Nazareth [1968]. Gütersloh 1985.

Marxsen, Willi: Die Sache Jesu geht weiter. Gütersloh 1982.

Mensching, Gustav: Das Wunder im Völkerglauben. Amsterdam/Leipzig 1942.

Mensching, Gustav: Soziologie der Religion [1947]. Bonn ²1968.

Mensching, Gustav: Buddhistische Geisteswelt. Vom Historischen Buddha zum Lamaismus. Darmstadt 1955.

Mensching, Gustav: Das Wunder im Glauben und Aberglauben der Völker. Leiden 1957.

Mensching, Gustav: Die Religion. Erscheinungsformen, Strukturtypen und Lebensgesetze. Stuttgart 1959.

Mensching, Gustav: Leben und Legende der Religionsstifter [1960]. Hg. von Peter Parusel. Augsburg 1990.

Mensching, Gustav: Buddha und Christus. Ein Vergleich [1978]. Hg. von Udo Tworuschka. Freiburg i. Br. 2001.

Mertens, Volker: Die Rezeption des Buddhismus im Mittelalter. In: http://www.ces.in.th/PDF/BPaper-Mertens%20German.pdf (Zugriff: 5.5.2018).

Möhler, Johann Adam: Ueber das Verhältniß des Islams zum Evangelium [1830]. In: Dr. J. A. Möhler's gesammelte Schriften und Aufsätze. Hg. von Joh. Jos. Ign. Döllinger, Bd. 1. Regensburg 1839.

Motzki, Harald: Schamanismus. Als Problem religionswissenschaftlicher Terminologie. Köln 1977.

Muesse, Mark W.: Four Wise Men. The Lives and Teachings of Confucius, Buddha, Jesus, and Muḥammad. Eugene 2017.

Müller, Klaus E.: Schamanismus. Heiler, Geister, Rituale. München 1997.

Muhyi ad-Din, Ch.: Muḥammad und die soziale Gerechtigkeit (arab.). In: Muḥammad. Eine zeitgenössische und neue Theorie. Hg. von der Arabischen Vereinigung für Studien und ihre Verbreitung. Beirut 1972.

Muranyi, Miklos: Die Prophetengenossen in der frühislamischen Geschichte. Bonn 1973.

Nagel, Tilman: Allahs Liebling. Ursprung und Erscheinungsformen des Mohammedglaubens. München 2008.

Nagel, Tilman: Mohammed – Leben und Legende. München 2008.

Neumann, Hertha: Die Mutter des Religionsstifters. Stuttgart 1935.

Neuwirth, Angelika: Der Koran als Text der Spätantike. Ein europäischer Zugang. Berlin 2010.

Nietzsche, Friedrich: Der Antichrist. Fluch auf das Christentum. Werke in drei Bänden. Hg. von Karl Schlechta. Darmstadt 1977.

Noth, Albrecht: Früher Islam. In: Ulrich Haarmann (Hg.): Geschichte der arabischen Welt. München 1987.

Oldenberg, Hermann: Buddha. Sein Leben, seine Lehre, seine Gemeinde [1881]. München 1961.

Otto, Rudolf: West-östliche Mystik. Überarbeitet von Gustav Mensching. München ³1971.

Pokorný, Petr: Art. Jesus als Christus. In: Religion in Geschichte und Gegenwart. Tübingen ⁴2001, Bd. 4, Sp. 467–470.

Rau, Eckhard: Perspektiven des Lebens Jesu. Plädoyer für die Anknüpfung an eine schwierige Forschungstradition. Hg. von Silke Petersen. Stuttgart 2013.

Riedo-Emmenegger, Christoph: Prophetisch-messianische Provokateure der Pax Romana. Jesus von Nazareth und andere Störenfriede im Konflikt mit dem Römischen Reich. Göttingen 2005.

Rohleder, Franz: Weihnachtsgeschichte der Bibel: Was passierte wirklich bei Jesu Geburt? In: https://www.merkur. de/welt/weihnachtsgeschichte-bibel-geburt-jesus-interview-professor-klaus-berger-5959232.html (Zugriff: 20. 4. 2018).

Roloff, Jürgen: Jesus. München ⁴2007.

Rudolph, Kurt: Die Gnosis. Wesen und Geschichte einer spätantiken Religion. Göttingen 1977.

Sanders, Ed Parish: The Historical Figure of Jesus. London 1993.

Schedl, Claus: Muḥammad und Jesus. Die theologisch relevanten Texte des Korans, neu übersetzt und erklärt. Wien u. a. 1978.

Scheler, Max: Vorbilder und Führer. In: Ders.: Zur Ethik und Erkenntnislehre (Schriften aus dem Nachlass, Bd. 1). Berlin 1933.

Schlingloff, Dieter: König Ashoka und das Wesen des ältesten Buddhismus. In: Saeculum 36 (1985), H. 4, S. 326–333.

Schmidt, Karl Ludwig: Der Rahmen der Geschichte Jesu. Literarkritische Untersuchungen zur ältesten Jesusüberlieferung. Berlin 1919.

Schmithals, Walter: Evangelien, synoptische. In: Theologische Realenzyklopädie, Bd. 10. Berlin/New York 1982, S. 570–626.

Schmutzer, Andrew: Jesus' Temptation: A Reflection on Matthew's Use of Old Testament Theology and Imagery. In: Ashland Theological Journal 2008, https://biblicalstudies.org.uk/pdf/ashland_theological_journal/40-1_015.pdf (Zugriff: 28. 4. 2018).

Schnelle, Udo: Die ersten 100 Jahre des Christentums 30–130 n. Chr. Die Entstehungsgeschichte einer Weltreligion. Göttingen 2015.

Schnelle, Udo: Einleitung in das Neue Testament. Göttingen ⁹2017.

Schoeps, Hans-Joachim: Theologie und Geschichte des Judenchristentums. Tübingen 1949.

Schoeps, Hans-Joachim: Die großen Religionsstifter und ihre Lehren. München 1967.

Schöller, Marco: Mohammed. Leben, Werk, Wirkung. Frankfurt a. M. 2008.

Schreiber, Stefan: Der politische Jesus. Die Jesusbewegung zwischen Gottesherrschaft und Imperium Romanum. In: Münchener Theologische Zeitschrift 64 (2013), S. 174–194.

Schröter, Jens: Annäherungen an Jesus aus exegetisch-historischer Perspektive (2010). In: http://www.ev-akademie-boll.de/fileadmin/res/otg/641210-Schroeter-f.pdf (Zugriff: 22. 4. 2018).

Schröter, Jens/Brucker, Ralph (Hg.): Der historische Jesus. Berlin 2002.

Schröter, Jens/Jacobi, Christine (Hg.): Jesus Handbuch. Tübingen 2017.

Schumann, Hans Wolfgang: Auf den Spuren des Buddha Gotama. Eine Pilgerfahrt zu den historischen Stätten. Olten/Freiburg 1992.

Schumann, Olaf: Art. Herrschaft, Politik, Staat [Islam]. In: Klöcker/ Tworuschka 2005, S. 145 f.

Schweitzer, Albert: Geschichte der Leben-Jesu-Forschung [1906/1913]. Stuttgart ⁹1984.

Segal, Alan F.: Heavenly Ascent in Hellenistic Judaism. Early Christianity and their Environment. In: Hildegard Temporini/Wolfgang Haase (Hg.): Aufstieg und Niedergang der römischen Welt, Bd. II. Berlin u. a. 1980, S. 1333–1394.

Senart, Émile: Essai sur la Légende du Buddha son Caractère et ses origins. Paris 1875.

Smart, Ninian: The Religious Experience of Mankind. New York 1969 (⁷1977).

Smith, Morton: Ascent to the Heavens and the Beginning of Christianity. In: Adolf Portmann/Rudolf Ritsema (Hg.): Aufstieg und Abstieg. Eranos Jahrbuch 1981, S. 403–429.

Smith, Morton: Jesus der Magier. München 1981.

Söderblom, Nathan: Einführung in die Religionsgeschichte, Leipzig ²1928.

Söding, Thomas: Jesus, der Lehrer. Didaktische Dimensionen der Christologie. In: http://www.kath. ruhr-uni-bochum.de/imperia/md/ content/nt/nt/aktuellevorlesungen/ vorlesungsskriptedownload/ vlskriptess2013/skript_jesus_ der_lehrer_ss_2013.pdf (Zugriff: 22. 4. 2018).

Stegemann, Wolfgang: Jesus und seine Zeit. Stuttgart 2010.

Stegemann, Wolfgang: War der Apostel Paulus ein römischer Bürger? In: Zeitschrift für die neutestamentliche Wissenschaft 78 (1987), S. 200–229.

Stock, Alex: Auferstehungsbilder. Eine ikonographisch-theologische Studie. In: Ders./Wichelhaus 1979, S. 9–32.

Stock, Alex: Die matthäische Ostergeschichte. In: Ders./Wichelhaus 1979, S. 179–200.

Stock, Alex/Wichelhaus, Manfred: Ostern in Bildern, Reden, Riten, Geschichten und Gesängen. Zürich/ Einsiedeln/Köln 1979.

Strecker, Christian: Jesus als Schamane? Anmerkungen zur kulturanthropologischen Jesusforschung. In: Petra von Gemünden/David G. Horrell/ Max Küchler (Hg.): Jesus – Gestalt und Gestaltungen. Rezeptionen des Galiläers in Wissenschaft, Kirche und Gesellschaft. Göttingen 2013, S. 537–568.

Swidler, Leonard: Der umstrittene Jesus. Stuttgart 1991.

Theißen, Gerd: Lokalkolorit und Zeitgeschichte in den Evangelien. Ein Beitrag zur Geschichte der synoptischen Tradition. Freiburg, Schweiz/ Göttingen ²1992.

Theißen, Gerd: Die Jesusbewegung. Sozialgeschichte einer Revolution der Werte. Gütersloh 2012.

Theißen, Gerd/Merz, Annette: Der historische Jesus. Ein Lehrbuch. Göttingen ⁴2011.

Thomas von Aquin: Summa contra gentiles (Lat./Dt.), Buch I, Kap. 6 (Die Zustimmung zu dem, was Glaubenssache ist usw.). Walberberg 1937.

Thundy, Zacharias P.: Buddha & Christ. Nativity Stories & Indian Traditions (= Studies in the History of Religions, Vol. LX). Leiden/New York/Köln 1993.

Tiwald, Markus: Hebräer von Hebräern. Paulus auf dem Hintergrund frühjüdischer Argumentation und biblischer Interpretation. Freiburg i. Br. u. a. 2008.

Tiwald, Markus: Das Frühjudentum und die Anfänge des Christentums. Ein Studienbuch. Stuttgart 2016.

Tiwald, Markus: Die Logienquelle. Text, Kontext, Theologie. Stuttgart 2016.

Todorov, Tzvetan: Einführung in die fantastische Literatur. München 1972.

Tröger, Karl-Wolfgang: Art. Gnosis, Gnostizismus. In: Wörterbuch des Christentums. Gütersloh/Zürich 1988, S. 423 f.

Tuckett, Christopher: From the Sayings to the Gospels. Tübingen 2014.

Tworuschka, Udo: Die Einsamkeit. Eine religionsphänomenologische Untersuchung. Bonn 1974.

Tworuschka, Udo: Methodische Zugänge zu den Weltreligionen. Frankfurt a. M./München 1982.

Usarski, Frank: Art. Herrschaft, Politik, Staat [Buddhismus]. In: Klöcker/Tworuschka 2005, S. 141–143.

Usarski, Frank: Art. Krieg und Frieden [Buddhismus]. In: Klöcker/Tworuschka 2005, S. 177–179.

Usarski, Frank: Art. Wirtschaft/Globalisierung [Buddhismus]. In: Klöcker/Tworuschka 2005, S. 280 f.

Van Ess, Josef: Das Siegel des Propheten. Die Endzeit und das Prophetentum im Islam. In: Matthias Riedl/Tilo Schabert (Hg.): Propheten und Prophezeiungen. Prophets and Prophecies. Würzburg 2005.

Vijayavardhama, D. C.: Dharma Vijaya (Triumph of Righteousness) or The Revolt in the Temple. Colombo 1953.

Waardenburg, Jacques: Official and Popular Religion in Islam. In: Social Compass XXV (1978), S. 315–341.

Watt, William Montgomery/Welch, Alford T.: Der Islam I: Mohammed und die Frühzeit – Islamisches Recht – Religiöses Leben (= Die Religionen der Menschheit, Bd. 25,1). Stuttgart 1980.

Weber, Claudia: Wesen und Eigenschaften des Buddha in der Tradition des Hīnayāna-Buddhismus. Wiesbaden 1994.

Weidemann, Hans-Ulrich: Der Jüngerkreis bekennt: Jesus ist der Herr. In: welt und umwelt der bibel 2 (2013), S. 18–25.

Weil, Gustav: Mohammed. Der Prophet, sein Leben und seine Lehre. Stuttgart 1843 (Nachdruck 2010).

Weinrich, Harald: Linguistik der Lüge [1966]. München ⁷2007.

Weiß, Johannes: Die Predigt vom Reiche Gottes. Göttingen 1892.

Wengst, Klaus: Der wirkliche Jesus? Eine Streitschrift über die historisch wenig ergiebige und theologisch sinnlose Suche nach dem »historischen« Jesus. Stuttgart 2013.

Widengren, Geo: Muḥammad, the Apostle of God, and his Ascension. Uppsala 1955.

Windisch, Ernst: Mara und Buddha. Leipzig 1895.

Winter, Franz: Jesus, ein Prophet Muḥammads? Das »Evangelium des Barnabas« oder: religiöse Kreativität in Zeiten des Religionsverbots«. In: http://www.feinschwarz.net/jesus-ein-prophet-Muḥammads-das-evangelium-des-barnabas-oder-

religioese-kreativitaet-in-zeiten-des-
religionsverbots/ (Zugriff: 15. 8. 2018).

Wirth, Louis: On Cities and Social Life.
Chicago 1964.

Wittgenstein, Ludwig: Philosophische
Untersuchungen [1953]. Kritisch-
genetische Edition. Hg. von Joachim
Schulte. Frankfurt a. M. 2001.

Zimmermann, Ruben (Hg.): Kompendium der frühchristlichen Wundererzählungen, Bd. 1: Die Wunder Jesu.
Gütersloh 2013.

Zimmermann, Ruben: Faszination:
Wundererzählungen. Von exegetischen Zähmungsversuchen und dem
didaktischen Potenzial der Texte.
In: Religion 5–10, H. 12 (2013), S. 4–7.

Ihr Bonus als Käufer dieses Buches

Als Käufer dieses Buches können Sie kostenlos das eBook zum Buch nutzen. Sie können es dauerhaft in Ihrem persönlichen, digitalen Bücherregal auf **springer.com** speichern oder auf Ihren PC/Tablet/eReader downloaden.

Gehen Sie bitte wie folgt vor:

1. Gehen Sie zu **springer.com/shop** und suchen Sie das vorliegende Buch (am schnellsten über die Eingabe der eISBN).
2. Legen Sie es in den Warenkorb und klicken Sie dann auf: **zum Einkaufswagen / zur Kasse.**
3. Geben Sie den untenstehenden Coupon ein. In der Bestellübersicht wird damit das eBook mit 0 Euro ausgewiesen, ist also kostenlos für Sie.
4. Gehen Sie weiter **zur Kasse** und schließen den Vorgang ab.
5. Sie können das eBook nun downloaden und auf einem Gerät Ihrer Wahl lesen. Das eBook bleibt dauerhaft in Ihrem digitalen Bücherregal gespeichert.

eBook inside

978-3-476-04777-9
qBwqcJnwcqTtQ24

eISBN
Ihr persönlicher Coupon

Sollte der Coupon fehlen oder nicht funktionieren, senden Sie uns bitte eine E-Mail mit dem Betreff: **eBook inside** an **customerservice@springer.com**.

GPSR Compliance

The European Union's (EU) General Product Safety Regulation (GPSR) is a set of rules that requires consumer products to be safe and our obligations to ensure this.

If you have any concerns about our products, you can contact us on ProductSafety@springernature.com

In case Publisher is established outside the EU, the EU authorized representative is:

Springer Nature Customer Service Center GmbH
Europaplatz 3
69115 Heidelberg, Germany

Batch number: 07947566

Printed by Printforce, the Netherlands